应用型高校外语教学的理论探索与实践创新

王丹阳　魏仲连◎著

吉林出版集团股份有限公司

全国百佳图书出版单位

图书在版编目（CIP）数据

应用型高校外语教学的理论探索与实践创新 / 王丹阳，魏仲连著. -- 长春：吉林出版集团股份有限公司，2024.7. -- ISBN 978-7-5731-5301-2

Ⅰ. H09

中国国家版本馆CIP数据核字第20243765YD号

YINGYONGXING GAOXIAO WAIYU JIAOXUE DE LILUN TANSUO YU SHIJIAN CHUANGXIN

应用型高校外语教学的理论探索与实践创新

著　　者　王丹阳　魏仲连
责任编辑　杨亚仙
装帧设计　清　风

出　　版　吉林出版集团股份有限公司
发　　行　吉林出版集团社科图书有限公司
地　　址　吉林省长春市南关区福祉大路5788号　邮编：130118
印　　刷　长春新华印刷集团有限公司
电　　话　0431-81629711（总编办）
抖音号　吉林出版集团社科图书有限公司 37009026326

开　　本　787 mm×1092 mm　1 / 16
印　　张　17
字　　数　300 千字
版　　次　2024 年 7 月第 1 版
印　　次　2024 年 7 月第 1 次印刷

书　　号　ISBN 978-7-5731-5301-2
定　　价　78.00 元

如有印装质量问题，请与市场营销中心联系调换。0431-81629729

前　言

在全球化日益加剧的今天，外语教学不仅仅是语言知识的传授，更是跨文化交际能力、创新思维能力和实践应用能力的培养。应用型高校作为高等教育的重要组成部分，其外语教学更应紧密结合时代要求，不断探索和实践符合自身定位的教学理念与方法。在理论探索方面，应用型高校外语教学需要深入研究语言学习的本质和规律，关注语言与文化、语言与认知的紧密联系。基于建构主义、人本主义等现代教育教学理论，应用型高校外语教学应强调学生的主体地位，鼓励学生通过积极参与、合作学习、自主探究等方式，主动建构语言知识和文化意识。同时，应用型高校外语教学还需要关注语言学习的社会性和情境性，将语言学习置于真实的交际情境中，培养学生的跨文化交际能力和语言运用能力。在实践创新方面，应用型高校外语教学需要注重教学内容的实用性和时代性，结合行业需求和学生实际，优化课程设置和教学内容。通过引入真实语料、模拟实际场景、开展项目式学习等方式，增强学生的学习体验和实际应用能力。同时，应用型高校外语教学还需要积极探索与现代教育技术相结合的教学模式，如混合式教学、翻转课堂等，以激发学生的学习兴趣，提高教学效果。并且，传统的以考试成绩为主的评价体系已无法全面反映学生的语言能力和综合素质，因此，需要构建多元化、过程性的评价体系，关注学生的学习过程、学习态度、合作能力、创新能力等多个方面，以更全面、客观地评价学生的学习成果。

本书一共分为八个章节，主要以应用型高校外语教学的理论探索与实践创新为研究基点，通过本书的介绍，让读者对应用型高校外语教学有更加清晰的了解，进一步厘清当前应用型高校外语教学理论探索与实践创新发展脉络，为应用型高校外语教学研究提供更加广阔的用武之地。在这样的一个背景下，应用型高校外语教学的理论探索与实践创新研究仍然有许多空白需要填补，需要在已有基础上进一步深入开展研究工作，以适应不断发展的新形势。

王丹阳　魏仲连

2024年3月

目　录

第一章　应用型高校外语教学概述

第一节　应用型高校外语教学的定义与特点

一、应用型高校外语教学模式概述

（一）应用型高校的定义

1. 以应用为导向的核心办学理念

应用型高校的核心办学理念是以应用为导向，强调知识的实用性和应用性。应用型高校在办学过程中，始终将社会需求作为人才培养的出发点和落脚点，紧密围绕经济社会发展的实际需要，调整和优化专业设置，更新和完善课程体系，确保培养的人才能适应和满足社会需求。与传统的学术型高校相比，应用型高校更加注重实践教学和实践能力的培养。它们通过校企合作、工学结合等多种方式，为学生提供更多的实践机会和实践平台，让学生在实践中掌握真知、增长才干。同时，应用型高校还注重培养学生的创新意识和创新能力，鼓励学生勇于探索、敢于创新，为社会创造更多的价值。

2. 理论与实践相结合的教学模式

应用型高校在教学模式上，注重理论与实践相结合，不仅要求学生掌握扎实的理论知识，还要求学生能将所学知识应用于实践中，解决实际问题。因此，应用型高校在教学过程中，往往采用案例教学、项目教学等实践性较强的教学方法，让学生在模拟或真实的环境中学习和实践，提高学生的实践能力和问题解决能力。而且，应用型高校注重与企业、行业等外部机构的合作和交流。应用型高校通过校企合作、产学研结合等方式，引入外部资源，共同开展人才培养、科技研发等活动。这种合作模式不仅可以为学生提供更多的实践机会和就业渠道，还可以促进高校与社会的紧密联系，推动高校人才培养更加贴近社会需求。

3. 服务地方经济社会发展的使命担当

应用型高校作为地方高等教育的重要组成部分，往往承载着服务地方经济社会发展的重要使命。应用型高校在办学过程中，注重与地方政府、企业等外部机构的合作和交流，深入了解地方经济社会发展的实际需求和问题，为地方经济社会发展提供有力的人才支持和智力保障。具体来说，应用型高校可以通过培养高素质应用型人才、开展科技研发和技术创新活动、提供社会服务和文化传承等多种方式，为地方经济社会发展做出贡献。首先，应用型高校可以根据地方产业发展的需求，调整和优化专业设置，更新与完善课程体系，为地方培养急需的专业人才；其次，应用型高校可以与企业合作开展科技研发和技术创新活动，推动地方产业的升级和转型；最后，应用型高校可以通过提供社会服务、文化传承等，提升地方社会的整体素质和文化水平。

（二）外语教学的内涵与外延

1. 语言技能培养

外语教学最核心的任务是培养学生掌握外语语言技能，其中包括听、说、读、写四项基本技能以及语言知识的系统学习和应用。在外语教学过程中，学生通过学习语音、词汇、语法等语言知识，逐步建立外语语言体系。同时，学生通过大量听、说、读、写实践，不断提升语言运用能力和交际能力。语言技能的培养需要遵循语言学习的规律，注重循序渐进、由浅入深的教学原则。在外语教学中，教师应根据学生的实际水平和需求，制订合理的教学计划和教学方案，确保学生在各学习阶段能获得有效的语言输入和输出，实现语言技能的稳步提升。而且，外语教学应注重培养学生的自主学习能力，通过引导学生掌握有效的学习策略和方法，帮助他们养成良好的学习习惯，从而在外语学习中实现自我监控、自我调整和自我提高。

2. 文化意识培养

在外语教学中，教师应注重文化知识传授和文化意识培养，帮助学生拓宽国际视野，提升跨文化交际能力。具体而言，外语教学应通过引入目标语言国家的历史、地理、风俗习惯、文学艺术等内容，让学生深入了解目标语言国家的文化背景和社会风貌。同时，外语教学应通过对比分析中外文化的异同，引导学生形成正确的文化价值观和多元文化意识。而且，外语教学应积极创设跨文化交际情境，让学生在模拟或真实的交际环境中，体验不同文化的碰撞与融合，提升跨文化交际能力。

3. 教学方法与手段的创新

随着科技的进步和教育理念的不断更新，外语教学方法与手段也在不断发展和创新。在这一背景下，多种新型教学方法与手段应运而生，如任务型教学、情境教学、合作学习等。任务型教学通过设计具有真实性和实用性的任务活动，让学生在完成任务的过程中学习和运用语言；情境教学则通过创设贴近学生生活实际的情境，让学生在真实的语境中感知、理解和运用语言；合作学习则强调学生之间的互助与合作，通过小组活动、角色扮演等形式激发学生的学习兴趣和积极性。并且，现代科技手段为外语教学提供了丰富的资源和便利的条件。如多媒体教学、网络教学等可以为学生提供更加真实、生动的语言学习环境，智能教学系统、在线学习平台等则可以为学生提供个性化的学习支持和反馈。这些创新的教学方法与手段不仅提高了外语教学的效果和质量，还为学生的外语学习带来了更多的乐趣和动力。

（三）应用型高校外语教学的定位

1. 服务地方经济社会发展

应用型高校外语教学的首要定位是服务地方经济社会发展。应用型高校往往与地方产业、文化紧密相连，其外语教学也需要紧密结合地方实际需求，通过培养具备外语能力的高素质人才，为地方的国际贸易、文化交流、旅游服务等领域提供有力支撑。在具体教学中，应用型高校应根据地方经济社会发展的特点和需求，调整和优化外语教学的课程设置、教学内容与教学方法。例如，针对地方特色产业，应用型高校可以开设相关的行业英语课程，使学生掌握与产业相关的专业词汇和交际技能；针对地方文化，可以引入跨文化交际的内容，培养学生的文化敏感性和跨文化沟通能力。而且，应用型高校应积极与地方企业、机构建立合作关系，共同开展人才培养、项目研发等活动。通过校企合作，不仅可以为学生提供更多的实践机会和就业渠道，还可以促进高校与社会的紧密联系，使外语教学更加贴近地方经济社会发展的实际需求。

2. 培养应用型人才

培养应用型人才也是应用型高校外语教学的重要定位，应用型人才不仅具备扎实的外语基础知识，还具备较强的语言应用能力和跨文化交际能力。他们能将所学知识应用于实际工作中，解决实际问题，为社会的进步和发展做出贡献。为了实现这一定位，应用型高校外语教学应注重培养学生的实践能力和创新能力。在教学过程中，教师应采用多种教学方法和手段，如案例教学、项目教学、情境教学等，激发学生的学习兴趣和主动性，提高他们的语言应用能力和问题解决能力。同时，学校还应为学生提供丰富的实践机会，如校内实训、校外实习、社会服务等，使学生在实践中锻炼自己的能力和素质。而且，应用型高校应注重培养学生的国际视野和跨文化交际能力。通过引入国际化的教学内容和教学手段，如国际文化课程、外语原版教材、外籍教师授课等，帮助学生了解不同文化间的差异和共性，提高他们的跨文化沟通能力和全球竞争力。

3. 强化实践教学

实践教学既是提高学生实践能力和创新能力的重要途径，也是检验学生所学知识是否真正掌握的重要手段。因此，应用型高校外语教学应注重实践教学的设计和实施。具体来说，实践教学应贯穿应用型高校外语教学的始终，从课程设置到教学内容再到教学方法都应体现实践性的特点。例如，应用型高校外语教学可以开设实践性强的课程，如商务英语口语、翻译实践等；可以采用以实践为主导的教学方法，如任务型教学、项目驱动教学等；也可以与企业合作建立实训基地或开展校企合作项目，为学生提供真实的实践环境和实践机会。同时，应用型高校还应加强实践教学的管理与评价。通过建立完善的实践教学评价体系和反馈机制，及时了解学生的学习情况和教师的教学效果，不断改进和优化实践教学的方案与方法。此外，应用型高校还可以鼓励教师积极参与实践教学的改革和创新工作，提高教师的实践教学能力和水平。

二、应用型高校外语教学的主要特点

（一）注重实践应用能力的培养

1. 实践教学体系的构建

应用型高校外语教学在课程体系设计上，非常注重实践教学环节的设置。通过构建完善的实践教学体系，将理论知识与实践技能相结合，使学生在掌握外语基础知识的同时，能灵活运用所学知识解决实际问题。实践教学体系通常包括课堂实践教学、校内实训和校外实习等环节。课堂实践教学注重培养学生的语言交际能力和跨文化沟通能力，通过角色扮演、模拟对话等互动式教学活动，激发学生的学习兴趣和主动性；校内实训侧重提升学生的专业技能和实际操作能力，如翻译实训、商务外语实训等；校外实习则是将学生置身于真实的工作环境中，让学生在实践中锻炼自己的语言应用能力和职业素养。并且，应用型高校外语教学注重实践教学与课程内容的有机结合。教师在授课过程中，会结合实际案例和行业背景，引导学生分析、解决问题，从而培养学生的实践意识和问题解决能力。

2. 真实语境的模拟与应用

应用型高校外语教学非常重视真实语境的模拟与应用，通过创设接近真实的外语学习环境，帮助学生更好地理解和掌握外语知识，提高语言应用能力。在教学中，教师会利用各种教学资源和技术手段，如多媒体、网络等，模拟真实的外语交际场景。学生可以在这些模拟场景中进行角色扮演、模拟对话等实践活动，从而锻炼自己的口语表达能力和听力理解能力。同时，教师还会引导学生利用所学知识解决实际问题，如进行商务谈判、撰写外文函件等。这种真实语境的模拟与应用，不仅能激发学生的学习兴趣和动力，还能培养学生的创新思维能力和实践能力。而且，应用型高校外语教学注重培养学生的跨文化交际能力，通过引入不同文化背景下的交际规则和价值观，帮助学生了解不同文化间的差异和共性，提高他们在跨文化交际中的适应能力和应变能力。

3. 校企合作与实践机会

应用型高校外语教学注重与企业、行业等外部机构的合作和交流，为学生提供更多的实践机会和就业渠道。通过校企合作，高校可以了解社会对人才的需求和标准，从而调整和优化人才培养方案；企业则可以获得符合自身需求的高素质人才资源。校企合作的形式多种多样，如共建实训基地、开展订单式培养和校企合作项目等，这些合作项目不仅可以为学生提供更多的实践机会和就业渠道，还可以促进学校与社会的紧密联系和良性互动。学生在校企合作项目中，可以接触到最新的行业动态和技术发展趋势，了解企业的运作模式和职业规范，提高自己的职业素养和综合能力。同时，应用型高校外语教学还注重与社会的紧密联系和互动，例如，通过举办外语角、外语文化节等活动，为学生提供展示自己才华和交流学习的平台；通过参与社会服务项目和国际交流活动，培养学生的社会责任感和全球视野。这些实践活动不仅可以丰富学生的课余生活，还可以提高他们的实践能力和综合素质。

（二）强调外语教学与专业结合

1. 外语教学与专业结合的必要性

在全球化日益加剧的今天，外语教学与专业结合的必要性越发凸显。随着国际交流合作的频繁程度不断提升，社会对具备扎实专业素养和出色跨文化交际能力人才的需求持续增长。外语作为沟通桥梁，其教学不仅要传授语言知识和技能，还要与各学科专业知识紧密结合，以满足多元化、专业化的人才培养需求。在具体的专业领域中，如工程技术、商务管理、法律医学等，有大量专业术语、行业规范及特定表达方式，这些内容的学习对于学生在未来职业发展中精准、高效地进行国际交流至关重要。因此，在外语课程中融入专业内容，能使学生在掌握外语技能的同时，获得适应全球职场环境所需的专业英语或其他外语能力，从而有效提高他们在相关领域的就业竞争力和实践效能。而通过将外语教学与专业相结合，教师可以引导学生阅读和理解国外最新科研成果、专业文献资料以及各类行业报告，帮助他们紧跟世界前沿动态，及时把握全球发展趋势。这种深度结合的教学模式，不仅能让学生在专业层面上有所精进，还能促进其跨文化交流能力和全球意识的形成，使其在全球化浪潮中更具洞察力和应变力。当外语教学深入各专业领域时，学生在使用外语探讨专业知识的过程中，更有可能激发其创新思维，产生新的见解和解决方案。通过参与国际学术会议、撰写英文论文、参加国际项目合作等活动，学生能在实际操作中锻炼和提升自身的专业外语应用能力，进而为未来的学术研究和职业生涯积累宝贵经验。

2. 外语教学与专业结合的实施策略

（1）课程设置与教学内容的优化。在推进外语教学与专业深度融合过程中，优化课程设置与教学内容是至关重要的环节。为了实现外语教学与专业知识体系的有效对接和互补互动，我们需要创新课程结构，使其在满足语言技能培养的基础上，更紧密地服务于不同专业的实际需求。针对各类专业的特点和未来职业发展的要求，外语课程应体现出鲜明的专业导向性。例如，在商务英语教学中，不仅应教授基础的语言知识和沟通技巧，还应涵盖国际贸易、市场营销、商务谈判等领域的专业术语和实用表达，以提高学生的职场竞争力；而在法律英语或医学英语教学中，则需要系统地融入法学或医学的核心概念、规范用语以及行业特有文本类型的学习，使学生能在跨文化交流中准确运用专业英语进行有效沟通。而教师在授课过程中，应主动将相关专业的基础知识和最新发展动态融入外语教学，通过案例分析、情景模拟、项目合作等方式，让学生在实践操作中自然习得专业领域内的目标语言，从而打破传统的学科壁垒，实现语言学习与专业素养提升的同步进行；并且，构建多学科协同参与的教材编写与审订机制，邀请各专业领域的专家和教师共同参与外语教材的研发工作，确保教材内容既涵盖丰富的语言素材，又体现前沿的专业知识，真正做到与时俱进，学以致用。这样，既能保证外语教材的专业性和实用性，又能促进教师间跨学科交流与合作，为教学改革提供有力支撑。而且，学校可以通过组织跨学科学术活动、开展双语或多语种专业讲座、搭建专业信息资源库等多种途径，进一步拓宽外语教学的广度和深度，激发学生对专业英语学习的兴趣和热情，培养他们成为具备扎实专业背景和卓越语言能力的复合型人才。

（2）教学方式的创新。在推进外语教学与专业的深度融合过程中，创新教学方式是激活学生学习兴趣、提升其学习积极性的关键要素。为了让学生能在真实语境中自然习得专业相关的外语知识，并有效运用到实际工作场景中，教育者应积极探索并实践多样化的教学策略。例如，案例教学法作为一种有效的教学模式，在外语教学与专业结合的教学环境中具有显著优势。教师可以选取相关领域的国际经典或前沿案例，引导学生通过分析、讨论以及报告的形式，将专业知识与外语技能有机结合，实现对行业规则、专业术语的深度理解和精准应用。同时，模拟实践法也为学生提供了体验真实工作情境的机会，如组织商务谈判模拟、法庭辩论演练、医学病例讨论等活动，使学生在模拟实践中掌握如何用外语进行专业沟通交流，从而培养他们的实践能力和跨文化交际素养。而多媒体技术能够以图文声像并茂的方式展示复杂的专业知识和生动的实践案例，增强学生对外语学习的兴趣和感知力；网络资源则为学生提供了无边界的学习空间，他们可以通过在线课程、学术论坛、专业数据库等平台，自主探究全球范围内的最新研究成果、行业标准和实践经验，从而拓宽视野，提高自主学习能力；借助数字化教学工具和技术，教师可以创建互动性强、参与度高的课堂教学环境，鼓励学生积极参与小组讨论、项目合作等多元化的学习活动。这种开放式教学方式不仅有助于巩固学生的外语语言基础，还能锻炼他们在团队协作中灵活运用外语解决实际问题的能力，进一步提升其跨文化交际能力及创新能力。

（3）师资队伍的建设与培训。在外语教学与专业相结合的教学模式下，教师的角色和职责发生了深刻转变，对教师的综合素质和能力提出了全新的挑战与更高的要求，因此，强化师资队伍的建设和持续的专业发展培训成为教育改革中的重要一环。为了提升教师的国际视野和跨文化交际能力，学校应当采取多元化的策略引进优秀外籍教师资源。外籍教师不仅能带来纯正的语言环境和独特的教学方法，还能以其丰富的文化背景和全球经验开阔本土教师及学生的眼界，激发学生学习外语的兴趣和热情。同时，学校应积极选派本校教师赴海外知名高校或研究机构进修深造，使他们亲身体验国际先进的教学理念和实践，通过实地交流和学习，掌握最新的外语教学动态和专业知识，从而提高自身的教育教学水平。而且，针对教师的专业素养提升，学校应定期召开各类高质量的专业培训和学术研讨会，邀请国内外专家进行专题讲座和研讨，以更新教师的知识结构，提高其在专业领域内的理论素养和实践能力。在这样的平台上，教师可以深入探讨如何将外语教学与不同专业的课程内容有效结合，分享各自的成功经验和创新做法，从而推动整体教学质量不断提升。并且，通过科研工作，教师可以紧跟学科前沿，深化对专业领域知识的理解，并探索如何将这些最新成果融入日常教学。这种以科研为导向的教学方式，不仅能增强课堂教学内容的时效性和实用性，还能培养学生的批判性思维和创新能力，最终实现外语教育从单一的语言技能训练向综合素养培养的转型升级。

3. 外语教学与专业结合的实践探索

在课程体系构建和教学内容设计方面，聚焦于其在国际商务活动中的实际应用，确保学生能够在复杂的跨国环境中运用外语进行有效交流。为此，课程不仅强调语言基础与表达技巧，还深入探讨跨文化交际能力的提升，帮助学生理解并尊重不同的商业习惯、社会规范和价值观，从而实现无缝对接的国际商务沟通。在具体的教学内容规划上，外语课程将理论知识与实践操作紧密结合，充分融入国际贸易的核心理论知识，如自由贸易与保护贸易政策、WTO规则与国际商务法规、国际市场分析方法以及全球化背景下经济一体化趋势等；同时，还包括市场营销策略层面的教学，诸如品牌建设与推广、目标市场定位、产品定价策略、分销渠道管理及国际广告宣传等实操性极强的内容。这样既能让学生掌握扎实的商务理论基础，又能培养学生从全球视角出发，灵活运用外语解决实际商务问题的能力。在教学方式的选择上，采用高度模拟现实情境的方式尤为关键。例如，通过组织学生参与模拟商务谈判，使他们在角色扮演中亲身体验合同条款磋商、价格议定、风险规避等一系列真实的商务流程，既能锻炼学生口语表达能力与听力理解能力，也能深化他们对商务程序的理解与应用。而且，可借助现代信息技术手段，让学生参与国际贸易实务操作的模拟实训，包括撰写英文商务信函、编制国际贸易单证、处理跨境电子商务交易等环节，有助于他们把抽象的商务理论转化为具体的操作技能，切实提高自身的综合业务素质。

（三）采用多元化教学方法和现代教学手段

1. 多元化教学方法的应用

（1）互动式教学。互动式教学是一种强调学生参与、教师引导的教学方法。这种方法通过小组讨论、角色扮演、案例分析等形式，鼓励学生积极参与课堂教学活动，发表自己的观点和看法，既有助于培养学生的批判性思维和团队协作能力，也有助于教师及时了解学生的学习情况，调整教学策略。在互动式教学中，教师的角色由传统的知识传授者转变为学习的引导者和促进者，学生则由被动接受者转变为主动参与者，形成了更加积极、活跃的课堂教学氛围。

（2）项目式学习。项目式学习是一种以学生为中心、以项目为驱动的教学方法。在这种方法中，教师根据课程内容设计具有实际意义的项目任务，学生则通过自主学习、合作探究等方式完成项目任务。项目式学习既有助于培养学生的问题解决能力、创新能力和实践能力，也有助于促进学生对知识的深入理解和应用。在项目式学习过程中，学生需要主动探索未知领域，寻求解决方案，这种探索过程本身就是一种宝贵的学习经历。

（3）翻转课堂。翻转课堂是一种将传统课堂内外的学习时间进行重新分配的教学方法。在这种方法中，学生在课前通过自学或在线学习等方式掌握基础知识，而课堂教学时间则主要用于讨论、实践和解决问题。翻转课堂既有助于培养学生的自主学习能力和问题解决能力，也有助于提高课堂教学时间的利用效率。在翻转课堂中，教师首先需要提前准备丰富的学习资源和指导材料，以便学生在课前进行自学；其次需要设计具有挑战性和吸引力的课堂教学活动，以激发学生的学习兴趣和参与度。

2. 现代教学手段的应用

（1）多媒体教学。多媒体教学是一种利用计算机技术、网络技术等现代信息技术手段进行教学的方法。这种教学方法通过制作课件、演示文稿等形式，将文字、图片、音频、视频等多种媒体元素融合在一起，形成生动、形象的教学内容。多媒体教学有助于激发学生的学习兴趣和积极性，提高教学效果和学习效率；同时，多媒体教学还能为学生提供更加丰富多样的学习资源和学习方式，满足其个性化需求。

（2）网络教学。网络教学是一种基于互联网进行远程教学的方法。这种教学方法通过网络课程、在线讨论、实时互动等形式，突破时间和空间的限制，为学生提供更加灵活、便捷的学习机会。网络教学有助于扩大教育资源的覆盖范围，促进教育公平和普及；同时，还能为学生提供更加自主、个性化的学习体验，培养其自主学习能力和终身学习习惯。

（3）虚拟现实技术。虚拟现实技术是一种能够创建和体验虚拟世界的计算机技术。通过虚拟现实技术，可以模拟真实场景、提供沉浸式体验，使学生在虚拟环境中进行实践操作和学习。虚拟现实技术不仅有助于培养学生的空间想象力、实践能力和创新意识，而且能为学生提供更加安全、便捷的实践环境。在教育领域，虚拟现实技术已经广泛应用于模拟实验、虚拟实习等方面，并取得了显著的教学效果。

3. 多元化教学方法和现代教学手段的意义

采用多元化教学方法和现代教学手段对于提升教学质量、培养创新人才以及推动教育现代化具有深远意义。它不仅有助于激发学生的学习兴趣和积极性，提高其自主学习能力和问题解决能力，也有助于培养学生的批判性思维、团队协作能力和创新意识等核心素养，为其未来发展奠定坚实的基础，还有助于推动教育与现代科技的深度融合，促进教育模式的创新和教育质量的提升。因此，我们应该积极探索与实践多元化教学方法和现代教学手段，为培养高素质人才做出更大的贡献。

（四）重视外语教学评价科学性

1. 外语教学评价科学性的内涵与意义

外语教学评价科学性，是指评价过程应遵循教育规律，采用科学的方法和手段，客观、全面、准确地反映学生的外语学习情况和教师的教学效果。科学的外语教学评价有助于激发学生的学习兴趣和动力，提高他们的自主学习能力和跨文化交际能力；同时，有助于教师及时了解教学问题，调整教学策略，提升教学质量。因此，重视外语教学评价的科学性，对于促进外语教学的持续发展具有重要意义。

2. 实现外语教学评价科学性的途径

（1）确立多元化的评价体系。实现外语教学评价科学性的前提条件是应确立多元化的评价体系，这包括评价内容的多元化、评价方法的多元化以及评价主体的多元化。评价内容的多元化，是指评价内容应涵盖学生的语言知识、语言技能、学习策略、文化意识和自主学习能力等方面；评价方法的多元化，是指评价应采用形成性评价与终结性评价相结合的方式，注重过程性评价，关注学生的进步与发展；评价主体的多元化，是指评价应包括教师、学生、同伴以及家长等多方参与，形成多元化的评价反馈机制。

（2）运用科学的评价方法和手段。在外语教学评价过程中，应运用科学的评价方法和手段。例如，可以采用量化评价与质性评价相结合的方法，对学生的外语学习情况进行全面、深入的了解；可以利用现代信息技术手段，如网络评价平台、智能测评系统等，提高评价的效率和准确性。此外，还应注重评价结果的反馈与利用，及时向学生和教师提供有针对性的改进建议，促进教学相长。

（3）关注评价过程中的伦理问题。外语教学评价过程中涉及诸多伦理问题，如评价的客观性、公正性、尊重性等。为实现外语教学评价的科学性，必须关注这些伦理问题，确保评价过程的公正、客观和尊重。具体而言，教师在评价过程中应保持客观、公正的态度，避免主观臆断和偏见对学生产生不利影响；而且，教师应尊重学生的个性差异和多元智能，避免单一标准评价带来的偏见和歧视；同时，教师还应保护学生的隐私和权益，防止评价结果被滥用或泄露。

3. 外语教学评价实践中的科学性体现

在外语教学评价实践中，科学性的体现无处不在。首先以形成性评价为例，教师通过观察、记录、分析学生在外语学习过程中的表现、进步和问题，及时调整教学策略，提供有针对性的指导。这种评价方式关注学生的个体差异和发展需求，体现了科学的外语教学评价理念。其次以终结性评价为例，通过标准化的测试或考试衡量学生的外语水平和学习成果。为确保外语教学评价的科学性，测试或考试的设计应遵循语言测试的原理和方法，具有较高的信度和效度；同时，还应对测试或考试结果进行科学的分析和解释，为教学改进提供有力依据。

第二节　应用型高校外语教学的目标与任务

一、应用型高校外语教学的目标

（一）总体目标设定

1. 提高学生的跨文化交际能力

在当今全球化背景下，提高学生的跨文化交际能力是应用型高校外语教学的核心任务之一。跨文化交际能力不仅涵盖语言层面的准确、流利表达，还要求学生理解并尊重不同文化背景下的价值观、思维方式和行为习惯。通过深化对目标语言国家历史、社会、文化的教学，引导学生对比分析母语文化和目标语言文化，从而培养其敏锐的文化洞察力和批判性思维。外语课堂教学应注重情境模拟与角色扮演，让学生在实际情境中体验并适应跨文化交际过程中的复杂性和多元性。同时，教师应鼓励学生参与国际交流项目，如海外游学、学术会议、志愿服务等，以实践方式增强跨文化沟通技巧。此外，还应加强国际理解教育，倡导包容、共融的价值理念，使学生在多元文化交流和碰撞中，既能坚守自我文化身份，又能积极主动地进行有效的跨文化交际。

2. 提高学生的外语实践运用能力

应用型高校外语教学不仅要关注词汇、语法等基础知识的教学，还要将重心转向语言的实际运用上。为此，教师需要创设丰富的语言实践场景，例如，设置商务谈判、旅游接待、新闻报道等多种模拟实训课程，促使学生在模拟真实情境中锻炼听、说、读、写、译各项技能。而且，借助现代信息技术手段，如在线学习平台、虚拟仿真实验室等，可以为学生提供更多的自主学习和实践机会。通过开展各类外语实践活动，如翻译大赛、辩论赛、演讲比赛等，激发学生的学习兴趣，提升其语言综合运用能力。同时，加强校企合作，共建实习基地，让学生有机会在实际工作岗位上运用所学外语知识，切实提高其解决实际问题的能力。

3. 培养具有国际视野和创新能力的应用型外语人才

在全球化和信息化时代，培养具有国际视野和创新能力的应用型外语人才是高等教育的重要使命。国际视野体现在具备全球化意识，能从全球角度思考问题，理解和把握世界发展趋势；而创新能力则要求学生能在跨文化环境中独立思考，提出创新见解，解决问题。在外语教学过程中，可教师以通过引入国际前沿学术成果、案例分析、专题研讨等方式拓宽学生的知识视野，使其紧跟国际动态；同时，鼓励学生参加国际学术研讨会、科研项目合作等活动，增进学生对全球热点问题的认知深度和广度。在课程设计上，教师应融入创新思维训练内容，引导学生利用所学外语知识探索新领域、发现新问题，勇于挑战旧观念，形成新的理论体系或解决方案，真正实现从学生向创造者的转变，为社会发展输送高质量应用型外语人才。

（二）具体目标细分

1. 语言知识与技能目标

应用型高校外语教学的首要目标是夯实学生的语言基础，提升他们的外语知识与技能。语言作为人类沟通的桥梁，其重要性不言而喻。在这一目标下，应用型高校外语教学应着重于语音、词汇、语法等语言基本要素的系统训练。语音是语言的物质基础，准确的发音能够提升交流的效率；词汇是语言的建筑材料，丰富的词汇量能够让学生在表达时更加得心应手；语法是语言的骨架，掌握语法规则能够帮助学生构建正确的句子。除了这些基本要素外，听、说、读、写、译等语言技能的全面发展也是必不可少的。听和说是语言交流的主要方式，读和写是语言信息的主要传递手段，译则是跨文化交流的桥梁。为了实现这一目标，教师需要精心设计教学活动和实践练习。通过模拟对话、角色扮演、情景剧等多样化的教学方式，让学生在轻松愉快的氛围中掌握外语的日常用语和专业术语；同时，通过写作练习、阅读理解、听力训练等专项练习，提升学生的书面表达能力和口头表达能力。此外，教师还应注重培养学生的自主学习能力，教会他们如何利用现代科技手段进行语言学习和自我提升。如利用在线词典查词、使用语音识别软件练习发音、通过在线课程学习新知识等。这样，学生即使在毕业后，也能继续进行有效的外语学习，为未来的终身学习和职业发展打下坚实基础。

2. 文化理解与传播目标

外语学习不仅仅是语言技能的习得，更是深层次地涉及对目标语言国家文化的理解和传播。语言和文化是密不可分的，语言是文化的载体，文化是语言的内涵。因此，在外语教学中，文化教学应该与语言教学并重。通过文化课程的学习，学生能够了解目标语言国家文化历史、风俗习惯、社会制度等方面的知识，从而增强对目标语言文化的理解和尊重。同时，通过文化体验活动的参与，如观看目标语言国家的电影、品尝当地美食、参加传统节日庆祝活动等，学生能够更加直观地感受目标语言文化的魅力，增强对目标语言文化的兴趣。而且，通过与目标语言国家的学生进行面对面交流，学生能够深入了解他们的生活方式、价值观念、思维方式等，从而更加全面地认识目标语言文化；同时，学生也能将自己国家的文化传播给目标语言国家的学生，促进中外文化的交流与融合。

3. 专业外语应用能力目标

在当今全球化时代，各行各业对于具备专业外语能力人才的需求日益增加。因此，对应用型高校的学生而言，掌握专业外语应用能力已成为他们未来职业发展的关键。为了提升学生的专业外语应用能力，外语教学应与专业教学深度融合。共同设计和开发符合专业特点的外语课程与教学资源是关键。这样，学生在学习专业知识的同时，也能掌握相关的外语表达技能。例如，对国际贸易专业的学生而言，他们需要掌握与贸易相关的外语词汇和表达方式，以便在国际贸易活动中能够准确、高效地进行沟通。模拟专业场景的角色扮演、专业文献的阅读与翻译、国际学术会议的模拟与参与等教学活动也是提升学生专业外语素养的有效途径。通过这些活动，学生能在实际操作中运用所学知识，提升自己的专业外语应用能力。同时，这些活动也能让学生更加深入地了解自己的专业领域，为未来的专业发展和国际竞争做好充分准备。

4. 创新能力与批判性思维目标

在快速变化的全球化时代，创新能力与批判性思维已成为高素质人才的核心竞争力。对应用型高校的学生而言，具备创新能力与批判性思维是他们在未来职业发展中脱颖而出的关键。传统外语教学模式往往注重知识的灌输和技能的训练，而忽视了对学生创新能力与批判性思维的培养。然而，在当今这个信息爆炸的时代，单纯的知识和技能已无法满足社会需求，更重要的是具备独立思考和解决问题的能力。对此，组织讨论、辩论、案例分析等互动性强的教学活动是有效途径。这些活动能够激发学生的学习兴趣和思维活力，促使他们对传统观念进行挑战，对新知识进行探索，对跨文化问题进行深入思考。在讨论和辩论中，学生能够学会辩证地看问题、从不同的角度思考问题、用批判的眼光审视问题。在案例分析中，学生能够学会将理论知识与实际问题相结合，运用所学知识解决实际问题。同时，在多元化的团队中，学生能够相互学习、相互启发、相互支持，共同推动创新项目的实施和发展。通过参与团队项目，学生能够学会如何与他人合作、如何发挥自己的优势、如何领导团队取得成功。这些能力对于他们未来的职业发展和社会贡献都是至关重要的。

二、应用型高校外语教学的任务

（一）教学内容的选择与优化

1. 基础语言知识与技能的教授

在应用型高校外语教学中，扎实的基础语言知识与技能的教授至关重要。这一阶段的教学旨在使学生系统掌握目标语言的语言要素，包括语音、词汇、语法等基础知识，并在此基础上全面提升听、说、读、写、译五项基本技能。教师应采用科学有效的教学方法，如任务驱动法、情境教学法等，结合现代教育技术手段，设计丰富多样的课堂教学活动和课后练习，让学生在实际操作和互动中不断巩固与提高语言技能。而且，基础语言教学还应注重语言运用的真实性与实践性，鼓励学生通过阅读原版书籍、观看外语影片、参与模拟对话等方式，在真实的语境中感知和运用语言，从而增强其语言学习的自主性和持久性。同时，对于学生的个体差异应给予关注，实施分层教学和个性化指导，确保每个学生都能在自己的起点上逐步提升语言水平。

2. 文化内容的融入与跨文化交际能力的培养

在应用型高校外语教学中，必须重视文化内容的融入与跨文化交际能力的培养。教师应引导学生深入理解目标语言国家的历史背景、社会习俗、思维方式及价值观等多元文化元素，通过对比分析母语文化和目标语言文化，增进学生的文化认知与敏感度。借助案例分析、影视鉴赏、专题讲座等多种形式，使学生能够在具体的文化场景中进行深度体验和学习，从而具备在全球化背景下进行有效沟通的能力。并且，组织各类文化交流活动，如国际文化节、海外游学等，将有助于进一步培养学生的跨文化交际能力和全球意识。

3. 专业外语知识与技能的融合培养

面对日益复杂的国际环境和专业领域的需求，应用型高校外语教学应注重专业外语知识与技能的融合培养。这不仅要求学生掌握一定的通用语言技能，还需要学校针对特定行业或专业领域提供有针对性的专业外语训练，如商务英语、科技英语、法律英语等。在教学过程中，需要紧密结合相关行业的实际需求和发展趋势，引入行业规范、专业术语以及真实的工作情境，通过案例研究、项目实践等方式，帮助学生熟悉并掌握特定领域的专业表达和沟通技巧，以实现从通用外语向专业化、实用化方向的延伸和拓展。

4. 创新教学内容与方法的探索

随着信息技术的发展和社会变革的推进，应用型高校外语教学面临着教学内容更新和方法革新的挑战。教师需要不断追踪学科前沿，挖掘与时代发展紧密相关的教学内容，如新媒体传播、人工智能、大数据等新兴领域中的外语应用问题。同时，积极探索和应用翻转课堂、混合式教学、在线协作学习等新型教学模式，利用虚拟现实、人工智能等现代教育技术手段，丰富课堂教学形式，激发学生的学习兴趣和主动性，提高教学效果。此外，构建多元化评价体系，强调过程性评价与终结性评价相结合，充分反映学生在外语综合能力、创新能力以及专业素养等方面的成长与发展。

（二）教学模式与方法的创新

1. 构建以学生为中心的教学模式

在以学生为中心的教学模式中，学生的需求和兴趣被置于教学的核心位置。这一转变不仅是对传统教学方法的革新，还是对教育理念的深刻反思。教师从单纯的知识传授者转变为学习的引导者和学生的成长伙伴，这种角色的转变意味着教师需要更多地倾听学生的声音，理解他们的学习需求和期望。教学内容、教学方法和评价体系的重构是这一教学模式的关键。教学内容不再是一成不变的课本知识，而是根据学生的兴趣和发展需求进行动态调整；教学方法也从单一的讲授式转变为多元化的互动式，通过小组讨论、项目探究、角色扮演等活动，激发学生的学习兴趣，培养他们的主动学习能力；同时，评价体系也从单一的考试分数转变为对学生全面发展的综合评价，更加注重过程性评价和学生的自我评价。在这种教学模式下，学生的个体差异得到充分尊重。每个学生都是独一无二的个体，他们有着不同的学习风格、兴趣爱好和发展潜力。因此，教师需要提供个性化的学习路径和资源，以满足不同学生的学习需求。这包括为学生提供定制化的学习计划、丰富多样的学习资源和灵活多样的学习方式，让每个学生都能在适合自己的环境中茁壮成长。以学生为中心的教学模式不仅关注学生当前的学习成果，而且着眼于他们的未来发展，它旨在培养学生的终身学习能力和创新精神，让他们在未来的生活和工作中能够不断适应变化、迎接挑战。

2. 混合式教学方法的应用

混合式教学方法是一种将传统课堂教学与在线学习相结合的新型教学方法。混合式教学方法充分利用了现代信息技术的优势，打破了时间和空间的限制，为学生提供了更加灵活多样的学习方式。通过线上平台，学生可以随时随地访问丰富的学习资源，进行自主学习和预习。这些资源包括视频讲座、电子书籍、在线课程等，涵盖了各学科领域的知识和技能。同时，线上平台还提供了各种互动工具，如在线讨论区、学习小组等，方便学生与教师、其他学生进行交流和合作。而在课堂教学中，教师则更加注重解决学生的疑难问题，组织深入的讨论和实践活动。通过面对面的交流和互动，教师可以及时了解学生的学习情况和反馈，调整教学策略和方法，以确保教学的有效性和针对性。同时，课堂教学为学生提供了展示自己才华和成果的机会，增强了他们的学习自信心和成就感。混合式教学方法的应用不仅提高了教学效果和学习体验，还培养了学生的自主学习能力和团队协作能力，让学生在轻松愉快的氛围中学习知识、掌握技能、发展能力，为未来的学习和生活奠定了坚实基础。

3. 实践教学与产学研结合

实践教学是一种强调将理论知识应用于实际情境中的教学方法。通过实习、实验、社会调查等方式，让学生在实践中学习和成长，培养他们的实践能力和创新精神。实践教学与产学研结合则是将教学、科研和产业紧密相连的一种新型教育模式。在这种模式下，高校与企业、科研机构等合作，共同开发课程、设立实验室、承担研究项目等。这些合作项目不仅为学生提供了真实的职业环境和研究机会，还让他们有机会接触到最新的技术和设备，了解行业的发展趋势和市场需求。通过参与实践项目和研究活动，学生可以将所学的理论知识应用于实际情境中，解决实际问题。这一过程不仅加深了学生对知识的理解和掌握，还培养了他们的创新思维能力和问题解决能力。同时，高校与企业、科研机构的合作也为学生提供了更多的就业机会和职业发展空间。实践教学与产学研结合的教育模式不仅提高了学生的实践能力和创新精神，还推动了高校与社会的紧密联系和合作。它促进了教育资源的共享和优化配置，提高了教育的质量和效益。同时，这种合作的教育模式也为社会培养了大量具有创新精神和实践能力的高素质人才，推动了经济社会的持续发展和进步。

4. 现代教育技术的应用

随着科技的飞速发展，现代教育技术为教学带来了革命性的变化。人工智能、大数据、虚拟现实等技术在教学中的应用，为学生提供了更加丰富多样的学习体验和更加高效的学习方式。通过智能教学系统，教师可以根据学生的学习进度和反馈，精准地推送个性化的学习资源。这些系统利用大数据分析和机器学习算法，对学生的学习行为进行评估和预测，为他们提供定制化的学习计划和资源推荐。同时，虚拟现实技术的应用也为学生提供了更加逼真的学习环境。通过戴上虚拟现实头盔或使用其他交互设备，学生可以身临其境地进入虚拟世界进行模拟实验、历史漫游等沉浸式学习。这种学习方式不仅增强了学生的学习兴趣和体验感，还让他们在虚拟世界中获得了更多的实践机会和成长空间。而且，通过在线课程管理系统、在线作业批改系统、在线考试系统等工具的应用，教师可以更加轻松地管理课程、发布作业、组织考试等。这些工具的应用不仅减轻了教师的工作负担，还提高了教学管理的效率和准确性。此外，现代教育技术的应用不仅提升了教学的趣味性和互动性，还大大提高了学习效果和学习效率。它不仅让学生在轻松愉快的氛围中学习知识、掌握技能、发展能力，还让教师在教学过程中感受到了科技的魅力和便捷性。这种技术与教育的深度融合必将为未来的教育事业带来更加美好的发展前景。

（三）不断完善教学评价体系

1. 多元化评价体系的建立

在应用型高校外语教学中，建立科学、公正、全面的多元化评价体系至关重要。多元化评价体系强调对学生外语能力的多维度考查，不再局限于传统的纸笔测试和期末考试，而是将课堂教学参与度、小组合作、项目完成情况、演讲展示、写作报告等多种评价元素纳入其中。这样的评价体系不仅能更准确地反映学生的语言综合运用能力和学习进步过程，而且能激发学生的学习积极性和主动性。在具体实施时，教师需要根据不同课程目标和教学内容设计多元化的评价指标，并采用线上与线下相结合的方式进行记录和评估。此外，教师还应注重评价标准的透明化，确保每个学生明确知晓如何通过各类活动提升自己的评价得分，从而更好地调整自身学习策略。

2. 过程性评价与终结性评价的结合

在建立多元化评价体系的过程中，过程性评价与终结性评价有效结合是关键环节。过程性评价关注学生的学习过程和行为表现，如平时作业完成质量、课堂讨论发言、实践活动参与等，旨在捕捉并鼓励学生的点滴进步，及时发现问题并给予指导，以促进学生持续学习和改进；而终结性评价则侧重对学生在一个完整学习阶段（如一个学期或一门课程）后掌握知识技能的整体评估，通常表现为期末考试或项目成果展示等形式。结合两者优势，既能反映出学生在整个学习过程中逐渐积累的知识技能，又能对他们在特定时间节点上的知识掌握程度做出精确判断，从而达到全面、客观评价学生外语能力的目的。

3. 学生自评与互评机制的引入

为了培养学生的自主学习能力和批判性思维，应用型高校外语教学应当积极引入学生自评与互评机制。学生自评要求学生对自己的学习行为和成果进行反思与评价，这有助于学生认识自我、明确学习目标、调整学习策略，形成良好的自我监控和调节能力；通过组织学生之间的互评活动，不仅可以增强学生对他人观点的理解和尊重，提高沟通交流技巧，还可以从他人的反馈中发现自身的优点与不足，实现共同进步。教师在此过程中扮演引导者角色，设定互评规则，指导学生有效开展自评与互评，使评价过程成为全体学生深度参与、互动协作的学习过程。

4. 教学反馈与持续改进

基于多元化评价体系收集的学生学习数据和信息，教师应及时进行教学反馈，分析评价结果，找出教学中的亮点与不足，为持续改进提供依据。对于教学方法、内容、节奏等方面存在的问题，教师需要有针对性地优化调整；对于学生的个体差异，要实施个性化指导，帮助每个学生发挥潜能，克服困难。与此同时，建立常态化的教学质量监控和改进机制，定期召开教学研讨会，分享优秀教学案例和经验，探讨解决教学难题的新思路和新方法。只有这样，才能真正实现"以评促教、以评促学"，推动外语教学质量的不断提升和教育教学改革的深入发展。

三、应用型高校外语教学的实施策略

（一）外语教师队伍的建设与发展

1. 外语教师专业素养的提升

外语教师专业素养的提升是一个持续不断的过程，它涉及多个方面，包括语言技能、教学理论、跨文化意识以及教育技术的运用等。这些素养的提升不仅关系到外语教师的个人职业发展，还直接影响到学生的语言学习效果和国际化人才的培养。在语言技能方面，外语教师需要不断锤炼自己的听、说、读、写能力。通过广泛阅读外文文献、参加国际交流、深入语言实践等方式，外语教师可以保持对语言的敏感性和准确性，从而更好地传授给学生地道的语言表达和丰富的文化内涵。同时，外语教师还应该关注语言的发展变化，及时更新自己的语言知识，以确保教学内容的时效性和实用性。在教学理论方面，外语教师需要深入学习和掌握现代教育理念与教学方法。通过研究教育学、心理学、语言学等相关学科的理论知识，外语教师可以更好地理解学生的学习过程和记忆机制，从而设计出更加符合学生认知规律的教学活动。此外，外语教师还应该关注教学研究的最新成果，积极尝试新的教学模式和手段，以提高学生的学习兴趣和效率。

随着全球化的加速推进，跨文化交流变得越来越频繁和重要。外语教师作为文化的传播者和桥梁，需要具备深厚的跨文化知识和敏锐的文化洞察力。通过了解不同文化的历史背景、价值观念、社会习俗等，外语教师可以帮助学生更好地理解和尊重多元文化，培养他们的国际视野和跨文化交际能力。而随着信息技术的快速发展，多媒体、网络、人工智能等现代教育技术在外语教学中的应用越来越广泛，外语教师需要熟练掌握这些技术手段，将其有机地融入教学过程，为学生提供更加生动、直观、互动的学习体验。同时，现代教育技术还可以帮助外语教师更好地管理教学资源、跟踪学生学习进度、进行个性化辅导等，从而提高教学效率和质量。除了以上几个方面外，外语教师专业素养的提升还需要教师具备自我反思和自我更新的能力。教学过程是一个复杂而动态的过程，外语教师需要不断反思自己的教学实践，总结经验教训，发现问题并寻求改进之道；同时，外语教师还需要保持开放的心态，积极接受新的教育理念和教学方法，不断更新自己的知识体系和技能结构。

2. 外语教师教学能力的培训

在当前教育改革的背景下，外语教学不再仅仅局限于语言知识的传授，更注重培养学生的语言运用能力、跨文化交际能力以及自主学习能力。因此，针对外语教师的教学能力培训尤为重要。传统的外语教学观念往往以教师为中心，忽视了学生的主体地位和需求；现代的外语教学理念则强调以学生为中心，注重激发学生的学习兴趣和积极性。通过培训，外语教师需要转变角色，从知识的灌输者转变为学生学习的引导者和促进者，关注学生的个体差异，因材施教，使每个学生都能在外语学习中获得发展。同时，外语教师教学能力的培训还应注重教学方法的创新。传统的外语教学方法单一、枯燥，难以激发学生的学习兴趣。因此，在外语教师教学能力的培训中应引入多元化的教学方法，如任务型教学、情境教学、合作学习等，使课堂教学更加生动有趣。通过这些方法的运用，外语教师可以引导学生积极参与课堂教学活动，提高学生的语言运用能力和交际能力。而且，作为外语教师，具备良好的语言功底是必不可少的。培训中，可以通过听力训练、口语练习、阅读写作等方式提高教师的语言水平；同时，跨文化意识的培养也至关重要。外语教学不仅是语言教学，还是文化教学。外语教师需要了解不同文化背景下的价值观念、思维方式、风俗习惯等，以便更好地指导学生进行跨文化交际。

在培训过程中，还应注重外语教师实践能力的提升。理论知识的掌握固然重要，但将理论知识应用于实践才是培训的最终目的。因此，可以通过组织观摩课、教学研讨、教学实践等活动，让外语教师在实践中学习、反思、总结，不断提升自己的教学能力。并且，教学是一个永无止境的学习过程，外语教师需要具备自我学习、自我更新的能力。培训中，可以引导外语教师制订个人发展规划，明确自己的发展方向和目标，鼓励外语教师积极参与教学研究、学术交流等活动，拓宽自己的视野和知识面。

3. 外语教师科研能力的提高

在当前教育环境下，外语教师科研能力的提高已成为提升教学质量、推动学科发展和培养国际化高素质人才的重要推动力。外语教师作为教学与研究并重的专业群体，不仅需要具备扎实的语言功底和丰富的教学经验，还应积极投入科研活动，提升自身的学术研究水平。通过深入参与科研项目，外语教师能够及时跟踪国际前沿理论动态，掌握最新的外语教学方法和技术，进而将其转化为具有创新性的教学实践。例如，探究第二语言习得理论对课堂教学的影响，或研究网络环境下混合式学习模式在外语教学中的应用等课题，都能有效指导外语教师优化课程设计，提高教学效果。而外语教师在进行科研时，往往需要跨学科合作，整合多领域知识，这无疑拓宽了他们的学术视野，锻炼了综合分析和问题解决能力。同时，科研过程中的严谨态度、批判性思维及论文撰写规范，也能显著提升外语教师的教学严谨性和学术规范性。

外语教师将科研成果融入课堂教学，可以使课程更具深度和广度，使学生在了解最新研究成果的同时，感受到学科的魅力和发展潜力。比如，外语教师可以引入自己关于跨文化交际的研究成果，引导学生理解和适应多元文化背景下的交流情境，从而培养学生的全球视野和跨文化交际能力。并且，良好的科研成绩不仅是衡量教师专业成就的关键指标，还是职称晋升、参与各类学术交流活动以及申请各类教学改革项目的基础。此外，优秀的科研成果也可以促进校内外学术资源共享，提升学校的整体学术影响力和社会声誉。

4. 外语教师国际视野的拓展

在全球化背景下，外语教师国际视野的拓展对于提高教学质量、培养具有全球竞争力的人才以及推动教育国际化进程具有至关重要的作用。外语教学不仅在于教授语言知识和技能，还在于通过语言这一载体，引导学生理解和接纳多元文化，树立全球意识，形成跨文化交流能力。具备国际视野的外语教师能够将全球教育资源与本土实际相结合，丰富并优化教学内容。他们能敏锐捕捉到国际学术界关于外语教学的最新动态和研究成果，并将其融入课程设计，使学生接触到最前沿的教学理念和技术。同时，他们也会注重介绍世界各国的社会文化背景，拓宽学生的知识视野，激发其对异域文化的探索欲望。而且，具备国际视野的外语教师在教学过程中，会注重培养学生的跨文化交际能力和全球公民素养，运用诸如案例分析、情景模拟、国际项目合作等多种教学手段，让学生在实践中理解不同文化背景下的沟通规则和思维方式，从而真正实现学以致用。并且，通过参加国际研讨会、访问学者项目、海外培训等各类活动，外语教师可以直接与世界各地同行交流切磋，借鉴他国成功的教学经验和模式，同时，将本国优秀的教学成果展示给国际社会，增进中外教育领域的互鉴互融。

在全球化人才市场环境下，外语教师能帮助学生规划适应国际需求的职业路径，培养学生的全球胜任力，使其在未来的学习、工作乃至生活中都能从容应对各种跨文化挑战。

（二）学生学习环境的营造与优化

1. 课堂学习环境的改善

在应用型高校外语教学过程中，课堂学习环境的改善对于提升教学效果、激发学生的学习潜能具有至关重要的作用。外语学习不仅仅是一种语言技能的习得，更是一种文化理解和思维方式的培养，而这一切都离不开一个优质的学习环境。教室的布局、座椅的舒适度、教学设备的先进性等都会直接影响学生的学习体验。宽敞的教室、舒适的座椅以及先进的多媒体设备能够为学生提供更加良好的学习条件，有助于他们更加专注于课堂教学内容，提高学习效率。此外，教室内的装饰和布置也能营造出一种宜人的学习氛围。例如，教室的墙上可以挂一些与外语学习相关的海报或图片，角落里可以放置一些外语书籍和杂志，让学生在课间休息时也能感受到外语学习的氛围。除了物理环境外，心理环境的改善同样重要。外语学习对很多学生来说是一项挑战，他们可能会因为害怕犯错或担心自己的发音、语法等问题而感到焦虑。因此，教师需要营造一种宽松、包容的学习氛围，鼓励学生大胆尝试、积极参与课堂教学活动。教师可以通过组织小组讨论、角色扮演、辩论等多样化的教学活动激发学生的学习兴趣和积极性，让他们在轻松愉快的氛围中掌握外语知识。同时，教师需要尊重学生的个性差异和学习需求，关注他们的情感变化，积极与他们沟通交流。在课堂教学中，教师可以采用启发式教学方法，引导学生主动思考、自主探索，培养他们的创新能力和批判性思维；而学生也应该尊重教师的劳动成果和教学经验，积极配合教师的教学活动，形成良好的师生互动关系。

教师需要制订明确的课堂教学规则和纪律要求，确保课堂教学井然有序。而且，教师需要灵活运用各种教学方法和手段维持学生的注意力，使他们在整堂课中都能保持高度的学习热情。外语学习是一个长期的过程，仅仅依靠课堂上的时间是远远不够的。因此，教师需要引导学生养成良好的学习习惯和自主学习意识，鼓励他们在课余时间进行听力练习、口语交流、拓展阅读等多样化的学习活动。通过自主学习和实践应用，学生可以巩固所学知识并不断提高自己的外语水平。

2. 自主学习资源的提供

在应用型高校外语教学过程中，自主学习资源的提供是推动学生主动学习、提升教学质量与效果的关键环节。自主学习资源，是指那些为满足学生个性化需求和自主探索性学习而设计开发的学习材料与工具，包括电子教材、在线课程、多媒体资料、语言实验室、学术数据库以及各类网络平台等。一方面，丰富的自主学习资源能够拓宽学生的语言学习途径，打破传统课堂教学的时间与空间限制。例如，借助数字化教材和在线课程，学生可以随时随地进行自我复习和深化理解；利用多媒体资料如音频、视频及互动软件，则能生动、直观地展现语言的实际运用场景，增强学生的语感与实践能力。另一方面，高质量的自主学习资源能够支持学生开展深度学习与探究式学习，培养其独立思考和解决问题的能力。比如，学术数据库可以引导学生直接接触原汁原味的语言材料，进行专业文献阅读和批判性分析；而网络交流平台则提供了跨文化交流的机会，让学生在实际对话中提高语言交际能力和跨文化交际素养。而且，不同学生的学习风格、兴趣特长各异，教师可以根据他们的特点推荐相应的自主学习资源，使每个学生都能找到适合自己的学习路径，最大限度地挖掘自身潜能。同时，自主学习资源的使用还能有效促进教师角色的转变。教师从单一的知识传授者转变为学生学习的指导者和支持者，教师可以通过监控和评估学生对自主学习资源的使用情况，及时给予反馈和建议，进一步优化教学策略，形成以学生为中心的高效教学模式。

3. 实践平台的搭建与合作

在应用型高校外语教学过程中，实践平台的搭建与合作对于学生提升语言实际应用能力、增强跨文化交流技巧具有不可或缺的作用。外语学习的本质在于沟通与交流，而实践平台正是为学生提供这样一个真实、多元、互动的语言应用环境，使他们在实践中学习，在合作中成长。高校可以与国内外的企业、机构建立合作关系，共同打造实践基地，为学生提供实习、实训的机会。这些实践基地不仅可以让学生接触到真实的外语工作环境，还可以让他们在实践中锻炼自己的语言技能、提升职业素养。同时，高校还可以邀请企业、机构的专家来校举办讲座、工作坊等活动，与学生面对面交流，分享行业经验和最新动态，从而拓宽学生的视野，激发他们的学习兴趣。除了与校外机构合作外，高校内部也可以搭建多种形式的实践平台。例如，可以设立外语角、语言实验室、模拟联合国等场所，为学生提供自主学习、合作交流的空间。这些场所可以定期举办主题活动、讲座、比赛等，鼓励学生积极参与、展示自我。通过这些活动，学生不仅可以提升自己的语言水平，还可以结交志同道合的朋友，提高团队协作能力。

高校需要积极寻求与校外机构的合作机会，共同制订实践计划、明确实践目标、落实实践任务。同时，高校内部各部门间也需要加强沟通与协作，确保实践平台的顺利运行。例如，外语系可以与学生会、社团等组织合作，共同策划和组织实践活动；教务处可以为实践活动提供课程安排、学分认定等方面的支持。而且，高校需要建立完善的实践教学管理体系，对实践活动进行全程跟踪、指导和评价，通过定期的反馈和总结，可以发现实践活动中存在的问题和不足，及时进行调整和改进。此外，高校还可以邀请校外专家对实践活动进行评估和指导，以确保实践活动的质量和效果。并且，实践平台的搭建与合作对于高校外语教学的意义在于它打破了传统的教学模式，使外语教学更加贴近实际、更加生动有趣。通过实践活动，学生可以更加深入地了解目标语言国家的文化和社会，增强自己的跨文化意识和跨文化交际能力。不仅如此，实践活动还可以培养学生的创新思维能力和问题解决能力，为他们未来的职业发展打下坚实基础。

4. 学习共同体的构建与支持

在应用型高校外语教学过程中，学习共同体的构建与支持是当前教育改革和发展的重要趋势，它强调以学生为主体，通过合作学习和互动交流的方式，营造一个共享、互助、共进的学习环境。学习共同体不仅包括学生之间的相互协作，还涵盖了教师与学生、学生与社区资源之间的紧密联系。在外语教学中，通过组建学习小组或项目团队，鼓励学生开展同伴辅导、角色扮演、案例讨论等活动，能够有效提升学生的语言实践能力和跨文化交际素养。这种互动性的学习模式使学生有机会从他人的观点和经验中获取知识，锻炼批判性思维和问题解决能力，并在共同完成任务的过程中培养团队合作精神和社会责任感。而且，教师作为学习共同体中的引导者和支持者，其角色发生转变，更多地关注学生的个性化需求和全面发展。教师需要设计并实施能激发学生主动参与的教学活动，同时提供及时、有效的反馈和指导，帮助学生明确学习目标、制订学习计划，并逐步掌握自我调控学习进度的能力。并且，教师还应积极整合校内外资源，搭建学习平台，为学习共同体的运作提供必要的技术支持和服务保障。

学习共同体的构建有助于打破传统的课堂教学界限，拓展学习时空。例如，利用网络技术创建虚拟学习社区，实现线上、线下的无缝对接，让学生在课内外都能找到交流和探讨的机会，进一步深化对语言文化的理解和应用。在学习共同体中，每个成员既是学生又是评价者，他们共同反思和评估学习过程及成果，从而形成一种"自下而上"的教学质量监控机制。这不仅能促进教师教学策略的优化调整，还能促使学生养成自我评估、自主学习的良好习惯。

第三节　应用型高校外语教学的发展现状与趋势

一、应用型高校外语教学的发展现状

（一）教学理念与目标的转变

1. 从传统到现代的教学理念更新

应用型高校外语教学从传统到现代的教学理念更新，是一个渐进的

演变过程，它反映了教育领域对语言学习本质和目的深度理解的变化。传统教学理念往往侧重语言知识的传授，强调词汇记忆、语法结构以及阅读与写作等技能训练，学生在很大程度上是被动接受者。然而，随着全球化进程加速和社会需求变化，现代教学理念开始重视培养学生的语言运用能力、跨文化交际能力和自主学习能力。一方面，现代教学理念倡导以学生为中心，尊重个体差异，注重个性化和情境化教学。教师不仅是知识的传授者，还是学生学习过程中的引导者和协助者，鼓励学生通过主动参与、实践探索和合作交流习得语言，并结合实际生活场景和多元文化背景，使语言学习更具生命力和实用性。另一方面，现代教学理念强调语言能力的整体性发展，注重听、说、读、写四项基本技能的同时提升，提倡任务型、项目式学习方法，让学生在完成真实或模拟任务的过程中自然习得语言。而且，现代外语教学关注情感因素在外语学习中的作用，培养学生的学习兴趣、自信心和积极态度，助力其形成持久有效的学习动力。并且，现代教学理念在外语教学中充分融入信息技术手段，利用多媒体资源、网络平台、虚拟现实技术等工具，打破时空限制，实现线上、线下相结合的混合式学习模式，为学生提供丰富的自主学习资源和互动交流机会。不仅如此，现代教学理念在外语教学中还特别看重全球视野与跨文化素养的培育，鼓励学生在全球化背景下理解和尊重文化多样性，提高批判性思维和问题解决能力，从而成为具备国际竞争力的高素质人才。

2. 应用型人才培养目标的明确

应用型人才培养目标的明确，是高等教育适应社会发展需求、提升教育质量与效益的必然选择。在当前经济社会快速发展的背景下，传统人才培养模式已难以满足市场对人才多元化、实用化的需求。因此，明确应用型人才培养目标，对高校来说，既是挑战也是机遇。这种目标定位决定了高校在教学理念、课程设置、教学方法等方面需要进行全面而深入的改革。高校应摒弃过去重理论轻实践、重知识传授轻能力培养的倾向，转而注重学生的主体性、实践性和创新性，以培养学生的实际应用能力为核心，构建符合应用型人才培养要求的课程体系和教学模式。在课程设置上，应用型人才培养目标要求高校紧密结合行业需求和市场趋势，优化课程结构，更新教学内容，增加实践环节。通过开设与产业发展紧密相关的专业课程、实践课程和创新创业课程，高校可以为学生提供更加系统、实用的知识和技能，使他们在毕业后能够快速适应工作岗位，为企业和社会创造价值。在教学方法上，应用型人才培养目标倡导采用多样化、互动式的教学方式，如案例教学、项目教学、情境教学等。同时，高校还应加强与企业、行业的合作，共建实践教学基地，为学生提供更多的实习、实训机会，使他们在实践中深化理论知识、掌握职业技能、培养创新意识。

传统的以考试成绩为主的评价指标体系已无法全面反映学生的应用能力和综合素质。因此，高校需要构建多元化的评价体系，包括课程考核、实践考核、综合素质评价等多个方面。这些评价体系应更加注重过程性、表现性和发展性，以全面、客观地反映学生的学习成果和能力水平。因此，教师不仅需要具备扎实的专业知识和丰富的教学经验，还需要具备较强的实践能力和创新意识。高校应加大对教师的培训和引进力度，建立一支高素质、专业化的师资队伍，为应用型人才培养提供有力保障。

（二）教学内容与方法的创新

1. 多元化、实用性教学内容的引入

传统外语教学内容往往局限于课本知识和基本语言技能的培养；而在全球化的今天，随着社会需求的变化和技术手段的发展，外语教学内容已从单一的语言知识传授转变为涵盖多元文化理解、跨文化交际能力、信息素养及实际应用能力等全方位素质培养。外语学习不再仅限于文学、历史等人文社科内容，还应涵盖科技、经济、法律、艺术等诸多学科领域，使学生在掌握语言工具的同时，能通过阅读专业文献、参与专题讨论等方式拓宽视野，增进对世界的全面认知。因此，教师可以设计丰富多样的任务型、项目式学习活动，如商务谈判模拟、国际会议策划、社区志愿服务等，让学生在真实或模拟的情境中实践所学，锻炼其运用外语解决实际问题的能力，从而提高学生的就业竞争力和社会适应性。并且，借助网络资源，教师可以实时引入全球热点事件、行业前沿动态作为教学素材，引导学生关注世界发展趋势，培养其批判性思维和创新能力；同时，利用在线课程、虚拟实验室、多媒体资料等形式，构建生动活泼的教学环境，激发学生的学习兴趣和积极性。

教师应当将多元文化教学内容纳入教学体系，帮助学生了解并尊重不同国家和地区的文化习俗、价值观念，提升他们在国际交流中的沟通能力和应对复杂文化情境的能力。

2. 现代教育技术与外语教学的融合

随着科技的迅猛发展，现代教育技术以其独特的优势，为外语教学提供了更加丰富的教学资源、更加多样的教学手段和更加高效的教学模式，极大地促进了外语教学质量的提升。在教学资源方面，现代教育技术为外语教学带来了海量的数字化资源，包括电子教材、网络课程、多媒体课件等。这些资源不仅内容丰富、形式多样，而且更新迅速、获取便捷，能够满足不同层次、不同学生的个性化学习需求。在教学手段方面，现代教育技术为外语教学提供了更加多样化的选择。传统教育技术主要依赖于教师的口授和板书，而现代教育技术则引入了多媒体教学、网络教学等新颖的教学手段。这些教学手段能够通过图文并茂、音视频结合的方式呈现教学内容，使课堂教学更加生动有趣。同时，这些教学手段还能实现师生互动、生生互动，促进教学相长。在教学模式方面，现代教育技术为外语教学带来了颠覆性的变革。传统教育技术往往采用以教师为中心的教学模式，而现代教育技术则倡导以学生为中心的教学模式。在这种教学模式下，学生成为学习的主体，教师则转变为学习的引导者和促进者。通过利用现代教育技术，教师可以采用项目式学习、翻转课堂等创新的教学模式，引导学生在探究中学习、在实践中提高，培养他们的自主学习能力和创新精神。

传统教育技术评价主要依赖于考试和测验，而现代教育技术则能够提供更加全面、客观的教学评价手段。例如，通过利用在线测试系统、学习分析技术等，教师可以及时了解学生的学习情况，为他们提供个性化的反馈和指导。同时，这些技术还能为教师提供精确的教学数据分析，帮助他们更好地进行教学反思和改进。因此，现代教育技术不仅需要教师不断更新教育观念、提升信息素养，掌握现代教育技术的基本知识和技能，还需要高校加强现代教育技术设施建设、完善相关管理制度，为教师提供充分的培训和支持。只有这样，才能真正实现现代教育技术与外语教学的深度融合，推动外语教育的持续发展。

（三）教学资源与师资队伍的建设

1. 教学资源的整合与优化

随着教育信息化的推进，各类教学资源呈现出丰富多样、海量增长的特点，如何高效地整合与优化这些教学资源，使之服务于实际的教学需求，是当前外语教学改革面临的重要课题。在教学资源的整合方面，需要打破传统教育资源的孤立状态，将教材、教辅资料、网络课程、数字图书馆、虚拟实验室、多媒体素材等多元化的教学资源有机融合在一起，构建一个立体化、系统化的教学资源库。教师应根据课程内容和学生特点，灵活选取并有效搭配各类资源，确保资源的针对性和适用性，从而满足个性化教学和自主学习的需求。教学资源的优化则聚焦于教学资源的质量提升与更新换代。一方面，对于已有的教学资源，要进行持续的质量审核和内容更新，剔除过时或低效的内容，补充反映学科前沿动态和发展趋势的新知识、新信息；另一方面，鼓励教师参与教学资源的创新研发，结合教学实践和科研成果，制作出更具吸引力、互动性和启发性的新型教学资源，如微课、慕课、翻转课堂视频等。而且，通过搭建教学管理平台，实现资源的云端存储、智能检索、便捷共享等功能，使师生能够随时随地获取所需的高质量教学资源，提高教学效率。同时，大数据分析技术还可为教学资源使用情况提供精准反馈，帮助教师了解学生的学习习惯和难点所在，进一步调整和优化资源配置策略。并且，教学资源的整合与优化是一个动态且持续的过程，需要学校层面的顶层设计与支持，包括建立完善的教学资源建设机制、制订合理的评价体系以及强化教师培训等措施，以保证教学资源的优质供给，并形成可持续发展的教学资源生态。

2. 师资队伍的结构优化与素质提升

一支优秀的师资队伍不仅要有合理的学术结构、专业结构、年龄结构，还要有高尚的师德、深厚的学术底蕴和不断创新的教育理念。在高等教育日益国际化的今天，师资队伍的结构优化与素质提升已成为高校竞争力的重要标志。学术结构的优化要求高校引进和培养高水平的学科带头人，形成具有国际影响力的学术团队，以带动整个学科的快速发展。专业结构的完善则需要根据社会需求和学科发展趋势，动态调整专业设置和师资配备，确保每个专业都有足够数量且具备相应专业背景的优秀教师。年龄结构的均衡则是为了保持师资队伍的活力和持续性，既要重视青年教师的培养和发展，给予他们更多的成长机会和平台，又要充分发挥中老年教师的经验和智慧，形成老中青相结合的合理梯队。在师资队伍素质提升方面，师德建设是首要任务。高校教师应具备高尚的职业道德、强烈的育人使命感和责任感。他们不仅是知识的传授者，还是学生健康成长的引路人和良好品德的塑造者。因此，高校应加强对教师的师德教育，建立健全师德考核机制，对违反师德的行为进行严肃处理。除了师德建设外，学术能力的提升也是师资队伍素质提升的关键。高校教师应具备深厚的学术底蕴和敏锐的科研洞察力，能够紧跟学科前沿，产出高质量的科研成果。为此，高校应加大对教师科研工作的支持力度，提供良好的科研环境和条件，鼓励教师积极参与国内外学术交流与合作，不断拓宽学术视野和提高学术水平。

在高等教育普及化和大众化的背景下，传统的教育理念与方法已难以适应新的教学需求和人才培养目标。因此，高校教师应积极转变教育观念，树立以学生为中心的教育理念，注重培养学生的创新精神和实践能力。高校还应加强对教师教育技能的培养和培训，使他们能熟练掌握现代教育技术和教学方法，提高教学效果和教学质量。而且，通过引进高层次人才和优秀青年人才，加强在职教师的培训和发展，完善教师职务晋升和薪酬激励制度等措施，激发教师的积极性和创造力，促进师资队伍的持续优化和整体素质的不断提升。

（四）教学评价与反馈机制的完善

1. 多元化、过程性评价体系的建立

传统的终结性评价方式往往侧重学生对知识掌握程度的一次性考核，忽视对学生学习过程的动态监测和能力提升的关注。因此，构建一套涵盖形成性评价与终结性评价相结合，充分反映学生多元智能与综合素质发展的新型评价体系尤为关键。这要求教师不仅要关注学生在书面测试中的表现，还要通过课堂教学参与度、小组合作项目、口头报告展示、在线讨论等多种方式进行综合评价，确保每个学生的学习成果都能得到公正、全面的反映。而且，教师需要结合课程目标和教学内容设计一系列阶段性的任务与活动，实时监控学生的学习进度和成长轨迹，及时给予指导和帮助。例如，教师可以通过设立学习日志、同伴互评、自我反思等形式，让学生参与自身的评价，实现从被动接受评价到主动参与评价的转变，从而激发其内在学习动力，提高自我调控学习的能力。并且，借助在线平台和学习管理系统，教师可以便捷地收集和分析学生的学习数据，如学习时长、作业完成情况、线上互动频率等，形成精准的教学诊断报告，助力教师有针对性地调整教学策略，也使学生能清晰地了解自己的优势与不足，明确改进方向。不仅如此，建立多元化、过程性评价体系既有利于改善教学质量，也有助于培养学生的综合素质和社会适应能力。这种评价体系鼓励学生在尝试与错误中不断进步，倡导包容失败、追求卓越的价值观，有利于塑造终身学习的习惯和积极的人生态度。

2. 教学反馈与持续改进机制的构建

教学反馈与持续改进机制的构建，是高等教育质量保障体系中不可或缺的一环。它旨在通过收集、分析和利用教学过程中的反馈信息，及时发现教学中存在的问题和不足，进而采取有针对性的改进措施，不断优化教学过程，提升教学质量。这一机制的构建对于确保高校教学工作的持续改进和提高具有至关重要的作用。在教学反馈方面，高校应建立多渠道、多层次的反馈系统，以全面、客观地收集教学过程中的各种信息，包括来自学生的反馈、教师的自我反馈、同行评价以及教学督导的反馈等。学生作为教学活动的主体，他们的反馈意见能够直接反映教学效果和教学质量，因此，高校应重视学生的教学评价工作，通过问卷调查、座谈会等方式收集学生的意见和建议。同时，教师应进行自我反思和总结，分析自己在教学过程中的优势和不足，以便及时调整教学策略和方法。而且，同行评价和教学督导的反馈则能够从专业的角度对教学工作进行审视与评价，提出宝贵的改进建议。在收集到反馈信息后，高校应对这些信息进行认真分析和处理，以找出教学中存在的问题和薄弱环节。这需要高校建立一套科学、合理的教学评价体系和标准，对收集到的反馈信息进行量化分析和综合评价，从而得出客观、准确的教学评价结果。同时，高校还应注重对反馈信息的及时性和有效性进行把控，确保反馈信息的真实性和可靠性。

在持续改进方面，高校应根据教学评价结果制定具体的改进措施和计划，并付诸实践。这些改进措施可以包括调整教学内容和教学方法、优化教学资源配置、加强师资队伍建设等。同时，高校还应建立一套激励和约束机制，对在教学工作中表现优秀的教师进行表彰和奖励，对存在教学问题的教师进行督促和帮助，以形成积极向上的教学氛围。并且，通过深入研究高等教育教学规律和人才培养需求的变化趋势，高校可以不断探索新的教学模式和教学方法，推动教学工作的创新和发展。同时，高校还应积极引进国内外先进的教学理念和教学手段，结合自身实际情况进行消化、吸收和再创新，以形成具有自身特色的教学优势和品牌。

二、应用型高校外语教学的发展趋势

（一）个性化、差异化教学趋势

1. 学生需求多样化背景下的教学变革

传统的"一刀切"式教学模式已无法满足不同学生的学习期待和个性化发展需求。在这种背景下，高校外语教学改革的核心在于以学生为主体，关注个体差异，提供多元化、灵活化及个性化的教学方式和服务。在课程内容设计上，应充分考虑学生的兴趣特长以及未来职业发展的需要，打破学科边界，将跨文化交际、学术英语、专业英语等多元内容融入课程体系，让学生在掌握语言技能的同时，拓宽国际视野，提升跨文化素养，提高实际应用能力。在教学方法上，倡导混合式教学，结合线下课堂教学互动与线上自主学习，利用数字化教学资源，如慕课、微课、翻转课堂等形式，激发学生主动参与，培养其独立思考和解决问题的能力。同时，采用小组合作、项目驱动、案例分析等多种教学策略，营造出实践性、探究性的学习环境，使学生能够在实践中锻炼语言运用能力和培养团队协作精神。

针对学生需求的多样性，实施分层教学、走班制等教学组织形式，确保每个学生都能在适合自身水平和节奏的教学环境中得到充分发展。同时，建立个别化指导机制，通过导师制度、个性化辅导等方式，关注并满足每个学生的个性化需求，引导他们发掘潜能，实现自我价值。而且，评价体系也应呼应学生需求多样化的趋势，从单一的终结性评价转向形成性评价与终结性评价相结合的方式，既考查学生对知识技能的掌握程度，又关注他们在学习过程中的态度转变、思维品质和综合素质的提升。

2. 分层教学、因材施教策略的实施

分层教学、因材施教策略的实施，是教育领域追求个性化教育、最大限度发挥学生潜能的重要手段。它要求教育者深入了解每个学生的知识基础、学习能力、兴趣爱好和个性特点，根据这些差异将学生分成不同的层次，并为每个层次制定相应的教学目标和教学计划，以实现有针对性的教学，让每个学生都能在适合自己的学习环境中得到充分发展。在实施分层教学过程中，教育者需要灵活运用多种教学方法和手段，以适应不同层次学生的学习需求。对于基础较差的学生，教育者可以采用直观、生动的教学方式，如使用多媒体辅助教学、组织实践活动等，以激发学生的学习兴趣和积极性，帮助他们打好知识基础；对于学习能力较强的学生，教育者则可以采用启发式、探究式的教学方法，引导他们自主学习、深入思考，培养他们的创新能力和问题解决能力。同时，在教学过程中，教育者应根据学生的特长和兴趣，为他们提供个性化的学习资源和发展平台。例如，对于对艺术感兴趣的学生，教育者可以引导他们参与艺术课程和活动，发挥他们的创造力和想象力；对于对科学感兴趣的学生，教育者则可以为他们提供更多的科学实验和探索机会，培养他们的逻辑思维和实验能力。

教育者应关注每个学生的情感需求，尊重他们的人格尊严，以平等、公正的态度对待每个学生。通过与学生的沟通交流，教育者可以及时了解学生的学习情况和思想动态，为他们提供必要的帮助和支持。同时，教育者还应鼓励学生之间的合作与交流，培养他们的团队协作精神和人际交往能力。在实施分层教学、因材施教策略的过程中，教育者需要不断反思和总结教学经验，不断完善教学策略和方法；因此，教育者应通过课堂教学观摩、同行交流、学生反馈等方式收集教学信息，分析教学效果和存在的问题，及时调整教学计划和教学方法；同时，教育者还应积极参与教育研究和培训活动，学习新的教育理念和教学手段，提高自己的专业素养和教学能力。

（二）智能化、信息化教学趋势

1. 人工智能在外语教学中的应用前景

人工智能在外语教学中的应用前景广阔且极具潜力，它正在深刻地改变着传统的教学模式和学习体验。随着科技的快速发展，人工智能技术日益成熟并渗透到外语教学的各环节，从教学资源开发、教学方法创新、个性化学习支持，直至评估反馈机制的优化。在教学资源开发方面，人工智能可以智能化生成和更新教材内容，依据学生的学习态度与能力水平定制个性化的学习资料。例如，智能语音识别和合成技术能为语言听说训练提供真实环境模拟，而自然语言处理技术则能帮助构建强大的在线词典、语法解析工具及交互式阅读平台，丰富学习素材，满足多元化需求。在教学方法创新方面，人工智能教师或虚拟助教可实现24小时全天候陪伴学习，运用情境化对话、游戏化任务等手段激发学生学习兴趣，提高学生学习积极性。同时，通过大数据分析，系统能够精准掌握学生的学习特点与难点，推送有针对性的教学策略和练习题目，真正做到因材施教。在个性化学习支持方面，人工智能可以根据每个学生的知识结构、学习风格和速度进行动态调整，形成适应个体差异的学习路径。例如，智能推荐算法能够根据学生的学习行为数据预测其可能存在的困难，并及时提供补充材料或额外指导。在评估反馈机制的优化方面，人工智能不仅能实时监控学生的学习效果，还能精确评估他们的口语表达能力、写作能力等复杂技能。利用深度学习和机器学习算法，人工智能可以对学生的作业、测试成绩以及课堂教学互动表现进行全面、细致的分析，从而提供更客观、公正且具有建设性的评价反馈。

2. 信息化教学平台与资源的发展动向

现代信息技术的迅猛发展，特别是云计算、大数据、人工智能等新兴技术的广泛应用，为信息化教学平台与资源建设提供了强大的技术支撑和创新动力。这些技术的深度融合与应用，不仅极大地丰富了信息化教学的手段和形式，也为教学资源的获取、整合、共享和创新方面带来了革命性的变化。传统信息化教学平台主要侧重教学资源的数字化和教学过程的信息化管理，而现代信息化教学平台则更加注重教学资源的多元化、教学过程的交互性和教学评价的智能化。现代信息化教学平台通过整合优质的教学资源，提供多样化的学习路径和个性化的学习体验，以满足不同学生的需求；同时，借助大数据分析和人工智能技术，这些平台还能实时跟踪学生的学习进度和学习效果，为教学者提供精准的教学反馈和决策支持，从而实现教学的个性化和精准化。随着数字化技术的普及和应用，教学资源的形态和载体越来越丰富多样，包括文本、图片、音频、视频、动画等多种形式。这些资源不仅可以通过信息化教学平台进行高效的管理和便捷的检索，还可以通过开放式的资源共享机制，实现跨平台、跨地域的资源共享和协作。这种开放性和共享性的教学资源建设模式，不仅有助于缩小教育资源的差距，促进教育公平，还有助于激发教育创新，推动教育教学的持续改进和发展。同时，信息化教学平台与资源的发展也面临着一些挑战和问题。例如，如何确保教学资源的质量和安全性，如何保护学生的隐私和数据安全，如何提高教学者的信息素养和教学能力等。这些问题需要我们在推进信息化教学平台与资源建设的同时，加强相关的政策制定、技术研发和教育培训工作，以确保信息化教学的健康、可持续发展。

（三）国际化、跨文化教学趋势

1. 国际交流与合作背景下的外语教学

在国际交流与合作日益频繁的当下，外语教学的重要性越发凸显。外语教学不仅是语言知识的传授过程，还是文化理解、思维碰撞和全球视野培养的重要途径。外语教学的目标已不再是单纯的语言技能习得，而是转向了培养学生跨文化交际能力、多语能力和全球竞争力等多元化能力。在现代社会中，外语教学的目的已不再是培养只会应试的"语言机器"，而是要培养能运用外语进行有效交际的人才。因此，外语教学应更加注重听说训练，提高学生的听力和口语水平，使他们在国际交流中能够自如地运用外语进行沟通。语言是文化的载体，学习一门外语的过程也是了解一种文化的过程。在国际交流与合作中，不同文化之间的碰撞与融合是不可避免的。因此，外语教学应帮助学生了解目标语言国家的文化、历史、社会习俗等，培养他们的跨文化意识和跨文化交际能力，使他们在面对不同文化背景的人时能够理解多样、尊重差异，并有效地进行跨文化沟通。同时，通过项目式学习、合作学习等新型教学方式，教师可以引导学生积极参与、自主探究，培养他们的创新能力和实践能力。而伴随着全球化的深入发展，国际交流与合作已成为推动社会进步和发展的重要力量。在这样的背景下，具备全球视野和国际竞争力的人才将更加受到社会青睐。因此，外语教学应帮助学生了解国际形势、关注全球问题，培养他们的国际意识和国际责任感。而且，通过模拟联合国、国际商务谈判等实践活动，教师可以帮助学生提升国际交际能力和团队协作能力，为他们未来的职业发展打下坚实基础。

2. 跨文化交际能力在外语教学中的重要性

随着全球化的深入发展，国际交流与合作日益频繁，外语教学不再是仅仅关注语言知识的传授，而是更加注重培养学生的跨文化交际能力。这种能力不仅有助于学生更好地理解和适应不同文化背景，还能提升他们在国际舞台上的竞争力。跨文化交际能力，是指在不同文化背景下，有效、恰当地进行沟通与交流的能力。它涵盖了语言能力、文化意识、交际策略等多个方面。在外语教学中，培养学生的跨文化交际能力至关重要。这不仅因为语言是文化的载体，学习外语的过程本质上就是了解和掌握不同文化的过程，还因为具备跨文化交际能力的学生能够更好地理解和尊重不同文化，有效避免文化冲突和误解，从而在国际交流与合作中发挥更加积极的作用。通过外语学习，学生可以接触到不同国家的语言和文化，了解不同文化背景下的价值观念、思维方式、社会习俗等。这种文化认知的拓展有助于学生形成更加开放、包容的文化态度，提高他们的文化敏感性和鉴别力。同时，外语教学还可以通过模拟真实交际场景、角色扮演、文化体验等多种方式，为学生提供丰富的跨文化交际实践机会。在这些实践机会中，学生不仅可以运用所学语言知识进行实际交流，还可以在教师的引导下学会如何根据不同文化背景调整自己的交际策略，使沟通更加顺畅、有效。这种实践性的教学方式对于提高学生的跨文化交际能力具有显著效果。并且，在跨文化交际中，学生需要具备独立思考、分析判断的能力，以便更好地应对复杂的文化现象和交际情境。同时，自主学习也是提升学生跨文化交际能力的重要途径。通过自主学习，学生可以不断拓宽自己的文化视野，更新自己的知识结构，从而更好地适应不断变化的国际环境。

（四）产学研结合、实践教学趋势

1. 产学研结合在外语教学中的实践探索

产学研结合在外语教学中的实践探索，旨在将产业界的实际需求、学术界的深入研究与教育界的教学实践紧密结合，共同推动外语教学的创新与发展。这种结合不仅有助于提升外语教学的实用性和针对性，还能促进产业界与学术界的良性互动，实现资源共享和优势互补。在外语教学中，产学研结合的实践探索可以从多个层面展开。一方面，通过与产业界的合作，外语教学可以更加紧密地贴合实际需求。例如，学校可以与企业合作开设定制化的外语课程，根据企业的具体需求和业务领域，量身定制教学内容和教学方法。这样的合作不仅有助于提升学生的外语应用能力，还能为企业培养更加符合需求的人才。另一方面，学术界的深入研究可以为外语教学提供坚实的理论支撑和创新动力。学术界可以对外语教学的理念、方法、手段等进行深入研究，探索更加有效的教学模式和评价体系。同时，学术界还可以积极引进国内外先进的外语教学理论和实践成果，结合本土实际进行消化、吸收和再创新，推动外语教学的本土化和特色化发展。

教育界需要积极探索将产学研结合的理念和方法融入外语教学的具体途径与方式。例如，可以通过邀请产业界和学术界的专家参与课程设计、教材编写、教学评价等环节，共同打造高质量的外语教学资源。同时，教育界还可以加强与产业界和学术界的沟通交流，及时了解最新的外语教学动态和发展趋势，不断调整和优化教学策略与方法。而且，学校、企业、研究机构等各方需要明确合作目标、任务分工和责任义务，建立长期稳定的合作关系。同时，还需要加强对外语教学产学研结合项目的经费支持、政策扶持和人才培养等方面的保障，为产学研结合的深入开展提供有力的支撑。并且，通过产学研的紧密结合，我们可以更加有效地培养具备外语应用能力、跨文化交际能力和创新思维能力的高素质人才，为推动经济全球化、文化多样性和社会进步做出更大的贡献。不仅如此，产学研结合还能促进教育、产业和科研的深度融合，推动形成更加紧密的外语教育生态链，为构建人类命运共同体注入新的活力和动力。

2. 实践教学在外语教学中的地位与作用

在当前全球化背景下，外语教学目标已从单一的语言知识传授转向培养具备跨文化交际能力和实践运用能力的复合型人才。实践教学正是实现这一目标的关键途径，它在整体外语教学体系中扮演着至关重要的角色。实践教学强调以学生为主体，通过模拟真实情境、参与实际任务、组织实践活动等方式，让学生在亲身体验和直接操作中习得语言知识，提升语言技能。这种教学模式能够有效弥补传统课堂理论教学可能存在的抽象性和局限性，使学生能够在生动、具体的情境中感知和运用语言，从而加深对语言知识的理解和掌握。一方面，实践教学有助于提高学生的语言运用能力。在模拟或真实的交际场景中，学生需要综合运用听、说、读、写各项技能，解决实际问题，这无疑是对语言运用能力最直观有效的锻炼。同时，实践教学还能激发学生的学习兴趣和积极性，促使他们在主动参与学习过程中形成良好的语言习惯和交际策略。另一方面，实践教学对于培养学生跨文化交际能力同样具有显著作用。通过涉外交际活动、文化体验项目以及国际交流实习等多元化的实践形式，学生不仅能了解和体验不同文化背景下的社会习俗、思维方式与行为规范，还能在此过程中提升自身的文化适应力和包容性，提高跨文化沟通和理解的能力。在实践中，学生需要独立思考、主动探究，发现问题并寻找解决方案，这一过程既锻炼了他们独立解决问题的能力，又培养了他们创新思维和批判性思考的习惯。

三、应用型高校外语教学面临的挑战与对策

（一）面临的主要挑战

1. 学生外语水平的差异与个性化需求

由于学生的学习背景、语言环境、学习动机等多方面因素的影响，他们的外语水平往往呈现出显著差异。这种差异不仅体现在语言知识的掌握上，还体现在语言技能、学习策略、文化意识等多个层面。因此，单一教学模式很难满足所有学生的需求，外语教学必须关注学生的个性化需求，采取有针对性的教学策略，以实现真正意义上的因材施教。一些学生可能在入学前就已经具备了较好的语言基础，他们能够流畅地进行日常交流，阅读和理解较为复杂的文本；另一些学生可能基础薄弱，需要从最基本的语音、词汇和语法开始学起。这种差异要求教师在教学过程中必须充分了解学生的实际情况，制定差异化的教学方案，以满足不同学生的需求。除了语言基础外，学生的学习动机也是影响外语水平的重要因素。有的学生对外语学习充满兴趣，积极主动地参与各种学习活动；而有的学生则可能对外语学习缺乏兴趣或动力，表现出消极的学习态度。针对这种情况，教师需要激发学生的学习兴趣，调动他们的学习积极性，使每个学生都能在外语学习中找到自己的兴趣点和动力来源。

每个学生都有自己的学习风格、学习节奏和学习目标。一些学生可能喜欢通过听力和口语练习提高自己的语言能力，另一些学生可能更倾向于通过阅读和写作提升自己的语言水平。而且，有的学生可能希望在外语学习中深入了解目标语言国家的文化和历史，而有的学生则可能更注重语言技能的实用性。因此，教师在教学过程中需要尊重学生的个性化需求，提供多样化的学习资源和活动，以满足不同学生的学习风格和学习目标。为了更好地应对学生外语水平的差异与个性化需求，外语教学需要采取一系列有针对性的教学策略。例如，教师可以采用分层教学的方法，根据学生的语言水平将他们分成不同层次，为每个层次制定相应的教学目标和教学内容。并且，教师也可以采用小组合作学习的方式，鼓励学生在小组内互相学习、互相帮助，共同提高语言能力。最重要的是，教师还可以通过设计多样化的学习任务和活动，如角色扮演、情景对话、文化体验等，激发学生的学习兴趣和创造力，提高他们的语言应用能力。

2．教学资源的不足与实践平台的局限

尽管信息技术的发展为外语教学提供了大量数字化资源，如电子教材、在线课程、多媒体素材等，但这些资源的质量参差不齐，且更新滞后于社会发展和语言使用的变化。特别是，在外语专业等领域，往往缺乏紧跟学科前沿、贴近实际应用的教学资源，难以满足培养具有国际视野和创新能力人才的需求。不同学生有着各异的学习风格、兴趣爱好及能力水平，现有的教学资源在满足学生个性化需求方面尚显不足，尤其对于不同学习程度的学生，很难做到因材施教，提供匹配其学习进度和难度的教学资源。而且，实践平台的建设及其功能实现上也面临挑战。一方面，虽然许多高校建立了语言实验室、模拟实训室等硬件设施，但由于资金投入、设备维护以及师资力量等方面的限制，这些实践平台未能充分发挥效用，无法完全模拟真实语境，提供有效的沉浸式学习体验；另一方面，线上实践平台的数量和质量存在差异，尤其是高质量的交互式、实时反馈型虚拟仿真环境相对稀缺，这在一定程度上制约了学生跨文化交际能力和实践运用技能的锻炼。目前，各类资源和平台多为独立运行，尚未形成系统化、一体化的资源共享机制，导致资源的有效利用和学生综合能力的全面提升受到阻碍。

3．教师队伍素质与结构的亟待提升

随着全球化进程的加速和教育现代化的不断推进，教师作为教育教学活动的主体和引导者，其专业素养、知识结构以及教学能力的优化对于培养符合时代需求的国际化人才具有决定性影响。在教师的专业素养方面，需要关注的是外语教师的语言功底与跨文化交际能力，外语教师不仅应具备扎实的语言基础知识和卓越的语言运用技能，还应深入理解教授语言的文化内涵和社会背景，以培养学生的全球视野和跨文化交际能力。然而，现实中部分教师在实际教学中对目标语言文化的理解和传播尚显不足，这在一定程度上制约了学生全面掌握和灵活运用外语的能力。而且，随着学科交叉融合趋势的发展，外语教学已不再局限于单一的语言文字层面，而是向多学科、多领域的整合式教学转变。这就要求外语教师不仅要精通本专业领域知识，还要具备一定的相关专业知识储备，如教育技术、心理学、社会学等，从而实现课程内容的深度与广度并举，满足不同层次和类型学生的学习需求。并且，面对日益多样化的学生群体和不断涌现的教学理念与模式，外语教师应当积极学习和应用现代教学技术与手段，如信息化教学、混合式教学、项目式学习等，以提高教学效率，激发学生自主学习的兴趣与动力。同时，注重培养自身的教育研究能力，结合教学实践进行反思和创新，推动教学质量不断提升。不仅如此，教师队伍的结构优化也是关键一环。应合理规划教师年龄梯队，确保老、中、青三代教师形成合力，实现经验传承与创新思维的有效结合。同时，通过政策引导和激励机制，吸引更多优秀人才投身于外语教育事业，改善师资队伍性别、学历、职称等方面的均衡状况，构建一支多元化、专业化、高水平的外语教师团队。

4. 教学效果评价面临的困境

外语教学的目标多元且复杂，它不仅包括语言知识的掌握，还涵盖交际能力、跨文化素养、思辨能力等多个层面。现有的评价体系多以考试成绩为主，难以全面反映学生在外语学习中的实际进步和全面发展，尤其在诸如听力理解、口语表达等实践技能方面的评价可能存在不足，无法真实体现学生的应用能力和综合素质。传统的终结性评价方式，如期中、期末考试等，过于注重结果而忽视过程，未能充分考虑学生的个体差异以及他们在整个学期甚至更长时间内的学习历程和发展变化。同时，这种评价方式容易导致应试教育倾向，不利于培养学生的自主学习能力和创新精神。而教师在制定评价标准时，往往会受到自身教育理念、教学经验及对教学目标理解的影响，不同教师之间可能存在较大差异，这使得评价结果的公正性和客观性受到挑战。并且，如何科学合理地将理论知识与实践技能相结合，构建具有可操作性的评价指标，也是当前亟待解决的问题。因此，有效的教学效果评价应当包含及时、准确的反馈，帮助教师了解教学方法是否有效，学生的学习难点在哪里，并据此进行有针对性的教学调整。然而，在现实中，很多高校和教师在教学评价后并未能提供足够的反馈指导，导致评价结果不能转化为改进教学的实际行动。

（二）针对性的对策与建议

1. 加强学生需求调研与分层教学的实施

随着教育理念的更新和教学方法的改进，外语教学逐渐从传统的"一刀切"模式转向更加注重学生个体差异和个性化需求的教学模式。而学生需求调研与分层教学正是实现这一转变的有效途径。通过深入了解和分析学生的外语学习需求、学习目标与学习困难，教师可以更加准确地把握学生的实际情况，为制定有针对性的教学方案提供依据。需求调研可以通过问卷调查、个别访谈、观察记录等多种方式进行，以确保调研结果的全面性和准确性。同时，需求调研还应贯穿外语教学的始终，随着学生学习进程的变化而不断调整和优化，以保持教学与学生需求的紧密契合。在了解学生需求的基础上，分层教学实施成为外语教学的关键。分层教学，是指根据学生的外语水平、学习风格和学习能力等因素，将学生分成不同的层次，为每个层次制定相应的教学目标和教学内容，采用有针对性的教学方法和手段。通过分层教学，教师可以更好地满足不同学生的个性化需求，促进每个学生在原有基础上的发展。同时，分层教学还有助于激发学生的学习兴趣和动力，提高他们的学习自信心和自主学习能力。在分层教学实施过程中，教师应合理划分学生层次，确保每个层次的学生具有相似的学习基础和需求；还要制定差异化的教学目标和教学内容，使每个层次的学生都能获得适合自己的学习资源和挑战；并要灵活运用多种教学方法和手段，如小组合作、个别辅导、在线学习等，以满足不同学生的学习风格和学习节奏。不仅如此，教师也要及时跟踪学生的学习进度和反馈，对教学方案进行动态调整和优化，以确保教学的有效性和针对性。

教师需要不断更新教育理念和改进教学方法，提高自己的外语教学能力和跨文化交际能力；同时，教师还需要具备较强的组织和管理能力，以确保需求调研与分层教学的顺利实施。学校和教育机构也应为教师提供必要的培训与支持，帮助他们更好地开展学生需求调研与分层教学工作。

2. 加大教学资源投入与实践平台建设力度

在外语教学过程中，加大教学资源投入与实践平台建设力度是当前提升教学质量、推进教育现代化进程的一项核心任务。教学资源的丰富性和实践平台的有效性对于培养学生扎实的语言技能与跨文化交际能力至关重要。强化教学资源建设意味着不断拓宽和深化外语学习素材库，这包括但不限于引进和研发高质量的教材，丰富多样的多媒体教学资料，以及紧跟时代发展的网络教学资源。通过数字化、智能化的教学手段，为学生提供丰富的语言输入和输出机会，使他们在真实语境中习得语言知识，提升语言运用能力。同时，应注重开发具有本土特色和国际视野的跨文化教学资源，以增强学生的全球意识和跨文化交际素养。而且，加大实践平台建设力度旨在创造更贴近实际、更具互动性的学习环境。一方面，应不断完善实体教学设施，如语言实验室、模拟实训室等，配备先进的软硬件设备，创设真实的语言应用场景，让学生在模拟实践中体验目标语言的使用；另一方面，搭建虚拟在线实践平台同样重要，利用互联网技术和远程教育模式，打破地域限制，实现与海外学校的交流互访、实时互动，提供给学生更多元化的实践机会。将各类资源有机整合到实践平台中，构建一体化的学习生态系统，确保学生能随时随地获取所需信息，进行个性化、自主化学习。例如，结合虚拟现实技术与增强现实技术创建沉浸式语言学习环境，或利用大数据分析对学生的学习行为和效果进行精准评估，并据此动态调整教学策略和教学内容。

3. 完善教师队伍培训与激励机制构建

在外语教学过程中，完善教师队伍培训与激励机制构建是提升教学质量、促进教育改革深入发展的重要策略。优质教师队伍是外语教育的核心竞争力，这就需要重视并持续优化对教师的专业化培养以及构建科学有效的激励机制。应结合外语教学的新趋势和新要求，定期开展多层次、多形式的教师专业发展培训活动，涵盖学科前沿知识更新、现代教育技术应用、跨文化交际能力培养、教学法研究与实践等内容，以全面提升教师的教学能力和素养。此外，鼓励教师参与国内外学术交流与合作，拓宽国际视野，引进先进的教育教学理念和实践经验，使教师能够与时俱进，适应不断变化的教育环境。而且，应对外语教师的工作绩效进行多元化评估，不仅要关注学生的学业成绩，还要考查外语教师在课程设计、课堂教学管理、学生指导等方面的表现以及教师个人的专业成长与发展。通过公平、公正的考核体系，给予优秀教师更多的职业发展空间，如提供深造学习的机会、优先考虑职称晋升等，激发教师内在的工作积极性和创新精神。并且，物质奖励与精神激励并重，设立各类教学奖项以表彰在教学工作中取得突出成果的教师，同时，注重营造尊重教师、理解教师、关心教师的良好氛围，让教师感受到职业的荣誉感和成就感。此外，充分考虑教师的实际需求，改善工作条件，减轻非教学事务压力，为教师创造一个良好的教学和科研环境。

4. 创新教学评价体系与方法探索

以考试成绩为主导的传统单一的教学评价方式已无法全面反映学生

的外语学习过程和实际能力，因此，构建科学、立体、动态的教学评价体系尤为迫切。在新时期的外语教学中，不仅要考查学生的语言知识掌握程度，还要关注他们的听、说、读、写等基本技能，跨文化交际能力，思辨能力和自主学习能力。通过设计多元化的评价任务，如口语展示、小组讨论、项目报告、课堂教学参与度评估等，将学生的各类语言实践纳入评价范围，全面、准确地反映其在外语学习中的进步与成长。传统的终结性评价仅关注学生的学习结果，往往忽视了学生的学习过程；形成性评价则强调对学生学习过程的持续观察、记录与反馈，有利于教师及时调整教学策略，帮助学生认识自我学习状况，激发其主动学习的积极性。这就需要采用自评、互评与师评相结合的方式，促使学生积极参与评价过程，提高其对学习目标的理解能力和自我调控能力。而且，随着信息技术的发展，数字化评价工具如在线测试平台、学习管理系统等为外语教学评价提供了新的可能。这些工具能够实时收集和分析学生的学习数据，实现个性化、精准化的教学效果评价，并为教师提供翔实的数据支持，以便有针对性地进行教学改进。并且，评价标准既要符合外语学科特性，又要兼顾个体差异和发展潜能，确保每个学生都能在理解和尊重的基础上得到公正评价。同时，要让教师、学生、家长等相关方充分参与评价标准的制定和实施过程，确保评价体系的合理性和公信力。

第二章 应用型外语课程设计与教学模式创新

第一节 应用型外语课程设置的原则与方法

一、应用型外语课程设置的原则

（一）实用性原则

1. 课程内容与实际应用场景的紧密结合

在应用型外语课程设置中，课程内容与实际应用场景的紧密结合至关重要。为了培养学生的语言运用能力和跨文化交际能力，课程设计应当注重将所学的语言知识和技能融入实际生活、工作与社会交往的各种场景之中。例如，在商务英语课程中，除了教授基础的商务词汇和表达方式外，还应通过模拟真实的商务谈判、会议组织、营销策划等情境，让学生能在实践中学习和掌握商务沟通技巧，理解商务环境下的语境特点和交际规则。而且，课程内容可以引入各类行业报告、案例分析以及国际热点问题讨论等元素，使学生能运用外语处理实际问题，提升信息获取、分析和传递的能力。同时，借助现代信息技术手段，如在线虚拟仿真项目、跨国团队协作平台等，可以让学生跨越地域限制，体验真实世界中的多元文化和多语言环境，增强其适应性和灵活性。

2. 强调语言交际能力的培养

应用型外语课程的核心目标之一是培养学生的语言交际能力，使之不仅能掌握丰富的词汇和语法结构，还能自如地运用目标语言进行有效的口头及书面交流。在课程设置上，应突出任务型、活动型的教学模式，鼓励学生积极参与各种形式的语言实践活动，如角色扮演、小组讨论、公开演讲、短剧表演等，以提高其在不同情境下灵活运用语言的能力。同时，教师需要引导学生关注语用、语境、文化背景等因素对语言交际的影响，培养学生具备准确理解和恰当使用语言进行得体交际的能力。通过批判性思维训练和跨文化交际意识的培养，学生能在多元文化的碰撞和交融中，学会增进理解、尊重差异，并能用外语有效传达自己的观点和情感，实现真正意义上的"会话"与"交流"。

（二）系统性原则

1. 课程内容的连贯性与层次性

课程内容的连贯性意味着课程设置需药按照逻辑脉络和知识结构进行系统编排，确保知识点之间相互衔接，形成一个有机的整体。例如，在数学教学中，基础的算术运算会为后续的代数、几何等内容打下基石，如果这些环节断裂或错位，那么将严重影响学生对复杂概念的理解与掌握。因此，教师在设置课程时，需要充分考虑知识的内在联系，遵循由浅入深、由易到难的原则，保证学习过程的平滑过渡。而课程内容的层次性则是指课程应按照知识的深度和广度划分出不同阶段，形成逐步递进的教学层次。每个层次都有明确的学习目标和核心素养要求，使学生在完成初级阶段的学习后，能顺利过渡并进入高级阶段。例如，在语言教学中，从基本词汇、语法知识的学习，逐渐过渡到篇章阅读理解及写作表达，这样的分层教学既有助于激发学生的学习兴趣，也有利于他们在不同阶段都能获取成就感，从而保持持续的学习动力。

2. 语言技能与知识的全面覆盖

语言技能与知识的全面覆盖是现代语言教学的重要目标。一方面，语言技能包括听、说、读、写四个方面的技能以及这四种技能的综合运用能力，这意味着在教学过程中，既要注重语音语调、词汇运用等基础知识的积累，也要强调通过各种情景模拟、角色扮演等活动形式锻炼学生的实际交流能力。比如，在英语教学中，不仅要让学生掌握丰富的词汇和复杂的句型结构，还要培养他们理解和生成口头及书面语篇的能力。另一方面，语言知识的全面覆盖则要求我们在教学中，不仅要关注语言的形式和结构，还要引导学生深入理解文化背景、语境含义以及修辞手法等深层次内容。这样既能让学生准确无误地使用语言工具，也能让他们具备跨文化交流的意识和能力，真正实现语言作为沟通桥梁的作用。在实际教学实践中，教师应当结合教材资源和现实生活情境，设计丰富多样的教学活动，确保语言技能训练与知识传授相辅相成，共同推动学生语言能力的全面提升。

（三）灵活性原则

1. 适应不同学生的学习需求

在当前全球化背景下，应用型外语课程的设置应当充分考虑并满足各类学生以及他们的个性化学习需求，针对不同学生的语言基础、兴趣爱好及职业发展需求，课程应具有层次性和针对性，既要涵盖从初级到高级的语言技能训练，也要结合行业特色提供专门用途英语（ESP）或跨文化交际等多元化课程内容。例如，对于商务背景的学生，可以开设商务英语、国际贸易实务英语等课程；对于科技领域人员，可以设计科技英语写作与翻译等课程。而且，课程设计应注重灵活性与选择性，允许学生根据自身需求定制学习路径。这包括提供线上、线下的混合式教学模式，以便于不同时间和地点的学生能自由安排学习进度；同时，鼓励课程模块化，使学生可以根据个人兴趣和发展目标，自主选择和组合不同的课程模块，从而确保课程内容最大限度地契合每个学生的实际需求。

2. 教学方法与手段的多样化

应用型外语课程的教学方法与手段应当与时俱进，实现多样化与创新性。一方面，采用任务型教学、情景模拟、项目合作等实践性强的教学方法，将语言知识融入具体的应用场景，让学生在完成任务的过程中自然习得并运用外语。比如，通过组织模拟国际会议、商务谈判等活动，提升学生的口语表达能力和跨文化交际能力。另一方面，充分利用现代信息技术，实现教学手段的数字化和智能化。比如，使用在线学习平台进行预习、复习与测试，利用多媒体资源展示丰富的语言现象和文化背景，借助虚拟现实技术模拟真实的语言应用场景等；此外，还可以通过翻转课堂、微课等形式，激发学生主动学习的积极性，促进其深度学习和自主学习能力的发展，从而有效提高外语教学的效果和质量。

（四）创新性原则

1. 鼓励教学内容与教学方法的创新

面对全球化时代的挑战和机遇，应用型外语课程必须倡导并鼓励教学内容与教学方法的持续创新。首先，教学内容应紧贴时代发展脉络，注重引入实际工作场景和跨文化交际案例，使学生能在真实的应用环境中学习和掌握语言技能。比如，结合国际商务、科技交流、新闻传播等领域的最新动态，设计具有时效性和实用性的教学素材，让学生通过分析、讨论这些鲜活实例，提高他们的语言运用能力和问题解决能力。而且，在教学方法上，应当摒弃传统的灌输式教育，转而采用探究式、合作式、项目式的教学模式。教师的角色应从知识传授者转变为引导者和协助者，鼓励学生主动参与、积极思考、协同探索。例如，可以组织模拟联合国会议活动，让学生在角色扮演中锻炼口语表达能力和批判性思维；可以设计多元化的课堂教学任务，如小组调研、报告撰写及公开演讲，以培养学生的团队协作能力和创新实践能力。

2. 培养学生自主学习能力与创新精神

课程体系应提供充足的资源和平台支持学生个性化学习，包括丰富的在线学习资源库、灵活的学习进度安排以及有针对性的学习策略指导，帮助学生学会独立制订学习计划、自我评估和调整学习路径，从而逐步提升其自主学习能力。而且，教师应营造开放、包容的教学氛围，鼓励学生勇于尝试、敢于质疑、善于创新。这包括设立创新实践活动，如外语戏剧表演、微电影制作、学术论文写作等，让学生在实践中探索语言的新颖实用方式，激发其对语言学习的浓厚兴趣和持久热情。同时，通过组织各类竞赛、研讨活动，促使学生在解决问题的过程中形成创新思维，不断拓展外语学习的深度和广度，最终成为具备扎实外语功底和卓越创新能力的复合型人才。

二、应用型外语课程设置的方法

（一）课程目标的设定与细化

1. 确定课程目标与培养方向

在全球化大背景下，外语已经成为连接世界不可或缺的桥梁，这就要求课程目标聚焦于提升学生的外语交际能力，使他们在不同文化背景下能流利、准确地使用外语进行交流。除了基本的语言技能外，培养学生的跨文化交际能力也是应用型外语课程不可忽视的目标。文化差异是语言交际障碍的重要原因之一，因此，应用型外语课程应当帮助学生了解不同文化背景下的价值观念、思维方式和社会习俗，从而增强他们的跨文化意识，提高跨文化交际能力。随着信息技术的快速发展，外语与计算机技术的结合越来越紧密。因此，应用型外语课程还应当注重培养学生的外语信息技术应用能力，如机器翻译、语音识别等，使他们能利用现代技术工具更加高效地进行外语学习和应用。在培养方向上，应用型外语课程应当坚持以学生为中心，以市场需求为导向。我们要密切关注外语人才市场的变化，根据行业发展和企业需求调整课程内容，确保学生所学的知识和技能与社会需求相匹配。同时，我们还要注重培养学生的自主学习能力和创新精神，鼓励他们通过实践、探索和创新不断提升自己的外语应用能力。

2. 具体化与可操作化的课程目标

为了确保应用型外语课程目标能得到有效实现，我们必须将课程目标具体化与可操作化。这意味着我们需要将宏观的课程目标细化为具体的教学要求和评估标准。例如，在语言技能方面，我们可以将课程目标细化为听、说、读、写四个方面的具体技能要求。对于每项技能，我们都可以制定明确的教学目标和评估标准，比如，学生能听懂什么难度的听力材料，能就哪些话题进行流利的口语表达，能阅读并理解什么级别的外文文献，能写出什么水平的外文文章等。又如，在跨文化交际能力方面，我们可以将课程目标具体化为学生对不同文化背景下价值观念、思维方式和社会习俗的了解程度以及他们在实际交际中运用这些知识的能力。为此，我们可以设计一系列的文化教学活动和跨文化交际实践项目，通过模拟真实场景的角色扮演、文化对比分析等方式评估学生的跨文化交际能力。再如，在外语信息技术应用能力方面，我们可以将课程目标具体化为学生掌握的外语信息技术工具和应用的熟练程度。我们可以要求学生学习并掌握常用的外语学习软件、在线翻译工具、语音识别系统等，并通过实际操作和项目实践评估他们的应用能力。通过具体化和可操作化的课程目标设置，我们可以更加清晰地了解学生的学习进度和效果，从而及时调整教学策略和方法，确保课程目标的实现；同时，这也为学生提供了明确的学习方向和目标，使他们的学习更加有针对性和实效性。

（二）教学内容的选取与组织

1. 选取贴近实际应用的教学内容

在选取教学内容时，贴近实际应用成为首要考虑的因素，这样的教学内容不仅能激发学生的学习兴趣，而且能使他们在未来的工作和生活中真正运用所学，达到学以致用的效果。为了贴近实际应用，我们应当从真实的生活和工作场景中提炼教学素材，让学生在模拟真实的环境中学习和实践，不仅使教学内容具有高度的实用性，还能帮助学生更好地理解和掌握商务外语的专业术语与表达方式。除了真实场景的教学素材外，我们还应关注当前社会的热点和趋势，及时将最新的信息和话题引入课堂教学。比如，随着电子商务的兴起，我们可以开设相关的外语课程，教授学生如何在跨境电商平台上进行产品推广、客户服务等实际操作。这样的课程内容紧跟时代步伐，能满足学生和社会对应用型外语人才的需求。并且，为了满足不同行业和领域的应用需求，我们还应根据专业特点定制教学内容。比如，对于旅游专业的学生，我们可以重点教授旅游外语课程，包括旅游景点介绍、旅游服务沟通等；对于医学专业的学生，我们可以开设医学外语课程，帮助他们掌握医学术语和国际医学交流的基本技能。

2. 组织结构合理的教学内容

教学内容的组织应遵循由浅入深、由易到难、由已知到未知的顺序。这样的组织结构符合学生的认知规律，能帮助他们逐步建立起扎实的外语基础。同时，我们还应注重教学内容的连贯性和逻辑性，确保各部分之间紧密相连，形成一个有机的整体。在组织教学内容时，我们还应充分考虑学生的个体差异和学习需求。不同学生有不同的学习背景和兴趣爱好，因此，我们可以设置一些选修课程或拓展模块，供学生根据自己的需求和兴趣进行选择。这样的教学内容结构既保证了基本的教学要求，又满足了学生的个性化需求。而且，为了使学生能更好地应用所学知识，我们还应加强实践教学环节的设计。比如，我们可以设置一些项目式的学习任务，让学生在完成实际项目的过程中运用所学外语知识和技能。这样的教学方式不仅能提高学生的实际应用能力，还能培养他们的团队合作精神和创新能力。

（三）教学方法和手段的设计与实施

1. 多样化教学方法的运用

采用情境化教学法，将外语学习融入实际生活和工作场景，使学生能在模拟或真实的语境中练习和运用语言技能，从而提升其跨文化交际能力。例如，通过角色扮演、案例分析等方式，让学生在解决实际问题的过程中提高语言理解和表达能力。而任务型教学法是另一种有效的教学方式，它强调以完成具体任务为导向，促使学生主动使用目标语言去完成任务，如撰写商务信函、策划国际项目、翻译专业文献等，这不仅锻炼了学生的语言实践能力，也培养了他们的问题解决能力和创新能力。不仅如此，合作学习模式也被广泛应用，鼓励学生分组协作，共同探讨、解决问题，这样不仅能增强学生的团队协作意识，还能通过同伴间的交流互动，提高他们的听、说、读、写综合语言能力。

2. 现代教学技术手段的应用

随着科技的发展，现代教学技术手段已经成为外语教学的重要辅助工具，数字化教学资源的利用丰富了教学内容，如在线词典、电子图书馆、多媒体课件等，这些教学资源为学生提供了实时、丰富的学习资料，帮助学生自主学习并深化对知识的理解。而且，网络教学平台的搭建使混合式学习成为可能，教师可以通过线上预习、线下讨论相结合的方式，实现个性化教学。同时，平台上的交互功能也能及时反馈学生的学习进度和难点，便于教师调整教学策略。不仅如此，虚拟现实、增强现实等前沿技术在教学中的应用，可以创造沉浸式语言学习环境，使学生仿佛身临其境地进行语言实践，极大地增强了语言学习的真实感和趣味性。

第二节 以学生为中心的外语课程设计理念

一、以学生为中心的外语课程设计理念概述

（一）关注学生的主体性和个性化需求

每个学生都是独特的个体，他们在外语学习上的兴趣、动机、风格和进度都可能存在差异。因此，课程设计者需要深入了解学生的实际情况，尊重他们的主体地位，以满足不同学生的个性化需求。在课程内容的选择上，应充分考虑学生的兴趣和需求，选取贴近学生生活实际、能激发他们学习兴趣的材料。同时，课程应具有一定的灵活性和可选择性，允许学生根据自己的兴趣和能力选择适合自己的学习路径。在教学方法上，应注重培养学生的自主学习能力，鼓励他们通过独立思考、合作探究等方式积极参与课堂教学活动，从而提高他们的外语水平。

（二）强调实践与应用能力的培养

外语学习的最终目标是使学生能在实际生活中运用所学语言进行交

流，对此，外语课程应提供丰富的语言实践机会，让学生在真实的语境中运用所学语言，提高他们的语言交际能力。

为了实现这一目标，课程设计者可以创设各种真实或模拟的语言交际场景，如角色扮演、情景对话、小组讨论等，让学生在这些活动中积极参与、大胆表达。此外，课程设计者还可以将课外实践活动纳入课程体系，如组织外语角、外语文化节等活动，为学生提供更多的语言实践平台。通过这些实践活动，学生可以更好地掌握外语知识，提高他们的语言应用能力。

（三）注重多元评价与反馈机制的建立

传统的外语课程评价往往以考试成绩为唯一标准，忽视了学生的个体差异和全面发展。而以学生为中心的课程设计理念要求建立多元评价体系，从多个角度全面、客观地评价学生的外语学习成果。在评价内容上，除了关注学生的语言知识掌握情况外，还应注重评价他们的语言技能、学习态度、合作精神等方面。在评价方式上，可以采用形成性评价与终结性评价相结合的方式，既关注学生的学习过程又关注他们的学习结果。同时，还可以引入学生自评、互评等多元评价主体，让学生更加积极地参与评价过程。教师需要及时给予学生反馈意见，帮助他们了解自己的学习情况并调整学习策略。并且，需要确保学生有机会向教师反馈自己的学习感受和建议，以便教师更好地调整教学内容和教学方法。通过这种双向反馈机制的建立，可以促进师生之间的有效沟通与合作，共同推动外语课程的持续改进与发展。

二、以学生为中心的外语课程设计原则

（一）针对学生个性化需求的设计原则

1. 针对学生的个体差异进行因材施教

每个学生都是独一无二的个体，他们在外语学习上的天赋、速度和兴趣点都有所不同。有的学生可能擅长听力理解，而有的学生则更善于书面表达；有的学生对文化背景和历史背景有浓厚兴趣，而有的学生则更关注实用交流技能。因此，课程设计者需要通过细致观察，与学生交流以及分析他们的学习成果，深入了解每个学生的个体差异。在此基础上，课程设

计者可以设计出不同层次、不同侧重点的教学内容和活动，以满足每个学生的学习需求。例如，对于听力强的学生，可以提供更多的听力材料和听力理解练习；对于喜欢文化背景的学生，可以组织文化讲座或实地参观活动。通过这样的差异化设计，教育者可以确保每个学生都能在自己擅长和感兴趣的领域得到充分发展。

2. 灵活调整教学方法

传统的"一刀切"教学模式无法满足所有学生的需求，因此，教育者需要根据学生的反馈和学习效果不断调整自己的教学方式。例如，对于视觉型学生，教育者可以使用图表、图片等视觉辅助材料教授新知识；对于动手型学生，则可以设计一些实践性强的活动，如角色扮演、模拟对话等。此外，教育者还应关注学生的学习风格和情绪状态，及时调整教学节奏和氛围，以创造一个既严谨又活泼的学习环境。通过这样的灵活调整，教育者可以确保每个学生都能在舒适的状态下学习，从而提高他们的学习效果和自信心。

3. 提供个性化的学习支持和反馈

为了满足学生的个性化需求，课程设计者需要提供个性化的学习支持和反馈。这包括为学生提供一对一的辅导、定制化的学习计划，以及有针对性的学习建议等。通过与学生建立密切的师生关系，教育者可以更加深入地了解他们的学习困难和需求，从而为他们提供最有效的帮助。同时，教育者还应定期评估学生的学习进度和效果，给予他们及时、具体的反馈意见。这不仅可以帮助学生了解自己的学习情况并调整学习策略，还可以激发他们的学习动力和自信心。通过这样的个性化学习支持和反馈机制，教育者可以确保每个学生在外语学习过程中都能得到充分关注和支持。

（二）强调以参与性和互动性为导向的设计原则

1. 构建以学生为中心的参与性课堂教学环境

在设计外语课程时，首要原则是营造一种积极的、以学生为主体的参与性课堂教学氛围。教师应打破传统的单向讲授模式，转而采用多元化的教学策略，如小组合作学习、情景模拟、角色扮演等，让学生有机会亲身实践和应用所学的语言知识。此外，鼓励学生自主探究，通过讨论、分享、反思等方式积极参与课堂教学活动，从而提高其语言运用能力和批判性思维能力。例如，在教授旅游英语时，教师可以组织学生策划虚拟旅行路线并进行讲解，既锻炼了学生的口语表达能力，也培养了他们解决问题和团队协作的能力。

2. 利用现代教育技术提升互动式学习体验

借助在线教育平台、智能教学系统以及移动应用程序，教师可以创建丰富的数字化学习资源，如微课、在线测试、互动对话模拟等，促进学生随时随地进行个性化学习。同时，实时反馈和同伴互评功能能有效激发学生的学习积极性，提高他们的自我监控与调整能力。比如，在商务英语写作课程中，教师可以利用在线批阅系统让学生上传作业并相互评价，以此提升他们的写作技能及沟通技巧。

3. 设计动态评估体系与任务驱动型活动

在外语课程设计中，建立一套涵盖过程性评价与终结性评价相结合的动态评估体系至关重要。教师不仅要关注学生的最终学习成绩，还要重视他们在互动交流过程中表现出的参与度、进步幅度以及解决问题的能力。通过设立具有挑战性的任务驱动型活动，如跨文化项目研究、公众演讲比赛、短剧表演等，学生在完成任务的过程中不断强化语言运用能力和创新能力。同时，教师还要给予学生及时且具有建设性的反馈，引导学生持续改进和优化学习策略，从而在互动实践中切实提高外语综合素养。

（三）注重能力培养的设计原则

1. 强化语言交际能力的培养

语言不仅仅是一种工具，更是沟通的桥梁。因此，课程设计者应将真实交际场景融入教学内容，创造语言环境，让学生在模拟或真实的情境中运用语言。通过这样的设计，学生能在实际交流中锻炼听、说、读、写等语言技能，提高语言的流利度和准确性。同时，课程设计者还应鼓励学生参与多样化的交际活动，如角色扮演、小组讨论、辩论等，以培养学生的语言应变能力和跨文化交际能力。这些活动不仅有助于提升学生的语言水平，还能提高他们的自信心和团队协作能力。

2. 注重批判性思维和创新能力的培养

外语学习不仅仅是语言技能的学习，更是思维方式的训练。因此，外语课程设计应注重培养学生的批判性思维和创新能力。在课堂教学中，教师应引入具有启发性和挑战性的话题，引导学生进行深入思考、分析、评价和创新。通过组织讨论、写作、演讲等活动，教师可以激发学生的思维活力，培养他们的独立思考能力和创新精神。同时，教师还应关注学生的学习过程，鼓励他们提出疑问、探索未知，以培养他们的求知欲和探索精神。这样的设计不仅有助于提升学生的语言能力，还能为他们的未来发展和终身学习奠定坚实基础。

3. 融合文化意识与跨文化能力的培养

外语学习不仅仅是语言技能的学习过程，更是文化认知和跨文化交流的过程。因此，外语课程设计应融合文化意识与跨文化能力的培养。课程设计者应将目标语言国家的文化、历史、社会习俗等内容融入教学，帮助学生全面了解目标语言国家的文化背景和社会现象。同时，课程设计者还应引导学生比较不同文化之间的差异，培养他们的文化敏感性和跨文化交际能力。通过这样的设计，学生不仅能更好地理解和使用目标语言，还能在跨文化交流中展现出更加自信和包容的态度。这对于培养学生的国际视野和全球竞争力具有重要意义。

第三节　任务型教学模式的探索

一、任务型教学模式产生的背景

（一）交际法的盛行与任务型教学模式的产生

1. 交际法的兴起与影响

交际法自19世纪70年代起，就在语言教学领域占据了举足轻重的地位。交际法与传统语法翻译法的最大不同在于，交际法将重点放在语言的实际交际功能上。传统的语言教学常常围绕着词汇积累和语法规则展开；而交际法则认为，语言教学的真正目标应该是培养学生的交际能力。这种转变，可以说是语言教学观念上的一次重大革命。交际法的兴起，得到了众多教育家和语言学家的热烈响应与支持。他们认为，语言不仅仅是文字和句子的组合，更是人们用来交流思想和感情的工具。因此，语言教学的重点应该是如何让学生在真实交际环境中自如地运用语言。这种观念的转变，使得语言教学更加贴近实际，更加符合社会的需求。而教师开始尝试采用更加生动活泼的教学方式，如角色扮演、小组讨论、情景模拟等，激发学生的学习兴趣和积极性。这些教学方式的运用，不仅提高了学生的语言交际能力，也锻炼了他们的思维能力和团队协作能力。

2. 任务型教学模式的产生

随着交际法的盛行，一种与之紧密相连的教学模式——任务型教学模式逐渐浮出水面。任务型教学模式以任务为核心，强调通过完成一系列具有实际交际意义的任务促进学生的语言学习。这种教学模式与交际法的理念不谋而合，两者都注重语言的实际交际功能和学生的语言运用能力。在任务型教学模式中，教师会根据学生的实际水平和需求设计各种任务，如角色扮演、小组讨论、调查研究等。这些任务不仅具有真实性和实用性，还能激发学生的学习兴趣和积极性。学生在完成任务的过程中，既需要运用所学的语言知识，也需要发挥他们的想象力和创造力，从而实现真正意义上的"做中学"。

3. 交际法与任务型教学模式的契合

交际法与任务型教学模式的契合，可以说是语言教学领域的一次重大进步。它们都强调语言的实际交际功能，并注重培养学生的语言运用能力。在这种教学模式下，学生不再是被动地接受知识，而是主动地参与语言交际，通过完成任务学习和掌握语言。这种契合不仅提高了语言教学的效果和质量，也为学生提供了更加广阔的学习空间和发展机会。在交际法和任务型教学模式的指导下，学生可以更加自如地运用语言进行交流，更加自信地面对各种交际场合。同时，他们的思维能力、团队协作能力和跨文化交际能力也得到了全面提升。

（二）任务型教学模式的发展与理论体系构建

1. 任务型教学模式的理论渊源与发展起点

任务型教学模式植根于交际法的教学理念之中，它强调语言学习应以真实交际为目的，而非孤立地教授词汇和语法结构。普拉布在印度南部地区的小学实验中首次尝试将"任务"作为课堂教学设计的核心元素，通过设置各类贴近生活、具有实际意义的交际任务，激发学生主动运用目标语言进行交流，从而推动其语言能力的发展。这一开创性的研究揭示了任务驱动式学习对语言习得的重要作用，并为后续任务型教学模式的发展奠定了实践基础。

2. 理论体系的丰富与完善

随着众多学者对任务型教学模式的深入探索，该模式的理论体系得以不断丰富与完善。纽南等从理论上深化了对交际任务的理解，他们探讨了任务设计的原则、任务难度与复杂性的影响以及任务执行过程中的互动与协商等核心议题。同时，通过开展大量实证研究，这些学者不仅验证了任务型教学模式的有效性，还进一步提炼出适用于不同语言环境和学习群体的任务设计策略，使任务型教学模式的理论架构更加立体且实用。

3. 交互活动与语言输出的重要性及其对教学实践的启示

在任务型教学模式的发展过程中，学者认识到单纯的语言输入并不足以保证有效的语言习得。语言学习的关键在于，学生在完成任务的过程中积极参与交互活动、进行意义协商并产出语言。这种认知的转变促使任务型教学模式更加强调任务的真实性、交际性和挑战性，鼓励教师创设丰富的学习情境，引导学生在解决问题或完成项目的过程中自然习得语言。这一认识深刻影响了现代外语教学实践，使越来越多的教师开始采纳并灵活应用任务型教学模式，以促进学生语言综合能力和跨文化交际能力的全面发展。

（三）任务型教学模式的影响

1. 任务型教学模式的深远影响

任务型教学模式的产生和发展，给语言教学领域带来了革命性的变革。这种变革不仅仅体现了教育观念的进步，更反映了语言教学对真实交际需求的重视。在传统的教学模式中，学生往往处于被动接受的状态，他们的主要任务是听讲、记忆和模仿。然而，在任务型教学模式中，学生的角色发生了根本性变化。他们不再是知识的"容器"，而是语言交际活动的积极参与者。通过完成各种具有实际交际意义的任务，学生不仅能学习到语言知识，还能在真实的情境中运用这些知识进行交际。这种参与式的学习方式极大地激发了学生的学习兴趣和积极性。他们觉得语言学习不再是枯燥无味的，而是充满挑战和乐趣的。在完成任务的过程中，学生需要运用所学的语言知识进行思考、交流和合作，这不仅锻炼了他们的语言运用能力，还培养了他们的团队协作精神和跨文化交际能力。

2. 任务型教学模式的实用性与趣味性

任务型教学模式通过设计具有实际交际意义的任务，将语言学习与真实生活紧密联系起来。这种教学模式强调在真实或模拟真实的情境中学习和运用语言，从而提高了语言学习的实用性和趣味性。在传统的教学模式中，语言学习往往与现实生活脱节，学生很难将所学的语言知识应用到实际生活中去。然而，在任务型教学模式中，学生需要在真实或模拟的情境中完成任务，这使得他们有机会将所学的语言知识付诸实践。这种实践性的学习方式不仅加深了学生对语言知识的理解，还提高了他们的语言运用能力。同时，任务型教学模式也注重任务的趣味性。通过设计各种有趣的任务，教师可以激发学生的学习兴趣和好奇心，使他们更加主动地参与语言学习。这种趣味性的学习方式不仅提高了学生的学习效率，还使他们在轻松愉快的氛围中掌握了语言知识。

3. 任务型教学模式的评估方式

任务型教学模式不仅改变了语言教学的方式和手段，还对语言教学的评估方式产生了深远影响。任务型教学模式强调通过完成实际交际任务评估学生的语言水平，这种评估方式更加真实、全面和客观。在传统的教学模式中，语言教学的评估往往注重学生的词汇和语法掌握情况，而忽视了他们的语言运用能力，这种评估方式很难全面反映学生的真实语言水平，也容易导致学生产生应试心态。然而，在任务型教学模式中，学生的语言水平是通过完成实际交际任务评估的。这种评估方式不仅考查了学生的语言知识掌握情况，还考查了他们在真实情境中的语言运用能力。这种评估方式更加真实、全面和客观，能更加准确地反映学生的语言水平。同时，这种评估方式也能激发学生的学习兴趣和积极性，使他们更加主动地参与语言学习。在实践中，任务型教学模式被广泛应用于各种语言教学环境中。无论是课堂教学、网络教学还是课外辅导，都可以采用任务型教学模式促进学生的语言学习。同时，任务型教学模式也为语言教师提供了更加丰富的教学手段和评估方式，使语言教学更加符合社会的需求和学生的发展需求。

二、任务型教学模式的基本模式

任务型教学模式按照时间顺序，可分为任务前、任务中和任务后三个阶段。在任务前阶段，教师主要呈现任务情境，帮助学生理解任务要求，并引导他们准备相关的内容和语言，为任务的完成做好充分准备。进入任务中阶段，学生成为主体，他们通过实际的语言交际活动努力达成任务结果，教师则扮演引导者和支持者的角色。在任务后阶段，反思是关键，它包括对任务完成情况的总结和反思。首先，教师鼓励学生进行有引导的反思，指出任务完成中的亮点和不足；其次，鼓励学生进行无引导的反思，自主发现问题并寻求改进方法。整个任务型教学模式旨在通过实际交际任务提高学生的语言运用能力和自主学习能力。结合我国当前外语教学环境的实际，并在有效地借鉴任务型教学模式的基础上，我国学者鲁子问提出了真实任务教学的课堂教学程序，具体如表2-1所示。

表2-1　真实任务教学的课堂教学程序

时间顺序阶段	任务前	任务中	任务后
目的阶段	（1）任务的呈现。 （2）任务的准备。	（3）任务的完成。	（4）任务的反思。
教学活动	引入任务情境，理解任务要求，准备内容和语言。	达成任务结果。	有引导的反思、 无引导的反思。

在上述三个阶段中，任务中阶段是任务型课堂教学的必要阶段，而任务的呈现、任务的准备以及任务的反思都应围绕任务中阶段逐步展开。

三、任务型教学模式的优势与局限

（一）任务型教学模式的优势

1. 任务型教学模式与传统课堂操练的区别

与传统的教学模式相比，任务型教学模式不仅仅注重知识的传递，更重视学生在实际语言运用中的能力培养。其目标具体、明确，远非传统课堂操练所能比拟。在传统的教学模式中，课堂操练往往以机械重复、应试为导向，学生在多数情况下只是被动地接受知识，进行刻板的模仿和记忆。这种操练方式虽然在一定程度上能强化学生的语言基础，但很难激发他们的创新思维和实际应用能力。而在任务型教学模式中，教学目标被细化为一个个具体的、与生活紧密相连的任务，这些任务不仅仅要求学生掌握基本的语言知识，更要求他们在实际操作中学会如何运用这些知识去解决问题。这样的目标设置，无疑更加符合语言学习的本质，也更加能培养学生的综合语言运用能力。在任务型教学模式下，学生不再是被动的知识接受者，而是需要主动探索、积极实践的学生。他们需要根据任务的要求，自己制订学习计划，寻找学习资源，解决学习中遇到的问题。这样的过程，无疑是对学生自主学习能力的一种极好的锻炼。并且，任务型教学模式的目标还具有高度的灵活性和开放性，由于任务的设计往往与现实生活紧密相连，学生在完成任务的过程中，不仅需要运用所学的语言知识，还需要调动自己的生活经验、文化背景等多方面的知识。这样的设计，既使学生的学习过程更加丰富多彩，也更加能激发他们的学习兴趣和热情。

2. 任务型教学模式中的学生中心与教师角色转变

任务型教学模式强调以学生为中心的教学理念，这与传统以教师为中心的教学模式形成了鲜明对比。在任务型教学模式下，学生的主体地位得到了充分体现，他们不再是被动地接受知识，而是成为教学活动的积极参与者和主导者。在任务型教学模式中，教师的角色发生了根本性变化。他们不仅是知识的传授者，还转变为组织者、协助者和引导者的多重角色。作为组织者，教师需要精心设计各种实际交际任务，为学生创造一个真实或模拟的语言环境，激发他们的学习兴趣和动力；作为协助者，教师需要在学生完成任务的过程中提供必要的支持和帮助，解决他们在学习中遇到的困难和问题；作为引导者，教师需要引导学生积极探索、自主思考，培养他们的创新思维能力和自主学习能力。这种以学生为中心、教师为辅助的教学理念，在任务型教学模式中得到了完美体现。学生在这种模式下，不仅仅能掌握基本的语言知识，更能培养自己的实际语言运用能力和跨文化交际能力；而教师也能从传统的知识传授者转变为学生学习路上的引导者和伙伴，与他们共同探索、共同进步。因此，任务型教学模式中的学生中心与教师角色转变，是现代教育理念的一种重要体现。它既能提高学生的学习效果和学习兴趣，也能培养他们的自主学习能力和创新思维能力，还能促进教师的专业成长和教学能力的提升，实现教学相长的良好效果。

3. 任务型教学模式中的课前任务分配

任务型教学模式与传统教学模式的一个显著区别在于，它将任务在课前就分配给了学生。这一做法不仅仅改变了传统课堂的教学节奏和方式，更体现了任务型教学对学生主体地位和自主学习能力的重视。课前分配任务的做法，有助于学生更好地预习和准备课程内容。在传统教学模式中，学生往往只能在课堂教学中被动地接受教师的讲解和操练；而在任务型教学模式中，学生可以在课前就了解到即将学习的内容和需要完成的任务。

这样的设计使学生有更多的时间和空间去预习新知识、查找相关资料、思考如何完成任务等。这样的过程无疑是对学生自主学习能力的一种有效锻炼。而由于任务通常与现实生活紧密相连，具有一定的挑战性和趣味性，学生在课前接到任务后，往往会产生强烈的探究欲望和学习热情。他们会积极地投入任务的准备中，努力寻找解决问题的方法。这样的过程不仅有助于培养学生的创新思维能力和问题解决能力，还能让他们在实际操作中体验到学习的乐趣和成就感。并且，由于学生在课前已经对任务有了一定的了解和准备，在课堂教学中，教师可以更加集中地讲解重难点，组织学生进行深入的讨论和交流，引导他们进行有意义的实践操作等。这样的教学安排不仅使课堂教学时间得到了更加充分和有效的利用，还能让学生在有限的课堂教学时间内获得更加丰富和深刻的学习体验。

（二）任务型教学模式的局限

1. 任务难度与学生实际能力的不匹配

任务型教学模式强调以任务为核心，通过完成任务达到教学目标。然而，在实际操作中，任务难度往往与学生实际能力存在一定的不匹配。如果任务难度过高，学生可能会感到无从下手，产生挫败感，从而失去学习的兴趣和动力；相反，如果任务难度过低，学生可能会觉得没有挑战性，无法激发他们的创新思维和求知欲。这种不匹配的原因可能在于教师对学生实际水平的了解不足，或者对任务难度的把握不准确。为了解决这个问题，教师需要在教学前对学生的实际水平进行充分了解，根据他们的实际情况制定合适的任务。同时，教师还需要在任务实施过程中密切关注学生的反应和表现，及时调整任务难度，以确保任务能与学生的实际能力相匹配。而且，即使教师进行了充分的了解和调整，仍然难以完全避免任务难度与学生实际能力不匹配的问题。因为学生的实际能力是一个动态变化的过程，而任务难度往往是固定的，所以任务型教学模式在任务难度与学生实际能力的匹配上存在一定的局限性。

2. 语言形式与交际功能的失衡

任务型教学模式强调在实际交际中运用语言，重视语言的交际功能。然而，在实际教学中，有时会出现过于强调交际功能而忽视语言形式的情况。学生在完成任务的过程中，可能会为了达成交际目的而忽略语言的准确性和得体性，导致出现一些用词不当、语法错误等问题。这种情况的原因可能在于教师对任务型教学模式的理解存在偏差，认为只要学生能完成交际任务就可以了，不必太拘泥于语言形式。并且，语言形式和交际功能是相辅相成的，只有掌握了正确的语言形式，才能更好地实现交际功能。因此，在任务型教学模式中，教师需要平衡好语言形式和交际功能的关系，既要注重培养学生的交际能力，也要引导他们关注语言的准确性和得体性。可是，在实际操作中，平衡语言形式和交际功能并不容易。交际任务往往具有一定的开放性和灵活性，学生在完成任务的过程中可能会根据实际需要自由发挥，这就容易导致语言形式的失控。因此，任务型教学模式在语言形式与交际功能的平衡上也存在一定的局限性。

3. 课堂教学管理与时间分配的挑战

任务型教学模式需要学生在课堂教学中进行大量的实际操作和交流活动，这就给课堂教学管理带来了一定的挑战。一方面，教师需要密切关注学生的活动情况，及时给予指导和帮助；另一方面，教师需要控制好课堂教学节奏和时间分配，确保每个学生都有机会参与任务。而在实际教学中，由于学生的个体差异和课堂教学活动的多样性，教师往往难以做到面面俱到。有时候可能会出现一些学生无法得到有效指导或者无法充分参与任务的情况。此外，由于任务型教学模式的活动较多，课堂教学时间往往比较紧张，教师需要在有限时间内完成多个任务的实施和评价工作，这也给课堂教学管理和时间分配带来了不小的挑战。对此，教师需要具备较高的课堂教学管理能力和时间分配能力，他们需要在课前做好充分的准备工作，设计好合理的教学方案和任务安排；在课堂教学中，则需要灵活运用各种教学方法和手段激发学生的学习兴趣与积极性；在课后，还需要对任务完成情况进行及时的评价和反馈工作。

第四节　混合式教学模式与翻转课堂教学模式的应用

一、混合式教学模式概述

（一）混合式教学的概念

混合式教学的本质或核心可理解如下。首先，混合式教学依托技术，在"教"与"学"过程中进行信息和知识的传递。但是，在传递的过程中，需要选择合适的时间和对象，采用合适的教学技术和通过合适的技能优化教学，确定学生的学习质量和成绩。其次，混合式教学不是在线学习与课堂面对面学习的简单混合，而是有关"教"与"学"多个维度的组合或融合。这些维度可以是教学理论、教学模式、教学活动、学习主体、课堂学习环境、在线学习环境、教学媒介、教学材料、教学资源、学生支持服务等。再次，混合式教学的关键是对"教"与"学"的所有要素进行合理筛选和优化组合。混合式教学是为达到"教"与"学"的目标，对"教"与"学"的要素进行优化组合，以期获得最佳效果。最后，混合式教学本身是一种教学策略和教学理念。该教学策略需要放置于信息化和网络化的教学大环境中；该教学理念可包容各种教学理论、多元的教学方法、多样化的学习目标和学习环境，集各种教学资源于一体，实现师生、生生和人机之间的有效互动。

（二）混合式教学的特点

1. 时代性

混合式教学无疑是教育国际化和信息化的一个重要产物，它站在了现代教育改革的前沿，成为教育领域内的热议焦点。在全球化的今天，知识和信息的传递已经不再受地域与时间的限制，混合式教学正是基于这样的时代背景应运而生。它融合了传统课堂的面对面交流与网络教学的便捷性，为学生创造了一个全新的、与时俱进的学习环境。随着科技的飞速发展，特别是互联网、移动设备和人工智能等技术的日益成熟，混合式教学也被不断赋予新的科技内涵。现代教学技术如在线课程平台、虚拟实验室、智能教学系统等，都为混合式教学提供了强大的技术支持。这些技术的引入，既丰富了教学手段，也使得教学更加个性化、互动化和高效化。在混合式教学模式下，优质教育资源得以在全球范围内共享，学生可以随时随地获取所需的学习资源，这无疑极大地促进了教育公平及普及。因此，可以说混合式教学既是时代发展的产物，也是教育创新的重要方向。

2. 实用性

混合式教学源于企业培训领域，后来逐渐被引入教育领域，并得到了广泛的应用，混合式教学展现出了其强大的实用性和有效性，它不仅能满足学生多样化的学习需求，还能提高学生的学习兴趣和积极性。在混合式教学模式下，学生可以根据自己的时间安排和学习进度进行自主学习，这使学习变得更加灵活和便捷。同时，混合式教学还能促进学生之间的交流和合作，培养学生的团队协作能力和创新精神。而且，通过混合式培训，教师可以学习到先进的教学理念和教学方法，提高自己的教学水平和专业素养。这对于推动教育改革和提高教育质量具有重要的意义。

3. 多元性

混合式教学涵盖了多种教学理论和教学模式的整合。认知主义、行为主义、建构主义、社会文化理论以及教育传播理论等多种教学理论都在混合式教学中找到了用武之地。这些理论的融合使混合式教学能根据不同的学习情境和学生特点，选择最合适的教学方法和策略。在混合式教学模式下，学生可以接触到来自不同领域、不同文化背景的学习资源。这些资源既可以是文本、图片、视频等多媒体形式的学习材料，也可以是来自网络社区、专家讲座、实践项目等多样化的学习机会。这种多元化的教学资源为学生提供了一个更加广阔和深入的学习空间。传统的单一评价方式已经无法满足现代教育的需求，而混合式教学则提供了多种评价方式的可能性。除了传统的笔试和作业评价外，混合式教学还可以采用在线测试、学习轨迹分析、同伴评价等多种评价方式。这些评价方式能更加全面、客观地反映学生的学习成果和进步情况。

4. 动态性

从混合式教学的首次出现到现在，它已经经历了多个阶段的发展和完善。随着时代和环境的改变，混合式教学也在不断地调整和优化自己的教学模式、教学方法与教学内容等。在教学模式上，混合式教学从最初的简单混合在线学习和课堂面对面学习，逐渐发展到现在多种教学模式的有机融合。例如，翻转课堂、协作学习、项目式学习等先进的教学模式都被引入混合式教学中，使得教学更加符合学生的认知规律和学习需求。在教学方法上，混合式教学也充分利用了现代信息技术的优势，不断创新和丰富教学手段。例如，利用大数据分析技术进行学生的学习行为分析，为学生提供更加个性化的学习建议；利用虚拟现实技术创建虚拟学习环境，为学生提供更加沉浸式的学习体验等。在教学内容上，混合式教学也紧跟时代步伐，不断更新和拓展教学内容。混合式教学不再局限于传统的学科知识传授，而是将更多的现实问题和前沿知识引入教学。这使得学生能接触到更加真实、有深度的学习内容，从而更好地培养自己的问题解决能力和创新思维能力。

二、混合式教学模式在高校外语教学中的应用优势

（一）方便灵活

1. 教学资源的多元化与便捷获取

在信息科技和互联网的推动下，外语教学资源呈现出前所未有的多元化态势。专题讲解、碎片化学习、视听说一体的视频教学等多样化教学形式如雨后春笋般涌现，为学生提供了丰富多样的学习选择。这些教学资源不仅涵盖了传统的课本知识，还拓展到了真实场景模拟、文化背景介绍、语言实际应用等多个方面，使得外语学习更加立体、全面。更重要的是，学生可以通过网络方便、快捷地获取这些教学资源，无须受时间和空间的限制，无论是在家里、学校还是公共场所，只要有网络连接，学生就可以随时随地进行学习。这种碎片化的学习方式不仅符合现代人快节奏的生活规律，还能有效提高学习效率，让学习变得更加轻松、自由。

2. 教师专业素质的提升与教学方式的创新

随着信息科技和互联网的迅猛发展，外语教学领域正经历着一场深刻的变革。这场变革不仅仅体现在教学资源的极大丰富上，更体现在教学方式和学习方式的根本性转变上。网络技术的广泛应用，特别是视频教学形式的多样化，为外语教学注入了新的活力，极大地提高了教学的灵活性和有效性。信息科技和互联网的发展也为外语教师提供了广阔的学习与发展空间。教师可以通过网络资源不断提升自身的专业素质和水平，掌握最新的教学理念和方法。这不仅有助于教师更新知识结构、拓宽教学视野，还能激发教师的教学创新热情，推动外语教学的持续发展。在网络资源的支持下，教师可以开展形式灵活、多样化的优质教学。例如，利用视频教学资源进行课堂导入、情境创设或难点解析；通过在线互动平台与学生进行实时交流、答疑解惑；利用大数据分析技术了解学生的学习情况和学习需求，以便进行更加精准的教学设计和个性化辅导。这些创新的教学方式不仅能激发学生的学习兴趣和积极性，还能有效提高外语课堂教学的效果和质量。

3. 教学互动的增强与学习体验的优化

信息科技和互联网的融入使得外语教学过程中的互动更加频繁、深入。通过网络平台，学生可以实时参与课堂讨论、发表自己的观点和见解，教师可以根据学生的反馈及时调整教学策略、优化教学内容。这种实时的互动不仅有助于提高学生的参与度和专注度，还能帮助教师更好地了解学生的学习情况和学习需求。而且，借助先进的网络技术手段，如虚拟现实技术、增强现实技术等，教师可以为学生打造更加真实、生动的外语学习环境。在这种沉浸式的学习体验中，学生可以更加直观地了解目标语言国家的文化背景、生活习惯等，从而加深对语言的理解和运用。这种优化的学习体验不仅能提高学生的学习兴趣和动力，还能培养他们的跨文化交际能力和全球视野。

（二）贴合需要

1. 自主选择优质课程，满足个性化学习需求

在互联网时代，海量的英语教学视频资源为学生提供了广阔的选择空间。学生可以根据自身学习目标，自主挑选适合自己的优质课程。这种自主选择权不仅体现了教育的人本思想，还有助于激发学生的学习兴趣和内在动力。通过观看在线视频，学生可以随时随地进行学习，不受时间和空间限制，从而更加高效地利用碎片时间，提升学习效果。同时，线上课程往往具有丰富的多媒体元素和互动功能，能为学生提供更加生动、直观的学习体验。这种互动式的学习方式不仅有助于培养学生的自主学习能力和问题解决能力，还能促进学生的全面发展和个性化成长。

2. 线上、线下有机结合，丰富学习体验并提升学习效果

线上、线下混合式教学模式将传统的面对面课堂学习与在线学习有机结合起来，实现了两种教学方式的优势互补。在线下课堂教学中，教师可以针对学生的共性问题进行集中讲解，引导学生进行深入的讨论和思考；同时，教师还可以利用线上平台发布作业、组织小组活动、开展课外拓展等，进一步丰富学生的学习体验和提升学习效果。而且，线上、线下混合式教学模式还有助于培养学生的团队协作能力和创新精神。通过参与小组活动、在线协作等方式，学生可以学会与他人合作、分享资源、共同解决问题。这种团队协作精神既对学生的个人成长具有重要意义，也是未来社会发展所必需的重要素质。

3. 形成自主探究的学习习惯，促进终身学习能力的发展

传统单一课堂教学模式已经难以满足高校学生的多元化、个性化学习需求。而线上、线下混合式教学模式的兴起，为高校外语教学注入了新的活力，不仅有效加强了学生的学习体验，提升了学习效率，还更加切合学生的实际需求。在这种模式下，学生需要主动参与学习过程，积极探究问题、寻找答案。而在信息时代背景下，掌握信息技术、具备数字化生存能力已经成为现代人必备的基本素质。通过在线学习、网络资源检索等方式，学生可以学会如何获取、筛选、整合和利用信息资源，从而更好地适应未来社会的发展需求。

（三）切入精准

1. 线上、线下混合，精准切入学习需求

在传统的教学模式中，教师往往扮演着知识传授者的角色，学生则处于被动接受的状态。然而，线上、线下混合式教学模式的引入，打破了这一固有格局。线上平台为学生提供了海量的学习资源，学生可以根据自身的兴趣和需求，自主选择学习内容和进度。这种个性化的学习方式，使得教学更加贴合学生的实际需求，切入点更精准。同时，线上学习不受时间和空间的限制，学生可以随时随地进行学习。这种灵活性不仅有助于学生合理安排学习时间，还能让他们在学习过程中保持较高的专注度和兴趣。而线下课堂则为学生提供了与教师面对面交流的机会，教师可以针对学生的线上学习情况进行有针对性的指导和解惑，进一步巩固和深化学生的学习成果。

2. 丰富线上资源，充实课堂教学内容

线上资源是线上、线下混合式教学模式的重要组成部分。通过网络平台，教师可以获取丰富多样的教学资源，如教学视频、课件、在线测试等。这些资源不仅为教师提供了广阔的教学素材选择空间，还能帮助教师设计出更加生动有趣的教学活动。在教学过程中，教师可以利用线上资源对课堂教学内容进行补充和拓展。例如，通过播放与教学内容相关的视频片段，引导学生更加直观地理解语言知识和文化背景；利用在线测试功能对学生的学习情况进行实时检测和反馈，以便及时调整教学策略；通过在线讨论区激发学生的思维碰撞和观点交流，培养他们的批判性思维和创新能力。

3. 线下实践措施，丰富学习体验

除了线上资源的利用外，线下实践措施也是线上、线下混合式教学模式不可或缺的一部分。通过组织形式多样的个性化实践活动，如角色扮演、情景模拟、小组讨论等，教师可以让学生在实践中运用所学知识，提高他们的语言运用能力和跨文化交际能力。这些实践活动不仅有助于激发学生的学习兴趣和积极性，还能让他们在实践中发现问题、解决问题。通过不断的实践探索，学生会逐渐形成自主探究的学习习惯和能力，为未来的终身学习奠定坚实基础。同时，线下实践活动还能促进学生的团队协作精神和创新能力的培养，为他们的全面发展提供有力支持。

三、翻转课堂的内涵与特点

（一）翻转课堂的内涵

1. 翻转课堂概论

（1）翻转课堂的本质。翻转课堂的"翻转"并非简单的时空颠倒，而是教学理念、师生角色、教学资源等多个方面的综合变革。在传统课堂中，教师是知识的传授者，学生是被动的接受者；而在翻转课堂中，教师转变为学习活动的指导者和促进者，学生则成为知识的主动探索者和建构者。从本质上来看，翻转课堂是一种以学生为中心的教学模式。它强调学生的主体地位，鼓励学生根据自己的节奏和方式进行学习；同时，提供丰富的学习资源和互动机会，以满足不同学生的个性化需求。这种教学模式的转变，既提高了学生的学习兴趣和积极性，也培养了学生的自主学习能力和批判性思维。

（2）翻转课堂的教学流程与实施要点。翻转课堂的教学流程通常包括课前、课中和课后三个阶段。在课前阶段，教师提供学习视频、在线测试等教学资源，引导学生自主学习新知识；进入课中阶段，教师组织学生进行小组讨论、案例分析等互动活动，深化对知识的理解和应用；在课后阶段，教师布置拓展任务和实践项目，帮助学生巩固所学内容并拓展学习视野。在实施翻转课堂时，首先，教学资源的准备要充分且有针对性，能激发学生的学习兴趣和满足其学习需求；其次，课堂教学活动的设计要具有层次性和挑战性，能引导学生逐步深入探究问题；再次，教师的角色定位要准确且灵活，既能给予学生必要的指导和帮助，又能鼓励学生自主探索和发现；最后，学生课前学习要有监督和反馈机制，以确保其真正掌握所学知识。

2. 翻转课堂的教学价值与影响

翻转课堂作为一种创新的教学模式，一方面，有助于提高教学效果和学习质量，通过课前自主学习和课堂深度互动相结合的方式，使学生能更深入地理解和掌握知识；另一方面，有助于促进教育公平和个性化教育的发展，通过网络等多媒体技术的支持，使不同地区、不同背景的学生都能获得优质的教育资源和学习机会，并且在一定程度上推动教师教学能力的提升，要求教师不仅要具备扎实的专业知识，还要具备教学设计、组织管理和沟通交流等多个方面的能力。同时，翻转课堂改变了传统课堂教学中的师生角色和教学流程，使得教育更加符合学生的认知规律和学习需求。并且，它也促进了信息技术与教育教学的深度融合，推动了教育信息化的进程和发展。最重要的是，翻转课堂还为其他领域的教育改革和创新提供了有益的借鉴与参考。

3. 翻转课堂的教学条件

（1）学生在课堂中的地位"翻转"。在我国，高校学生在中小学时期就已经习惯于在课堂上扮演"倾听者"的角色，这种思维定式一直延续到大学阶段，导致学生在学习上显得相对被动。然而，翻转课堂的出现为学生提供了打破这种思维定式、转变学习角色的机会。在翻转课堂中，学生不仅是倾听者，还成为学习的积极参与者。他们紧随教师的授课思维，进行自发性的学习。例如，在课程预习阶段，学生可以登录学术视频网站，观看线上短视频，对课程内容进行初步了解。这种预习方式不仅使学生能提前掌握基础知识，还激发了他们的学习兴趣和好奇心。进入课程教学阶段，翻转课堂的模式进一步促进了学生与教师的互动。学生可以利用数字化工作方式，如在线讨论、实时反馈等，与教师进行积极互动。这种互动不仅增加了课堂教学的活跃度，还使学生能及时解决问题、深化理解。在课后作业阶段，学生同样可以发挥主动性。他们可以启用智能终端收集学习资源，如查阅电子图书、浏览学术网站等，以强化知识架构。这种自主学习的方式使学生能在巩固课堂教学知识的同时，拓宽知识视野，提升学习效果。翻转课堂教学模式的应用对学生学习思维的转变产生了积极影响，它使学生在自主学习的基础上成为学习的主角，对教学内容起到了润色作用。同时，这种教学模式还有利于教师教学活动的开展。教师可以根据学生的反馈和互动情况，及时调整教学策略，提高教学效果。

（2）教师在教学过程中的综合"翻转"。在翻转课堂教学模式中，学生的学习并非毫无章法、随心所欲，而是在教师精心策划和组织的教学活动中，有目标、有方向地积极探索和学习。与传统教学中教师仅通过口头讲授和板书引导相比，翻转课堂中的教师在教学过程中的角色与作用更加丰富和关键。在翻转课堂教学模式中，教师在课前需要发布教学视频及相关资源，这是开展翻转课堂教学的重要前提。而这些教学视频和相关资源的研发与形成，都离不开教师的精心策划和制作。教师需要根据课程内容和教学目标，设计并制作出既符合教学逻辑又具有吸引力的视频材料，同时，还需要运用现代信息技术手段，使视频内容更加生动、形象，以便更好地激发学生的学习兴趣和积极性。在课前准备阶段，翻转课堂对教师的教学能力和信息技术应用能力提出了更高要求。在翻转课堂的课中阶段，教学不再是教师的"一言堂"，而是通过师生之间的交流互动、探讨和质疑来解决问题，进而实现知识的内化和深化，这与传统教学中教师的单向传授形成了鲜明对比。在翻转课堂中，教师需要尊重学生的个性差异，积极引导学生的思维，营造一种开放、包容的课堂教学氛围，使每个学生都能积极参与讨论、发表自己的观点，并在与他人的交流中不断完善自己的认知结构。并且，教师不仅需要设计和组织前期的教学活动，还需要在学生遇到学习困难时给予及时的帮助和指导。学生的课前视频学习和课中讨论是翻转课堂教学的重要组成部分，而课后的辅导和深化则直接关系到学生对知识的掌握程度与思维能力的提升。因此，教师需要密切关注学生的学习情况，及时解答学生的疑问，为学生提供个性化的辅导和支持，以帮助学生更好地掌握知识和提升能力。

（3）教学方式的立体"翻转"。课堂教学始终关注师生间的互动与反馈，这种关注贯穿课前、课中与课后，它既是提高教学质量的关键，也是培养学生主动学习、自主思考的重要手段。然而，这种密切的互动与反馈无疑增加了教师的工作负担，特别是在传统的教学环境中，时间和空间的限制常常使师生交流、生生交流变得困难。幸运的是，现代信息技术的发展为我们提供了解决方案，它极大地减少了这些局限性，使得师生、生生之间的交流更加便捷、高效。尽管现代信息技术为教学带来了诸多便利，但真正实现翻转课堂教学仍然面临诸多挑战。翻转课堂的实施不仅要求学校具备先进的硬件基础设施，还要求教师具备高超的信息技术应用能力。国内一些学校在翻转课堂教学方面取得了显著成果。例如，重庆市聚奎中学校成功搭建了视频和学习管理平台，并为所有学生配备了平板电脑，为翻转课堂的实施提供了有力支持；南京市行知实验中学则依托全国最大的互联网教育平台——沪江网，实现了人手一机的学习终端配置以及大型信息管理平台的构建。这些成功案例为我国其他学校开展翻转课堂教学提供了宝贵经验。翻转课堂不仅是一场教学方式的变革，还是一场对传统授课方式的信息化革命。它强调学生的主体地位，鼓励学生主动学习、自主思考，这与我国当前的教育改革方向高度契合。然而，我们也要清醒地认识到，开展翻转课堂教学需要具备一系列基础条件，包括先进的硬件设施、完善的软件平台以及教师的信息技术应用能力等。只有明确这些条件并结合我国高校的实际情况进行理性尝试，才能最终实现教育信息化的目标，以教育信息化推动教育现代化，破解制约我国教育发展的难题，促进教育的创新与变革。这既是我国从教育大国向教育强国迈进的重大战略抉择，也为翻转课堂教学的全面实施带来了希望。

（二）翻转课堂的特点

1. 重新定位教学主体

随着信息技术与教育教学的深度融合，教学主体正在经历一场深刻的变革。在这场变革中，教师的角色从传统的"领军人物"逐渐转变为引导学生自主学习的"引路人"。而学生也不再是被动接受的"倾听者"，而是开始成为推动教学环节展开的关键角色，积极参与知识的探索和构建。在翻转课堂教学模式下，这种转变尤为明显。教师不再是课堂上的主角，而是退居幕后，扮演起引导者和掌控者的角色。他们通过精心设计和组织教学活动，激发学生的学习兴趣和动力，引导他们主动探究、积极思考。同时，教师还要掌控整体教育教学的方向，确保教学内容不偏离正轨，达到预期的教学目标。这种转变对学生来说也是一种挑战和机遇。他们需要从被动学习转变为主动学习，积极参与课堂讨论、小组合作等活动，与教师、同学进行深入的交流与互动。在这个过程中，学生的主体性得到了充分的体现和发挥，他们的思维能力、创新能力、沟通能力等也得到了有效的锻炼和提升。

2. 依附信息技术

在翻转课堂教学模式下，信息技术成为教学的重要支撑和辅助工具。信息技术不仅可以帮助学生获取丰富的学习资源、拓展学习空间和时间，还可以为教师提供便捷的教学手段和管理工具。更重要的是，信息技术可以实现师生之间的实时沟通与交流，方便学习资源的传递和共享。然而，要想将信息技术有效地融入课堂教学，教师必须具备较强的计算机网络操作能力。他们需要熟练掌握各种教学软件、平台的使用技巧，能根据教学需要灵活选择和运用合适的信息技术工具。此外，教师还需要不断提高个人的综合素质，包括教育教学理论素养、学科专业素养、信息技术素养等，以适应信息化时代对教师的新要求。对学生来说，信息技术也是他们进行自主学习的重要工具。在翻转课堂中，学生可以利用信息技术进行课前预习、课后复习、作业提交等操作；同时，他们还可以通过在线讨论、互动问答等方式与教师、同学进行交流和互动。这些信息技术的使用不仅提高了学生的学习效率和质量，还培养了他们的信息素养和自主学习能力。

3. 采用短视频教学方式

翻转课堂中的短视频教学是一种创新的教学方式，它通过对本节教学内容的精准提炼和呈现，让学生在极短的时间内掌握一个知识点。这种教学方式符合学生的心理及生理结构特征，能激发他们的学习兴趣和动力。与传统的多媒体教学相比，短视频教学更加简洁明了、突出重点。短视频教学通常将时长控制在2分钟左右，最长不超过10分钟。这样的时长设计可以让学生在保持高度注意力的状态下完成学习任务，避免因为时间过长而产生疲劳和厌倦感。同时，短视频教学还可以方便学生在课余时间进行自主学习和回顾未掌握的知识。在学术视频网站上进行短视频教学还具有很多优势，首先，学术视频网站通常拥有丰富的学习资源和专业的知识库，可以为学生提供更加全面、深入的学习支持；其次，学术视频网站可以根据学生的学习需求和兴趣推荐相关的视频资源，帮助他们拓展学习视野和深化对知识点的理解；最后，学术视频网站可以提供互动交流平台，方便学生与教师、同学进行交流和讨论。

4. 教学内容输送清晰

翻转课堂中应用的学术视频网站在教学内容输送方面具有显著优势。

首先，与传统的多媒体录像教学相比，学术视频网站的画面更加简洁明了，不会因为教室的陈设或其他无关因素分散学生的注意力。其次，学术视频网站可以通过专业的技术手段对教学内容进行精准传输和呈现，确保学生能清晰地接收到每个知识点。这种清晰的教学内容输送有助于提高学生的学习效率和质量，使得学生可以更加专注于学习内容的理解和掌握，减少注意力分散导致的遗漏和误解。而且，清晰的教学内容呈现可以帮助学生更好地构建知识体系和框架，加深对知识点的记忆和理解。最后，学术视频网站可以提供丰富的学习资源和辅助工具，帮助学生进行自主学习和拓展学习。在翻转课堂的教学环境下，清晰的教学内容输送还可以起到将学生当作教学主体的作用。通过引导学生积极参与课堂讨论、小组合作等活动，教师可以更好地了解学生的学习需求和反馈意见，及时调整教学策略和方式。同时，学生也可以在清晰的教学内容呈现下更加自信地表达自己的观点和想法，与教师、同学进行深入的交流和互动。这种交流和互动不仅可以锻炼学生的沟通能力与表达能力，还可以培养他们的创新思维和批判性思维。

四、翻转课堂教学模式在外语教学中的应用策略

（一）课前准备阶段

1. 教师活动

在翻转课堂教学模式中，教师的首要任务是深入分析教学目标。这一步骤至关重要，因为它为整个教学过程定下了基调。教学目标不仅仅是教学活动期望达到的结果，更是教师设计教学内容、选择教学方法和评估学生学习成效的依据。为了明确教学目标，教师需要细致思考学生通过教学活动应该掌握哪些核心知识和技能以及这些知识和技能如何与现实生活及工作相联系。这种思考过程有助于教师确保教学内容与学生的实际需求紧密相关，从而提高教学的针对性和实效性。同时，对教学目标的分析还有助于教师确定哪些内容适合通过翻转课堂的模式进行教学。对于那些需要学生深入探究和理解的知识点，翻转课堂可以为学生提供更多自主学习和协作学习的机会；而对于那些基础性的、需要直接传授的知识，则可以通过传统课堂讲解或教学视频的方式进行传授。

2. 制作教学视频

在翻转课堂教学模式中，教学视频成为一种特殊而关键的存在，它如同一座桥梁，连接着教师的知识与学生的求知欲。可以说，翻转课堂的成功与否，在很大程度上取决于教学视频的质量。这不是一段普通的视频，而是教师精心策划、制作、编辑的结晶，是学生自主学习、探索知识的重要工具。当教师决定制作翻转课堂的教学视频时，他们需要考虑的因素远不止内容的准确性和完整性。更关键的是，他们必须深入了解学生的认知特点和学习习惯，站在学生的角度思考：怎样的呈现方式更易于理解，怎样的讲解方式更能吸引注意力，怎样的内容安排更能促进知识的吸收。视频内容的简洁明了是制作高质量教学视频的首要原则。冗长和复杂的讲解不仅会让学生感到枯燥乏味，还可能导致他们错过重要的知识点。因此，教师需要精心挑选和组织内容，确保每个镜头、每句话都能直击要点，让学生在最短时间内获得最大的学习收益。同时，教学视频的视觉效果和听觉效果也是不容忽视的。图像、动画、音效等多种手段的运用，不仅可以使视频更加生动有趣，还可以有效地激发学生的学习兴趣和注意力。例如，通过动画演示复杂的物理过程，可以让学生更加直观地理解物理原理；通过音效和背景音乐的运用，可以营造出更加贴合主题的学习氛围。

虽然翻转课堂并不要求教师在视频中全程出镜，但教师的声音和手部动作仍然是视频的重要组成部分。教师的声音不仅仅是知识的传递者，更是情感的传递者。他们用热情、用专业、用爱去录制每段视频，确保自己的讲解清晰、准确、有感染力。而手部动作则可以帮助教师更好地展示和解释知识点，提高学生的理解能力。而且，教学视频的后期制作也是一门艺术。剪辑、字幕、音效等元素的巧妙运用，可以让视频更加完美。这需要教师具备一定的视频编辑技能，但更重要的是他们对教育的热爱和对学生的责任心。

3. 做好视频编辑

视频编辑在翻转课堂教学视频制作中占据着举足轻重的地位。它不仅仅是对原始素材的简单拼接，更是对教学内容的再次加工和提炼。通过精心的编辑，教师不仅能修正录制过程中出现的错误和不足，还能为视频注入新的生命力，使其更加符合教学需求，更能吸引学生的注意力。在视频编辑的初始阶段，教师需要耐心地审查每份原始录制素材，这既是对自己教学工作的负责，也是对学生学习体验的尊重。在审查过程中，教师需要细心地发现并修正其中的错误，如口误、笔误等，确保知识的准确性。同时，他们还需要对素材进行必要的裁剪和调整，去掉冗余的片段，让视频节奏更加紧凑；调整语速和音量，确保学生听得清楚、明白；添加必要的字幕和标注，帮助学生更好地理解和记忆知识点。而且，教师可以利用各种编辑技巧和工具，对教学视频进行个性化处理。例如，通过调整画面的色彩和亮度，营造出更加舒适和专业的视觉效果；通过添加背景音乐和音效，营造出更加贴合主题的学习氛围；通过运用特效和转场效果，使不同知识点之间的过渡更加自然和流畅。这些编辑操作不仅能提升视频的观赏性，还能增强学生的学习体验，使他们在轻松愉悦的氛围中掌握知识。一些过于花哨的特效和转场效果可能会分散学生的注意力，影响他们对知识的吸收。因此，教师在编辑视频时，应始终以学生为中心，坚持适度原则，避免为了追求视觉效果而牺牲教学内容的质量。

4. 做好视频发布

发布教学视频是翻转课堂实施中的关键一步，这关乎学生能否及时、顺畅地获取这些重要的学习资源。在这个数字化、信息化的时代，选择一个合适的发布平台和方式尤为重要。教师在选择发布平台时，必须考虑诸多因素。平台的稳定性是首要考虑的问题，毕竟一个时常崩溃或访问困难的平台会给学生带来极大不便。访问速度同样重要，快速加载和流畅播放的视频能大大提高学生的学习效率。此外，兼容性也不容忽视。一个优秀的平台应该能支持多种操作系统和浏览器，确保不同设备上的学生都能无障碍地观看视频。当然，是否支持多种终端设备访问也是评判一个平台好坏的重要标准。在移动设备日益普及的今天，一个能在手机、平板等终端上流畅观看视频的平台无疑更具吸引力。除了选择合适的发布平台外，确定具体的发布方式同样重要。这需要根据学校的实际情况和学生的需求决定。例如，如果学校拥有自己的在线教育平台，那么将视频上传至该平台无疑是最直接、便捷的选择。这样不仅方便学生随时随地观看视频，还能更好地与学校的其他教学资源进行整合。另外，将视频上传至公共视频网站也是一个不错的选择，这样可以利用这些网站庞大的用户群体和成熟的推广机制，让更多人了解到这些优质的教学资源。当然，为学生提供下载链接或刻录成DVD等形式进行分发也是可行的方案，尤其适用于网络环境不佳或设备条件有限的地区。在发布视频时，教师还需要特别注意视频的格式和编码设置。不同设备和平台可能对视频格式有不同要求。为了确保视频能在各种设备和平台上正常播放，教师需要提前进行充分的测试和调整。这可能需要花费一些时间和精力，但这是确保学生能顺利观看视频的必要步骤。

5. 学生活动

在翻转课堂教学模式下，学生的活动变得更丰富和主动。他们不再是被动的接受者，而是成为学习的主体，积极参与知识的探索和构建。观看教学视频和完成相关练习，成了他们在这一过程中的主要活动。观看教学视频是学生自主学习的重要环节。通过视频，学生可以提前了解课程的基本内容和知识点，为课堂上的深入探讨做好准备。在观看教学视频时，学生需要保持高度的专注力，随时捕捉视频中的重要信息。同时，他们还应该养成做笔记的习惯，将视频中的关键知识点、难点和自己的思考记录下来。这样做不仅有助于加深理解，还能为后续的复习和讨论提供宝贵资料。对于视频中难以理解的部分或重要知识点，学生不应该轻易放过。他们可以反复观看这些部分，甚至利用视频播放器的慢放、暂停等功能仔细琢磨。如果还是无法理解，那么他们可以将其记录下来，在课堂上向教师或同学请教。这种主动求知的态度和行动，是翻转课堂倡导的学习精神。完成相关练习则是学生巩固所学知识、检验学习成效的重要途径。这些练习通常涵盖了课程的基本知识点和重难点，是学生对所学知识的一次全面回顾和梳理。在做练习时，学生需要认真对待每道题目，尽力给出准确的答案。对于遇到的困难和问题，他们可以先尝试自己解决，比如，回顾视频、查阅资料等；如果问题依然无法解决，那么他们可以将其记录下来，等待课堂上的集体讨论或向教师请教。而课堂上的互动和讨论也是翻转课堂的重要环节。在这一环节中，学生可以分享自己的学习心得和解题技巧，解答彼此的疑问和困惑，共同探讨课程中的重点和难点问题。这种互动和讨论不仅有助于提高学生的学习积极性与参与度，还能培养他们的协作精神和创新能力。在讨论中，学生可以相互启发、相互激励，共同迈向知识的更高峰。

（二）课中教学活动设计阶段

1. 确定问题，交流解疑

在传统课堂上，我们常常看到教师站在讲台前，滔滔不绝地传授知识，而学生则坐在座位上，被动地接受着这些信息。这种教学方式虽然在一定程度上能保证知识的传递，但往往忽视了学生的主体性和差异性。师生之间的交流也往往建立在不平等的基础上，学生很少有机会表达自己的观点和疑问，更不用说与教师进行深入探讨了。但是，在翻转课堂中，这一切都得到了根本性的改变。我们致力于打破传统课堂教学中的固有模式，营造一个更加融洽、平等的学习环境。在这个环境中，学生不再是被动接受知识的"容器"，而是成了主动探索知识的"冒险家"。他们在观看教学视频后，会根据自己的知识背景和看问题的角度产生不同的理解与疑问。这些不同的理解与疑问在翻转课堂中被视为宝贵的课堂教学资源，而不是需要被消除的障碍。在课堂教学开始阶段，首先，教师鼓励学生勇敢地提出自己在观看视频过程中遇到的问题。这些问题既可能是关于知识点的理解，也可能是关于学习方法的探讨。无论是什么问题，教师都会给予积极的回应和引导。其次，教师会组织学生进行小组讨论或全班交流，让他们一起探讨这些问题并寻找答案。这种交流方式不仅有助于解惑释疑，还能促进学生之间的思维碰撞和知识共享。在讨论中，每个学生都有机会发表自己的观点和看法，也能倾听其他学生的不同声音。这种多元化的交流方式不仅能让学生更加全面地理解知识，还能培养他们的沟通能力和团队协作精神。在这个过程中，教师的角色发生了根本性转变。他们不再是传统意义上的知识传授者，而是成了学生学习路上的引导者和促进者。他们不再一手包办学生的学习，而是鼓励学生独立思考、自主探索。当学生遇到问题时，教师不会直接给出答案，而是会引导学生通过讨论、查阅资料等方式自己找到答案。这种教学方式不仅能培养学生的自主学习能力和批判性思维，还能让他们在学习过程中获得成就感和自信心。

2. 独立探索，完成作业

在传统课堂教学中，学生的学习步伐往往被教师牢牢把控。从课上的知识点讲解到课下的作业布置，学生几乎都是在教师的安排下进行学习。这种教学方式虽然能保证一定的教学进度和秩序，但在无形中束缚了学生的手脚，限制了他们独立学习和探索的能力。课下，大量的作业更是让学生应接不暇。他们往往需要在有限时间内完成教师布置的各项任务，很少有机会去深入思考、独立探索。这种学习状态不仅让学生感到疲惫不堪，还让他们逐渐失去了对学习的热情和兴趣。但是，在翻转课堂中，我们倡导一种全新的学习方式。我们鼓励学生独立完成作业和进行科学实验，以培养他们的独立性和自主学习能力。在这种学习模式下，学生不再是被动的接受者，而是成了学习的主动参与者。在学生独立完成作业的过程中，他们需要积极审视自己理解知识的角度，主动建构知识的结构，并完成知识的进一步学习。这个过程不仅有助于巩固所学知识，还能促进学生对知识的深度理解和内化。他们在独立思考、自主探索的过程中，会逐渐发现学习的乐趣和意义，从而更加珍惜每次学习的机会。当然，在学生独立探索的初期教师也需要给予一定指导。这种指导并不是直接告诉学生答案，而是帮助他们建立正确的学习方法和思路。教师需要引导学生如何审视问题、如何寻找资料、如何进行分析和归纳等。这些指导能让学生在独立学习的过程中更加得心应手，少走弯路。随着学生独立解决问题能力的提高，教师会逐渐放手，让学生在独立学习中构建自己的知识体系。这种放手并不是放任不管，而是相信学生有能力在独立探索中取得更大的进步。教师会在关键时刻给予必要的支持和帮助，让学生始终走在正确的学习轨道上。

3. 合作交流，深度内化

在独立探索学习阶段后，学生需要通过合作交流完成知识的深度内化。交往是人与人之间直接相互作用的过程，通过对话与交流可以达到相互理解和一致。在翻转课堂中，我们鼓励学生分组进行合作交流学习，一般为3～4人一组。学生之间通过分享自己在独立探索阶段的所学和理解，与同伴进行深入的交流和讨论。这种合作学习的方式可以促进学生之间的思维碰撞和知识共享，有助于学生对知识的深度理解和内化。同时，教师也需要走下讲台，融入学生的小组合作活动，给予及时的帮助和引导。当学生在讨论中遇到问题时，教师可以引导学生澄清对知识的错误认知，促进学生对知识的正确理解和掌握。在此过程中，学生的批判性思维、课堂参与能力和对待学习的态度都会发生很大改变，真正把学生推到学习的主体地位。

4. 成果展示，分享交流

在经过独立探索和合作交流后，学生需要完成个人或小组的成果展示。这是一个分享交流的平台，学生可以通过各种形式如报告会、展示会、辩论赛等交流学习心得和体会。在成果展示过程中，学生或小组可以接受教师和其他学生的点评与建议，从而获得更深的了解和提升。同时，观看其他学生或小组的展示也可以让学生学习到他人的优点，明确自己的优势和不足。这个过程不仅有助于增强学生的自信心和乐观心态，还能促进学生在交流中不断领略学习带来的乐趣和收获。教师在成果展示环节需要为学生创设一个民主、平等、和谐的课堂教学环境，适时调控学生学习的进程和发展方向。同时，教师也可以通过学生的展示汇报了解学生对知识的掌握水平，有针对性地进行后期的补救工作和教学调整。在翻转课堂教学模式下，成果展示环节是一个真正意义上的合作学习过程，有助于培养学生的团队协作能力和沟通能力。

（三）翻转课堂教学模式的应用策略

1. 学生学的策略

（1）学生课前观看教学视频的策略。翻转课堂教学模式借助精心制作的微视频，让学生在课前进行自主学习，掌握基础的理论知识。这些视频时长通常在7～10分钟，内容精练，重点突出，旨在帮助学生高效地完成预习任务。对学生来说，如何充分利用这段时间，实现有效的学习，尤为重要。在观看教学视频时，学生需要具备一定的自制力和专注力。为了营造一个良好的学习环境，学生应该选择一个安静、无干扰的地方，这样才能全身心地投入视频学习中。同时，学生还应该根据自己的实际情况，随时调整学习进度。如果遇到难以理解的部分，那么不妨暂时停下来，反复观看，直到完全掌握为止。这种个性化的学习方式，正是翻转课堂教学模式的魅力所在。并且，学生在观看视频的过程中，还应该积极思考，与自己的原有知识结构进行联系和比较。对于不懂的地方或者感兴趣的问题，可以做好笔记，以便在课堂上与教师和同学进行深入探讨。这种主动探究的学习方式，不仅有助于提高学生的理解能力，还能培养他们的批判性思维和问题意识。

（2）学生独立探究策略。在翻转课堂教学模式下，学生的角色发生了显著变化，他们不再是被动的接受者，而是主动参与学习过程，积极探索和从事自己的学习活动。这种教学模式的转变，不仅仅提升了教学效果，更重要的是，它更加关注学生获取知识的过程，强调学生的主体性和独立性。

在这一过程中，教师的角色也发生了相应变化，他们不再是知识的传授者，而是逐渐转变为学生学习的引导者和促进者。学生需要在教师的引导下，培养自己的自主学习能力和探究精神，不再依赖教师详尽无遗地讲解，而是勇于面对问题，独立寻求解答。当学生在独立探究的过程中遇到问题时，教师不再直接给出答案，而是引导学生思考，帮助他们找到解决问题的方法。这样的教学方式，不仅仅让学生学到了知识，更让他们体验到了学习的乐趣和成就感，从而更加激发了他们对探究的热情和兴趣。翻转课堂教学模式下的学习，不再是枯燥无味的记忆和模仿，而是充满了挑战和创新的探索之旅。学生在这样的学习环境中，不仅仅能提升自己的知识水平，更能培养自己的独立思考能力和创新精神，实现自我价值的最大化。

（3）学生合作学习策略。合作学习，这一富有创意和实效的教学理论与策略，自20世纪70年代在美国兴起以来，便以其显著的教育成果赢得了全球教育界的广泛关注与实践。合作学习以现代社会心理学、教育社会学、认知心理学等为基石，深入研究和利用课堂教学中的人际关系，通过目标设计，师生、生生、师师间的多元合作以及小组活动的基本教学方式，实现了以团体成绩为评价标准，大面积提高学生学业成绩，改善班级社会心理气氛，培养学生良好心理品质和社会技能的根本目标。在合作学习的实践中，师生、生生、师师乃至全体成员之间的紧密合作构成了其独特的风景线。以乔纳森的化学课堂为例，他在学生独立学习后，巧妙地为学生分组，布置课题，让每个学生都能明确自己的角色与任务，共同完成实验操作。他不仅仅在学生小组学习的过程中给予及时的引导与帮助，更通过与学生的深入交流，挖掘出更有价值的问题，进而引导全班学生共同参与这些问题的探讨学习。在翻转课堂教学模式下，合作学习展现出了其真正的魅力。学生在这种团结、合作的学习氛围中，不仅学术能力得到了显著提升，而且人际交往能力得到了极大锻炼与提高。而教师则在这一过程中扮演着举足轻重的角色，他们通过逐步引导学生深化对知识的理解与认识，帮助学生完善自我构建的知识体系，实现了教与学的完美融合。这样的教学模式不仅仅提升了学生的学习效果，更为培养具备探究能力和创新能力的新型人才奠定了坚实基础。

2. 教师教的策略

（1）教师制作教学视频的策略。在翻转课堂教学模式中，教学视频的质量至关重要。乔纳森对教学视频制作进行了深入探索，他认为，教师可以自主制作或采纳网络上的优秀教学资源。维克森林大学在此方面的经验也颇为丰富，为我们提供了宝贵的参考。提及录制教学视频，很多人误以为成本高昂。实际上，只需要简单的截屏程序、电脑、电子笔、麦克风和网络摄像头，教师便可轻松完成录制。截屏程序不仅能帮助教师去掉多余部分，还能快速捕捉视频重点。当需要展示PPT或白板作图时，截屏和电子笔注释功能则尤为实用，有助于学生更清晰地理解教学内容。在教学视频制作过程中，视频时长应简短，以符合学生的注意力特点。而且，教师的声音应充满活力、生动流畅，避免单调乏味。乔纳森在录制视频时，便善于运用多变的音调和语言风格，如美式英语、法语、意大利语等，以吸引学生的注意力；并且，适当添加幽默元素，使教学视频更具吸引力。

（2）教师教学生观看教学视频的策略。在翻转课堂教学模式中，教师教授学生如何有效观看教学视频是至关重要的第一步。这一步骤的成功与否，直接关系到整个教学模式的成效。就像指导学生如何阅读和使用教材一样，观看教学视频也需要专门的指导和训练。与观看娱乐电影或电视节目不同，教学视频要求学生以更加专注和深入的方式去观看。因此，教师在实施翻转课堂教学模式前，必须向学生明确说明如何有效地观看这些视频。这包括鼓励学生消除一切可能干扰他们注意力的因素，如关闭其他网页或停止播放音乐等。为了确保学生能做到这一点，教师可能需要在开始阶段组织集中的训练活动，教会学生如何在遇到难点时暂停或回放视频，从而真正掌握自己的学习进度。而且，教师需要教授学生做笔记的技巧。例如，乔纳森推荐的康奈尔式笔记系统就是一种非常有效的方法。教师可以提供一个样板，让学生按照这个样板记录视频中的重点信息，并整理出自己的问题和知识点总结。这样做不仅有助于学生更好地理解和记忆视频内容，还能培养他们的归纳总结能力。并且，教师应该要求学生在观看教学视频后提出自己感兴趣的问题。这不仅可以检验学生是否真正观看了视频，还可以激发他们的好奇心和探究欲望。在随后的课堂讨论中，学生可以围绕这些问题展开深入的交流和探讨，从而实现知识的共享和深化。这种互动和交流的机会在传统课堂教学模式中是很难得到的，因此也是翻转课堂教学模式的一大优势。

（3）教师课堂教学的策略。与传统课堂相比，翻转课堂的最大特色在于通过多样化的教学活动，让学生在完成实际任务中实现知识的自主构建。在传统课堂教学模式中，教师往往只注重知识的传授，而忽视了学生的个体差异和需求，将学生视为被动接受知识的"容器"；而在翻转课堂教学模式下，教师有更多的时间和精力设计丰富多样的教学活动。这些活动可以根据不同科目和教学风格进行个性化设计，以激发学生的学习兴趣和参与度。例如，在外语学习中，教师可以设计对话练习、阅读外国文学、创作故事等活动，让学生在实践中提升外语应用能力。这样的课堂教学不再是枯燥无味的语法讲解，而是充满了互动和实践的机会。除了教学活动的组织外，教师的课堂教学引导力也是翻转课堂成功的关键。教师可以通过提问策略检查学生的视频学习情况，并营造轻松愉悦的课堂教学氛围，鼓励学生表达自己的观点和疑问。在翻转课堂中，学生成了学习的主体，而教师则转变为引导者。如何有效地引导学生、激发他们的思考和创造力，是教师必须掌握的重要技能。因此，翻转课堂的实施对教师提出了更高要求。教师不仅需要具备扎实的专业知识，还需要具备一定的课堂教学管理能力和教学智慧。只有这样，才能确保课堂教学时间的高效利用，让学生在翻转课堂中获得真正的发展和提升。

3. 教学相辅的策略

（1）学生自主性意识的培养。在传统课堂中，学生往往处于被动接受知识的状态；而在翻转课堂中，学生成了学习的主体，他们需要在课前通过观看教学视频等方式进行自主学习，掌握基础知识。这种学习方式的转变，对学生的自主性意识提出了更高要求。为了培养学生的自主性意识，教师需要在教学活动中给予学生更多的自主权。例如，教师可以让学生根据自己的学习进度和兴趣选择观看教学视频的时间与内容，鼓励他们主动思考和解决问题。同时，教师还可以通过课堂讨论、小组合作等方式激发学生的学习兴趣和主动性，让他们在积极参与中提升自主性意识。而且，翻转课堂教学模式需要建立完善的评价体系，以鼓励学生的自主学习。教师可以根据学生的自主学习情况、课堂教学表现等方面进行评价，给予及时的反馈和指导，帮助学生明确自己的学习目标和方向。这种评价方式能让学生更加关注自己的学习过程和学习成果，从而增强他们的自主性意识。

（2）学生合作意识的培养。在翻转课堂中，学生需要通过小组合作、讨论等方式共同解决问题，完成学习任务。这种学习方式能让学生在互动中交流思想、分享知识，从而提升他们的合作意识和协作能力。为了培养学生的合作意识，教师需要在教学活动中积极营造合作氛围。例如，教师可以设计一些需要小组合作完成的任务，让学生在共同的目标下开展合作学习。同时，教师还可以通过课堂讲解、小组讨论等方式引导学生学会倾听他人的意见、尊重他人的观点，培养他们的团队合作精神和沟通能力。并且，教师可以根据学生在小组合作中的贡献、参与度等方面进行评价，给予积极的反馈和鼓励。这种评价方式能让学生更加关注自己在合作学习中的表现和作用，从而增强他们的合作意识。

（3）学生探究意识的培养。在翻转课堂中，学生需要通过独立思考、实践探索等方式发现问题、解决问题，从而培养他们的创新思维能力和实践能力。为了培养学生的探究意识，教师需要在教学活动中设计具有探究性的问题或任务。这些问题或任务能激发学生的好奇心和求知欲，引导他们进行深入的思考和探索。同时，教师还需要为学生提供充足的探究时间和空间，让他们在实践中发现问题、解决问题。当学生在探究过程中遇到困难或问题时，教师需要给予积极的引导和启发，帮助他们冲破思维的限制，达到更高的理解水平。这种指导方式能让学生在探究过程中不断积累知识和经验，从而提升他们的探究意识和能力。

第五节 现代技术手段在外语教学中的应用

一、现代技术手段在外语教学中的应用意义与应用范围

（一）现代技术手段在外语教学中的应用意义

1. 提升学习效率与质量

长久以来，传统的外语教学都如同一位恪守成规的长者，其步伐受限于固定的教材、有限的课堂教学时间以及教师资源的稀缺。在这样的背景下，学生的学习体验往往被束缚，他们的学习欲望和创新能力也可能因此受到限制。然而，随着科技的日新月异，现代技术手段如破晓的曙光，逐渐打破了这些固有的限制，为外语教学带来了前所未有的变革。多媒体教

学系统、网络教学平台等现代科技应用，仿佛为学生打开了一扇通往知识宝库的大门。它们不仅为学生提供了海量的学习资源，还使得这些学习资源不再受时间和空间的限制。学生可以根据自己的需求和兴趣，随时随地进行自主学习。这种学习方式不仅灵活自由，还能充分激发学生的主动性和创新性。他们可以根据自己的节奏和进度来探索知识，从而真正实现个性化学习。更重要的是，这些现代技术手段还能模拟出真实的语言环境和交际场景。在这样的学习环境中，学生不再是被动的接受者，而是积极的参与者。他们可以在模拟的情境中实际运用所学知识，通过不断实践提高自己的语言交际能力。这种以实践为主导的学习方式，无疑比传统的教学方式更高效和实用。它不仅能帮助学生更快地掌握外语知识，还能培养他们的实际运用能力，使他们在真实的交际场景中更加自如和自信。除此之外，现代技术手段还具有强大的数据跟踪和分析功能。通过对学生学习数据的实时跟踪和分析，教师可以更加全面和深入地了解学生的学习情况。教师可以根据学生的实际需求和学习进度，及时调整教学策略和方法，从而确保教学的针对性和有效性。这种以数据为驱动的教学方式，不仅提高了教学效果，还使得教学过程更加科学和精准。

2. 促进教育公平与普及

随着现代技术手段的崛起，优质教育资源得以跨越时空的限制。如今，无论身处繁华的都市还是偏远的乡村，只要有网络和设备，学生就能轻松接触到高质量的外语教学。这种变化，不仅仅打破了地域的壁垒，更为广大学生提供了平等的学习机会，让教育的阳光普照每个角落。对边远地区和贫困地区的学生来说，现代技术手段的出现无疑是一场"及时雨"。他们不再因为地域和经济的限制而错失接受优质教育的机会，反而可以通过网络平台，与全国各地的学生一起共享优质的外语教育资源。这不仅仅激发了他们的学习热情，更为他们的未来发展打开了新的大门。他们的视野得到拓宽，他们的梦想也因此更加远大。同时，现代技术手段还在降低教学成本方面发挥了重要作用。传统的外语教学往往需要大量的教材、教具和场地等资源，而这些都会产生不菲的费用。然而，通过网络教学和多媒体教学等现代技术手段，不仅能节省这些物理资源的成本，还能提高教学效率和质量。这使外语学习的门槛得以降低，更多学生和家庭能承担得起外语学习的费用，从而推动了外语教育的普及化进程。而且，教师可以利用这些手段设计出更加生动有趣的教学内容和活动，激发学生的学习兴趣和积极性。学生也可以通过这些手段进行自主学习和合作学习，培养他们的创新能力和团队协作能力。这种以学生为中心的教学方式，不仅提高了教学效果，还让学生在学习外语的过程中收获了更多的乐趣和成就感。

3. 推动教育创新与改革

随着科技的日新月异，教育领域也迎来了前所未有的变革。新型的教学理念和教学模式不断涌现，"翻转课堂""慕课""微课"等名词逐渐成了教育界的热词。这些新型教学方式的兴起，无疑是在现代技术手段强有力的支持下才得以实现的。翻转课堂这一颠覆传统的教学理念，让学生在课前通过在线视频、资料等自主学习新知识，而课堂则变成了师生共同探讨、解决问题的场所。在这样的教学模式下，学生的主体地位得到了充分体现，他们的自主学习能力也得到了极大锻炼。慕课和微课则是利用网络平台，将优质的教育资源开放给全世界学生。这种教学方式打破了时间和空间的限制，让学习变得更加灵活和便捷。同时，它们也注重培养学生的自主学习能力和创新精神，鼓励学生根据自己的兴趣和需求进行个性化学习。这些新型教学方式与传统的灌输式教学形成了鲜明对比。在传统的教学模式下，学生往往是被动的接受者，他们的主体地位和主动性很难得到体现。而新型教学方式则强调学生的主体地位，注重培养学生的自主学习能力和创新精神。这种转变既体现了教育理念的进步，也反映了现代技术手段对教育领域的深刻影响。

在线协作工具让教师可以跨越时空的限制，进行远程协作和交流。智能教学系统则能根据学生的学习情况和需求，为教师提供精准的教学建议和策略。这些工具和手段不仅帮助教师更好地组织教学活动、管理学生，还能评估教学效果，为教学改进提供有力的支持。在这场由现代技术手段引领的教育变革中，外语教学也受益匪浅。新型的教学方式如翻转课堂、慕课、微课等在外语教学中得到了广泛应用。它们不仅提高了外语教学的效率和质量，也让学生在学习外语的过程中更加主动、积极和创新。同时，这些创新和改革也为整个教育体系的发展注入新的活力。它们推动了教育理念的更新、教学模式的变革以及教育资源的优化配置，让教育更加符合时代的需求和发展趋势。

（二）现代技术手段在外语教学中的应用范围

1. 多媒体教学系统

多媒体教学系统作为现代教育技术的重要手段，已经深入外语教学的课堂，并正在重塑传统的教学模式。多媒体教学系统集成了文字、图片、音频、视频等多种媒体元素，为学生呈现了一个立体、生动、真实的学习环境。在这样的教学环境中，抽象的语法规则、复杂的词汇变化、难以捉摸的语音语调，都可以通过形象的动画、真实的场景模拟、地道的语音示范等方式变得直观易懂。通过大屏幕投影、电子白板等设备，教师可以轻松展示丰富的教学资源，包括课件、教案、练习题、文化背景资料等，使课堂教学内容更加充实、多样。同时，多媒体教学系统还支持师生互动、生生互动，学生可以通过触摸屏、遥控器等设备参与课堂讨论、答题、评价等活动，提高了学生的参与度和学习兴趣。在外语教学中，多媒体教学系统的应用更是如鱼得水。语言学习需要大量的输入和输出，而多媒体教学系统正好可以提供这样的平台。通过播放原声电影、新闻广播、实景对话等，学生可以接触到地道的语言材料，感受真实的语言环境，从而提高听力和口语表达能力。同时，多媒体教学系统还可以提供丰富的阅读材料、写作模板、翻译工具等，帮助学生提高阅读和写作能力。而且，教师可以根据教学目标和学生需求，自行设计课件、选择媒体元素、设置交互方式等，以满足不同层次、不同风格的学生需求。这种个性化的教学方式有助于激发学生的学习兴趣和潜能，提高教学效果和学习成果。并且，多媒体教学系统在外语教学中的应用不仅提高了教学效率和教学质量，还为学生提供了更加广阔的学习空间和更加丰富的学习资源。多媒体教学系统打破了时间和空间的限制，让学生可以随时随地进行外语学习；多媒体教学系统提供了真实、生动的语言环境，让学生可以更好地理解和运用外语；多媒体教学系统促进了师生之间的互动和交流，让课堂教学氛围更加活跃和民主。因此，多媒体教学系统已经成为外语教学中不可或缺的一部分，并将继续发挥其重要作用，推动外语教学的创新和发展。

2. 网络教学平台

网络教学平台作为现代教育的重要组成部分，正在以前所未有的速度改变着外语教学的面貌。网络教学平台融合了互联网技术、多媒体资源和先进的教学理念，为学生和教师提供了一个虚拟而又真实的学习环境，极大地拓展了外语教学的时空边界。在网络教学平台上，学生可以自主选择学习内容、进度和方式，实现个性化的学习路径。网络教学平台提供了丰富的学习资源，包括在线课程、教学视频、电子教材、互动练习等，满足了学生多样化的学习需求。同时，学生还可以通过在线讨论、小组合作、实时问答等方式与教师和其他学生进行交流互动，共同解决学习中的疑难问题，形成积极的学习氛围。对教师来说，网络教学平台不仅减轻了教学负担，还提供了更多的教学手段和策略选择。教师可以通过平台发布课程通知、布置作业、组织在线测试等，实现教学管理的自动化和智能化。同时，教师还可以利用平台上的数据分析工具，实时跟踪学生的学习进度和效果，及时调整教学策略，提供更有针对性的教学辅导。

网络教学平台在外语教学中的应用，更是突破了传统课堂教学的限制。通过模拟真实的语言环境、提供地道的语言材料、设计交互式的语言练习等方式，网络教学平台帮助学生更好地掌握外语知识、提高语言交际能力。此外，网络教学平台还支持跨文化交流活动的开展，如在线文化讲座、虚拟文化交流等，让学生在学习外语的同时，深入了解不同国家的文化和习俗，培养跨文化交际能力。值得一提的是，网络教学平台还具有很强的灵活性和可扩展性。随着技术的不断发展和教学需求的不断变化，网络教学平台可以不断更新和升级，添加新的功能模块和教学资源，以适应外语教学的最新趋势和需求。这种持续的创新和改进，使得网络教学平台在外语教学中的地位日益重要。

3. 移动学习工具

移动学习工具作为一种新兴教育技术，正逐渐改变外语教学的传统模式，为学生提供了灵活、便捷和高效的学习方式。移动学习工具的核心理念在于利用智能手机、平板电脑等移动设备，将学习过程延伸至任何时间、任何地点，充分挖掘碎片化时间的潜在价值。通过安装各类教育应用程序，学生可以随时随地观看视频教程、聆听音频示范，甚至进行实时互动对话练习，增强了语言输入与输出的多样性和趣味性。例如，在学习新词汇时，学生可通过图文并茂的应用程序进行视觉记忆，并配合语音识别功能强化发音训练，从而提高学习效果。而且，基于智能算法的推荐系统可以根据每个学生的知识水平、兴趣偏好以及学习进度推送相应的学习资料，实现个性化定制的教学计划。并且，许多移动学习工具具备自适应学习功能，能根据学生在答题测试中的表现动态调整学习难度，确保学生始终处于"最近发展区"，有效促进个体能力的提升。不仅如此，移动学习工具有利于形成即时反馈机制，增强学习过程的互动性与参与感。例如，教师可以通过云课堂平台发布作业任务，学生提交后能迅速获取批改结果及详细解析，这种即时反馈有助于学生及时纠正错误、巩固知识点。同时，很多应用支持同伴互评和小组讨论，鼓励学生间开展合作交流，共同探讨问题，培养他们的团队协作能力和批判性思维。最重要的是，移动学习工具有效地整合了线上、线下教育资源，构建起混合式学习环境。无论是预习、复习，还是课后拓展、项目研究，移动设备都能作为重要的辅助工具，打破传统教室的空间限制，使得学习活动更具灵活性和开放性。

4. 人工智能辅助教学

人工智能技术能实现个性化教学的深度定制。通过分析学生的学习习惯、知识掌握程度以及学习速度等多维度信息，智能教学系统能为每个学生提供符合其需求的学习路径与资源。例如，在词汇记忆环节，人工智能可以根据艾宾浩斯遗忘曲线原理自动安排复习计划，并结合学生个体的记忆特点进行精准推送，从而提高词汇记忆效率。而且，人工智能能模拟真实的语言环境，让学生在互动式体验中提升语言运用能力。比如，语音识别技术和自然语言处理技术在外语口语训练中的应用，可以实时对学生的发音、语调、语法进行精确评测和反馈，帮助他们改正错误并逐步接近母语者的水平。同时，虚拟现实技术和增强现实技术则能构建逼真的跨文化交际场景，使学生在沉浸式环境中锻炼实际的语言交流技能。并且，借助大数据分析和机器学习算法，人工智能辅助教学可以实现对学生学习行为和效果的全面跟踪与评估。教师可以根据系统的数据报告了解每个学生的学习进度、难点所在及兴趣偏好，进而调整教学策略，实施精准辅导。此外，智能决策支持系统还可以预测学生可能出现的学习瓶颈，提前干预并提供个性化的解决方案。不仅如此，人工智能在教育资源建设与共享方面同样发挥着重要作用。它能协助教师高效地生成与更新数字化教材、在线课程等内容，丰富多元化的教学方式，同时打破了地域限制，使优质教育资源得以普惠更多学生群体。

二、现代技术手段在外语教学中的具体应用

（一）创设真实语境，提升听说能力

1. 虚拟现实技术与增强现实技术在外语教学中的应用

随着科技的飞速发展，虚拟现实技术与增强现实技术逐渐走入了教育领域，为外语教学带来了革命性的变革。这两种技术能为学生创造出身临其境的语言学习环境，使学习变得更加直观、生动和有趣。在外语教学中，虚拟现实技术可以构建出逼真的三维语言学习环境，让学生仿佛置身于异国他乡。通过戴上虚拟现实头盔，学生可以全方位地感受目标语言国家的文化、历史和社会生活，与虚拟人物进行对话交流，提升语言交际能力和跨文化意识。这种沉浸式的学习方式能极大地激发学生的学习兴趣和积极性，使他们在轻松愉快的氛围中掌握外语知识。增强现实技术则可以将虚拟信息叠加到真实世界中，为学生提供更加丰富的感官体验。在外语教学中，教师可以利用增强现实技术将单词、句型等语言知识点以立体、动态的形式呈现在学生眼前，帮助学生更加直观地理解语言结构和用法。而且，增强现实技术可以支持多人同时互动学习，让学生在合作与交流中提高语言运用能力和团队协作能力。在这种环境中，学生可以更加主动地参与学习，通过亲身体验和实践掌握外语知识，提高语言交际能力。同时，这两种技术还能促进教育公平和资源共享，让优质的外语教育资源惠及更多学生。

2. 语音识别与合成技术在外语教学中的辅助

语音识别与合成技术作为现代科技的重要成果，已经在外语教学中发挥了显著的作用。这两种技术能帮助学生更加高效、准确地掌握外语发音和口语表达能力，提高语言学习的效果和质量。在外语教学中，教师可以利用语音识别技术评估学生的发音准确性和流利度，及时发现并纠正学生的发音错误。同时，语音识别技术还可以支持语音翻译和实时转写功能，让学生在与外国人交流时能更加顺畅地表达自己的意思，提高跨文化交际能力。而且，在外语教学中，教师可以利用语音合成技术制作听力材料和朗读示范，帮助学生熟悉并掌握正确的语音、语调和语速。同时，语音合成技术还可以支持个性化定制功能，根据学生的不同需求和水平生成相应的语音练习材料，实现因材施教的教学目标。

（二）丰富教学资源，拓展学习空间

1. 网络资源库的建设与利用

随着信息技术的飞速发展，网络资源库已成为外语教学中不可或缺的重要组成部分。网络资源库的建设与利用，不仅极大地丰富了教学内容和教学手段，还为学生提供了更加广阔、便捷的学习空间。在网络资源库的建设方面，我们需要收集、整理、分类和存储大量的外语教学资源，包括文字、图片、音频、视频等多种形式。这些资源应涵盖不同语言水平、不同主题和领域的内容，以满足学生多样化的学习需求。同时，我们还需要不断更新和扩充网络资源库，确保资源的时效性和新颖性。在资源的管理方面，我们可以利用先进的数据库技术和检索系统，实现资源的快速检索、定位和共享，提高资源的使用效率。网络资源库的利用则是外语教学中的关键环节。教师可以根据教学目标和学生需求，从网络资源库中选取合适的资源，设计出生动有趣、富有创意的课件和教案。这些资源不仅可以激发学生的学习兴趣和积极性，还可以帮助他们更加直观地理解语言知识和文化背景。同时，学生也可以自主访问网络资源库，进行个性化的学习和探索。他们可以根据自己的兴趣、水平和进度，选择适合自己的学习资源，进行有针对性的练习。而且，教师可以通过共享资源、交流经验、互相学习等方式，不断提高自己的教学水平和能力。这种合作与交流的氛围有助于形成积极向上的教师群体学习效应，推动外语教学的整体进步。

2. 在线协作学习环境的搭建

在线协作学习环境是现代教育技术的重要组成部分，它为学生提供了一个虚拟而又真实的交流平台，使他们能在任何时间、任何地点进行外语学习与合作。在线协作学习环境的搭建不仅突破了传统课堂教学的时空限制，还促进了学生之间的深度互动和知识共享。在搭建在线协作学习环境时，我们首先需要选择一个稳定、安全、易用的在线平台。这个平台应具备实时通信、文件共享、小组讨论、在线投票等基本功能，以满足学生在线协作学习的需求。同时，我们还需要根据外语教学的特点和目标，定制一些特定的学习工具和模板，如在线词典、语法检查器、口语练习软件等，以帮助学生更加高效地进行外语学习。而且，在线协作学习环境的优势在于它能模拟真实的语言交际场景，让学生在实践中学习、在运用中提高。通过小组讨论、角色扮演、在线辩论等活动，学生可以锻炼自己的口

语表达能力和跨文化交际能力。同时，在线协作学习环境还能培养学生的团队协作精神和创新意识，使他们在合作中相互学习、共同进步。并且，通过跟踪学生的学习轨迹、记录他们的学习成果和反馈意见，教师可以及时了解学生的学习情况和学习需求，调整教学策略和方法，提高教学效果和质量。

（三）个性化学习路径，满足不同需求

1. 学生特征分析与智能推荐系统

随着人工智能技术的发展，学生特征分析与智能推荐系统逐渐成为外语教学中的得力"助手"。这种系统通过对学生多维度特征进行深入分析，如学习风格、兴趣偏好、语言能力等，为每个学生量身定制个性化的学习路径和资源推荐。在外语教学中，学生的特征千差万别，有的人善于听觉学习，有的人则更倾向于视觉学习；有的人对语法敏感，而有的人则更擅长词汇记忆。传统的"一刀切"教学模式很难满足这种多样化的需求。而学生特征分析与智能推荐系统则能通过对学生的学习行为、成绩反馈等数据的收集和分析，精准地描绘出每个学生的"学习画像"。基于这些"学习画像"，智能推荐系统能为学生推送符合他们学习风格和兴趣偏好的学习资源。例如，对于喜欢通过观看视频学习外语的学生，系统可以推荐一系列生动有趣的外语教学视频；而对于更喜欢通过阅读学习的学生，系统则可以提供丰富的外文阅读材料。并且，这种系统还能根据学生的实时反馈和学习进展，动态地调整学习计划和资源推荐。如果学生在某个语言点上遇到了困难，那么系统可以及时发现并推送相关的辅导材料和练习，帮助学生攻克难关。在这种个性化的学习环境中，每个学生都能找到最适合自己的学习路径和方法，从而更加高效、愉快地掌握外语知识。

2. 自适应学习技术

自适应学习技术作为现代教育技术的重要组成部分，正在以前所未有的速度改变着外语教学的面貌。这种技术能根据学生的个体差异和学习进展，实时调整教学策略和内容难度，以提供最优化的学习体验。在外语教学中，自适应学习技术通过对学生的学习数据进行深度分析和挖掘，如学习时间、成绩变化、互动频率等，以了解每个学生的学习状态和需求。基于这些数据，系统能动态地生成个性化的学习计划和资源推荐，确保每个学生都能在适合自己的学习路径上前进。与传统的静态教学模式相比，自适应学习技术具有更强的灵活性和针对性。自适应学习技术能根据学生的实时反馈和学习进展，及时调整教学策略和内容难度，以满足学生的个性化需求。例如，当学生在某个语言点上表现出色时，系统可以适当增加难度和挑战性；而当学生遇到困难时，系统则可以提供更多的辅导和支持。并且，自适应学习技术还能促进学生之间的合作与交流。通过在线协作学习环境和社交功能，学生可以分享彼此的学习成果和经验，相互帮助和激励。这种合作与互动不仅能提升学生的外语交际能力，还能培养他们的团队协作精神和创新能力。

第三章　应用型外语教学中的语言技能培养

第一节　听力技能与口语技能的培养策略

一、听力技能概述

（一）听力技能的重要性

1. 听力技能是构建语言知识和提高语言运用能力的基石

在外语教学中，听力技能占据至关重要的地位，它不仅仅是语言输入的主要途径，更是构建语言知识和提高语言运用能力的基石。通过听力，学生能直接接触到目标语言的真实语料，从而深入感知其语音、语调、节奏等语言特征。这种直接的感知过程有助于学生更准确地掌握目标语言的发音规则和语音变化，进而提升口语表达的准确性和流畅性。同时，听力训练为学生提供了丰富的词汇和表达方式。在听力材料中，学生可以接触到各种各样的词汇用法和句型结构，这些都将为他们的口语和写作提供宝贵素材。通过不断的听力练习，学生可以逐渐扩大词汇量，提高语言运用的准确性和多样性。并且，听力技能的培养还有助于提高学生的阅读理解能力。在阅读过程中，学生需要运用听力技能解码文本中的语音信息，进而理解文本的意义。因此，良好的听力技能是学生提升阅读理解能力的必备条件之一。

2. 听力技能是提高口语表达能力的关键

口语表达能力是外语学习的重要目标之一，而听力技能则是提高口语表达能力的关键所在。通过听力训练，学生可以模仿和学习地道的发音、语调、节奏等口语特征，这些特征是构成口语表达能力的重要组成部分。在模仿和学习过程中，学生可以逐渐掌握目标语言的口语表达技巧，提高口语表达的准确性和自然度。同时，听力训练还可以帮助学生熟悉和掌握各种口语表达方式与交际策略。在听力材料中，学生可以接触到不同场景下的口语表达方式和交际策略，这些都为他们的实际口语交流提供有力支持。通过学习与运用这些表达方式和交际策略，学生可以提高口语表达的灵活性和得体性，更好地应对各种实际交际情境。在口语表达过程中，自信心的建立是非常重要的。通过大量的听力训练，学生可以逐渐熟悉目标语言的口语表达方式和节奏，从而减少在口语表达中的紧张和焦虑感。这种自信心的提升将有助于学生更自信、自然地运用目标语言进行口语交流。因此，可以说听力技能是提高口语表达能力的关键所在。在外语教学中，我们应该注重听力技能的培养和训练，为学生提供更多的听力和口语练习机会，帮助他们更好地掌握目标语言的口语表达技巧和能力。

3. 听力技能是培养跨文化交际能力的基础

通过听力训练，学生可以接触到目标语言国家的文化、历史、社会习俗等方面的信息，这些信息是构成跨文化交际能力的重要组成部分。在听力材料中，学生可以深入了解目标语言国家的价值观念、思维方式和行为习惯等文化背景知识，这些知识将有助于他们更好地理解和尊重目标语言国家的文化。在听力过程中，学生需要运用跨文化意识理解和分析听力材料中的文化信息，进而做出恰当的反应和判断。在跨文化交际中，了解与掌握目标语言国家的交际规则和策略是非常重要的。通过听力训练，学生可以逐渐熟悉与掌握这些交际规则和策略，从而更好地应对各种实际交际情境。这将有助于学生在跨文化交际中更加自信、得体地运用目标语言进行交流。

（二）听力技能对日常生活的影响

1. 听力技能提升跨文化交流体验

在全球化日益加剧的当下，外语听力技能已成为日常生活中不可或缺的一部分。具备良好的外语听力技能，能让我们在跨文化交流中更加游刃有余，无论是旅行、工作还是学习，都能获得更加丰富的体验。在旅行中，外语听力技能可以帮助我们更好地理解当地的文化和历史。通过倾听导游的讲解，与当地居民的对话，我们能更深入地了解风土人情，避免误解和冲突，使旅行变得更加愉快和有意义。在工作中，外语听力技能的重要性也越发凸显。随着国际合作的增多，我们需要与来自不同文化背景的人进行交流和合作。良好的外语听力技能可以帮助我们准确理解对方的意图和需求，提高工作效率，促进项目的顺利进行。在学习中，通过倾听外语新闻、观看外语电影、参加外语角等活动，我们可以提高自己的语感，加深对语言结构的理解，从而更快地掌握外语知识。这种学习过程中的积极体验将激发我们的学习兴趣和动力，使外语学习变得更加轻松和有趣。

2. 听力技能拓宽信息获取渠道

在信息时代，获取准确、及时的信息对于我们的日常生活至关重要。外语听力技能作为获取信息的重要途径之一，能帮助我们拓宽信息获取渠道，获取更多元化的知识和资讯。通过倾听外语广播、播客、新闻报道等，我们可以了解到世界各地的时事动态、社会现象和文化潮流。这些信息不仅有助于我们开阔眼界、增长见识，还能激发我们的思考能力和创新精神。同时，外语听力技能还可以帮助我们获取更多专业领域的知识和资讯。例如，在学习、工作或研究中遇到需要查阅外文资料的情况时，良好的外语听力技能可以帮助我们快速、准确地理解资料内容，提高学习和工作效率。

3. 听力技能助力个人职业发展

随着全球化进程的加速推进以及国际交流的日益频繁，许多行业都对员工的外语能力提出了更高要求。具备良好的外语听力技能可以让我们在求职过程中脱颖而出，成为雇主青睐的候选人。在工作中，外语听力技能也可以帮助我们更好地与外籍同事、客户或合作伙伴进行沟通和协作。通过准确理解对方的意图和需求，我们可以提高工作效率、减少误解和摩擦，为职业生涯的成功奠定坚实基础。同时，外语听力技能还可以为我们的职业发展打开更广阔的空间。具备外语听力技能的人才在国际化的企业或机构中往往能获得更多的晋升机会和职业发展路径。通过不断提升自己的外语听力技能，我们可以为自己的未来创造更多可能性。

二、听力技能的培养策略

（一）理解听力技能的基础

1. 语音感知与辨识

听力技能是语言学习中的重要组成部分，其培养策略的精细设计与实施对于提高语言理解能力具有决定性意义。语音感知与辨识作为听力技能的核心要素，尤其需要系统且科学的方法来提升。在接触一种新的语言时，学生应当从音标入手，了解并熟悉该语言的全部发音规则和音素特征，这是语音感知的基础。通过模仿母语者的发音方式，感受口腔、舌头及喉部在不同音素发出时的位置和状态，从而建立起对各种语音细微差别的敏锐感知力。并且，可以选择不同口音、语速、主题的听力材料，如新闻广播、电影片段、有声书等，使学生置身于丰富的语言环境中，锻炼他们在实际语境中识别和理解语音的能力。此外，运用跟读和影子跟读的方式，不仅能帮助学生深化对语音的理解，还能促进他们即时反应和短期记忆的发展。并且，利用现代科技手段辅助训练，如使用语言学习软件或App，其中包含专门针对语音感知与辨识的模块，可以提供即时反馈和矫正指导，有助于学生有针对性地改进自己的弱点。同时，通过定期做听力测试题，学生不仅仅能检验自己的学习成果，更能明确自己在语音感知与辨识方面存在的问题，进而调整学习策略，精准提升。

2. 词汇与语法的听力理解

听力技能是语言学习中的重要组成部分，其培养策略不仅包括专项训练，还涵盖了词汇与语法在听力理解过程中的灵活运用。我们需要明确的是，提高听力理解能力并非一日之功，而是需要长期、系统且有针对性的训练。在实际操作中，可以采用分层递进的方式，从基础的语音识别开始，逐渐过渡到词组、句子乃至段落篇章的理解。对初级阶段的学生来说，首要任务是对语音的敏感度培养，通过听各类音频材料如歌曲、电影片段、有声读物等，不断熟悉并模仿目标语言的发音特点和节奏模式，提升对不同语音环境下的声音信号解码能力。同时，在这个过程中积累基础词汇，确保能快速识别并理解日常对话或听力材料中的高频词汇。随着词汇量的增加，进一步的策略应聚焦于词汇在语境中的理解和应用。听力训练不应仅停留在识别单个词汇的层面，而更应注重词汇与词汇之间形成的短语、搭配以及它们传达的意义。因此，可以通过大量阅读和听力同步练习，强化词汇在上下文中的意蕴理解，以便在听到相关表达时能迅速做出准确反应。

在听取连续的语言信息时，对句法结构的熟练掌握有助于我们预测和推理出话语的意图与含义。例如，通过捕捉关键词汇的位置关系（如主谓宾），可以判断语句的主要内容；通过识别复杂句型（如条件句、被动句），则可以更好地把握说话者的观点和态度。为此，学生应在平时加强语法知识的学习，并通过模拟真实场景的听力练习，锻炼在实际语境中运用语法知识的能力。并且，有效的听力训练还应当结合互动实践，如角色扮演、小组讨论、听力笔记等方式，让学生在模拟交流中实战演练，以期在真实的语言环境中游刃有余地进行听力理解。总之，听力技能的培养是一个综合性过程，既需要扎实的词汇和语法基础，又离不开大量的实践和反复训练，只有如此，才能实现听力水平的稳步提升。

3. 语速与口音的适应

听力技能的提升在语言学习过程中占据核心地位，而适应不同的语速与口音则是其关键组成部分。有效的培养策略能帮助学生克服这一挑战，从而更加准确和自信地理解来自不同背景的语音信息。在初期阶段，学生可以从慢速、清晰的语言材料入手，随着听力理解能力的提高，逐步过渡到正常语速乃至快速的对话和演讲。通过这种方式，可以训练大脑处理并解析语音信号的速度，增强对连读、弱读等现象的理解力，以适应实际交流中可能出现的各种语速变化。而每种语言都有丰富的地域性和社会性口音差异，因此，通过观看电影、电视剧、新闻报道，或者参与在线语言交流平台等活动，主动去聆听和模仿不同口音，有助于提升对于各种变体的识别和接受度。同时，专门针对各类口音特点的学习资料和教程，也能帮助学生系统性地掌握口音特征，提高适应能力。并且，互动式练习是提升语速与口音适应能力的有效手段。例如，在语言交换活动中，直接与母语使用者对话，可以实时调整自己的听力策略，更好地应对实际交流中的语音变异性。同时，利用现代科技手段如语音识别软件、在线口语模拟平台等进行反复训练，也可以帮助学生在实践中逐步适应并驾驭不同的语速与口音。

（二）听力材料的选取与运用

1. 真实场景材料与模拟材料的比较

真实场景的听力材料，如新闻报道、电影片段、电视剧集、讲座录音、电话对话等，因其源自生活实践，具有极高的实用性和真实性。它们包含了丰富多元的语言表达方式、口音变化以及文化背景信息，能帮助学生熟悉目标语言国家的实际语境，提升对不同场合、不同情绪状态下言语表达的理解能力。并且，真实场景材料还为学生提供了了解相关社会现象、行业术语、生活习惯等宝贵资源，有助于他们构建全面、立体的语言认知框架。模拟材料则是基于教学目的，由教育专家或教师精心设计制作的，包括各类教材配套的听力练习、语言实验室里的语音训练软件、专门的语言学习App内的课程内容等。这类材料的优点在于其系统性与针对性强，通常会按照语言学习的难易程度循序渐进，涵盖从基础词汇到复杂语法结构的各知识点。同时，模拟材料往往会有明确的学习目标、详细的注释解析及配套的习题测试，方便学生自我检测、巩固所学知识，确保他们在掌握基本技能的基础上逐步深化听力理解能力。然而，无论是真实场景材料还是模拟材料，在实际运用中都需要结合学生个体的水平和需求进行灵活选择与合理搭配。真实场景材料虽然生动、直观，但是难度可能较大，需要学生具备一定的语言基础；而模拟材料虽然易于控制难度，但可能缺乏生活气息和实际应用的挑战。因此，在听力训练过程中，教育者应当引导学生适时切换使用这两类材料，以期在沉浸式体验和系统化学习之间取得平衡，实现全方位、多角度提升外语听力能力。

2. 不同难度级别的听力材料推荐

在外语学习进程中，听力能力的培养是一个持续渐进的过程，因此，选择与学生语言水平相匹配的不同难度级别的听力材料至关重要。从初级阶段到高级阶段，每一步的提升都需要有针对性的资源支持。对刚入门的学生来说，适宜选用基础词汇丰富、句型结构简单、语速较慢且重复度高的听力材料。例如，儿童故事书的有声版本、专门设计的初级外语教学音频课程以及日常对话模拟等，这些材料能帮助学生熟悉基本语音特征和发音规则，积累高频词汇，并初步掌握简单的语法结构。随着语言技能的逐渐积累，中等级别的学生应接触更丰富的表达方式和多元的话题内容，可以考虑收听或观看新闻简报、科普节目、影视剧集的预告片或者TED Talks中的部分演讲，这类材料的语言更地道，涵盖了更多专业词汇和复杂句式，有助于提高学生的语言理解能力和逻辑推理能力。对已经具有一定语言基础的学生来说，挑战更高难度的听力材料尤为关键。这包括正式场合如学术讲座、国际会议的录音，或者是未经删减的电影、电视剧，甚至是原版广播节目、播客等。此类材料不仅能锻炼学生在快速语流中抓取信息的能力，还能让他们深入了解目标语言国家的文化内涵和社会现象，进一步提升其综合语言运用能力。

3. 如何有效利用听力材料

在外语学习过程中，听力材料是一种极为宝贵的资源，其有效利用对于提高外语听力技能和整体语言水平至关重要。要想充分利用听力材料，学生需要采取一系列策略和方法，从而最大限度地提取材料中的信息，锻炼自己的听力技能。选择适合自己水平的听力材料是第一步。对初学者来说，过于复杂的听力内容可能会带来挫败感，而过于简单的听力材料则可能无法提供足够挑战。因此，学生应根据自己的外语水平和需求，选择既不太难也不太容易的听力材料，只有这样才能在保持兴趣的同时逐步提升自己的听力技能。而所谓"精听"，即反复、仔细地听取材料中的每个细节，直至完全理解。在精听过程中，学生可以尝试写下听到的关键词或短语，这有助于加深记忆和理解；同时，他们还可以利用字幕或转录文本辅助学习，到逐渐尝试听取较短的片段而不依赖文本，以挑战自己的听力技能。除了精听训练外，学生还可以通过多样化的方式利用听力材料。例如，他们可以将听力材料作为背景音乐，在进行其他学习任务时播放，以提高自己的语音感知能力。此外，学生还可以尝试模仿听力材料中的发音和语调，这有助于提升自己的口语表达能力。

在利用听力材料时，学生还应注重提取材料中的语言知识和文化背景信息。通过听力材料，学生可以接触到地道的语言表达、常用的短语和句型，以及目标语言国家的文化习俗和社会常识。这些信息不仅有助于提升学生的语言水平，还能提高他们的跨文化交际能力。在听的过程中，他们应学会运用预测、推断、概括等策略来理解听力内容。例如，在听到一个新词汇时，学生可以根据上下文猜测其意义；在遇到长句或复杂句时，学生可以尝试概括其主要信息，以把握句子的整体意义。并且，听力技能的提升是一个长期过程，需要学生持之以恒地努力和练习。他们应相信自己的能力，勇于挑战自己的听力极限，不断追求进步。

（三）听力训练方法与技巧

1. 分段听写法

在外语学习过程中，分段听写法是一种非常有效的提升听力理解与书写能力的方法。分段听写法要求学生将一段外语音频材料按照合适的长度进行划分，然后逐步逐句、逐段地反复聆听并记录下来。在选择听写素材时，应确保其难度适中，既包含已学过的词汇和语法结构，也包含有待掌握的新知识，以便于在实践中巩固旧知、探索新知。对于初学者，可以从简短的对话或新闻片段开始；随着水平提高，可逐渐过渡到演讲、讲座等长篇内容。还要将音频划分为适当的段落，每个段落不宜过长，以保持注意力集中，并确保能完整理解和记忆每句话的内容。在初始阶段，每段可以是一两句话；随着听写熟练度的提升，再适当增加段落长度。接下来是核心环节——反复听辨与记录。初次播放某一细分段落时，主要目标是捕捉大意，不必强求一字不差。多次重复播放后，首先尝试写下听到的关键词汇和句子框架，其次逐步填充细节，如冠词、介词、动词形态等。在此过程中，若遇到难以识别的部分，则可通过上下文推测、查阅资料或借助在线工具辅助理解。完成一段听写后，对照原文校对，分析错误原因，是发音问题、词汇不认识还是语法结构不清晰，并对这些问题进行有针对性的学习和改进。之后，再次听该段落，强化正确信息的记忆，直至能流利复述乃至背诵。通过分段听写的训练，不仅锻炼了学生的精细听力技能，还加深了学生对目标语言句型构造、篇章逻辑的理解，同时有利于提高书面表达的精确性。

2. 速记与概括

在外语学习过程中，听力速记与概括技巧对于提高听力理解能力和语言学习效率至关重要。听力速记技巧能帮助学生快速捕捉关键信息，而概括技巧则有助于他们从整体上把握听力材料的主旨大意。掌握这两种技巧，不仅仅能在听力测试中取得好成绩，更能在实际交流中展现出色的语言能力。在外语听力中，尤其是当听力材料播放速度较快时，学生往往难以记住所有细节。因此，学会速记成为一项必备技能。速记的关键在于抓住听力材料中的高频词汇、数字、时间、地点等关键信息，并用简洁的符号、缩写或关键词记录下来。例如，学生可以用"↑"表示增加，"↓"表示减少，"="表示相等，或者用首字母缩写代替长词。这样，在听力结束后，学生可以根据这些速记内容迅速回忆起听力材料的主要内容。与速记技巧相辅相成的是概括技巧。概括是指学生在听完一段听力材料后，能用简洁的语言总结出其主要内容或中心思想。这需要学生具备良好的语言组织能力和逻辑思维能力。在概括时，首先，学生应确定听力材料的主题；其次，围绕这个主题提取关键信息；最后，将这些信息整合成一句或几句话。例如，在听完一篇关于环保的听力文章后，学生可以概括为："本文主要讨论了当前环境问题的严重性以及政府和个人应采取的环保措施。"这样的概括既简洁明了，又准确传达了文章的主旨。

为了提升听力速记与概括技巧，学生在外语学习过程中可以采取多种方法。一方面，学生可以通过大量的听力练习熟悉不同语速、不同口音的听力材料，从而提高自己的听力敏锐度和速记能力；另一方面，学生可以阅读一些与听力材料相关的文章或书籍，了解相关主题的背景知识和常见表达方式，这有助于他们更好地理解和概括听力内容。此外，学生还可以尝试与同学或教师进行模拟对话或角色扮演活动，通过实际交流锻炼自己的速记和概括能力。值得注意的是，听力速记与概括技巧并不是一蹴而就的，它们需要学生在长期的外语学习过程中不断积累和实践才能逐渐掌握。因此，学生应保持积极的学习态度和耐心，坚持不懈地练习和提高自己的听力速记与概括技巧。同时，教师应在教学中注重培养学生的这些技巧，设计有针对性的听力训练活动，并提供及时的反馈和指导，以帮助学生更好地掌握外语听力技能。

3. 听力中的预测与推断

在外语学习过程中，听力技能的培养尤为重要，其中，预测与推断能力更是提升听力理解效率的关键。预测与推断不仅涉及语言知识的运用，还是一种认知策略的体现，它们能帮助学生在有限信息中把握语篇的主旨，理解说话者的意图，从而更加准确地解码听力材料。当学生接触到一段听力材料时，他们可以利用标题、关键词、上下文线索以及自身的语言知识和世界知识进行预测。例如，在听到一个关于"环境保护"的主题时，学生可能会预测到听力内容将涉及污染、可持续发展、自然资源等话题。这种预测有助于他们在听的过程中更加集中注意力，迅速捕捉相关信息。同时，预测还能帮助学生克服语言障碍，当遇到不熟悉的词汇或表达时，他们可以根据上下文预测其意义，从而保持听力理解的连贯性。与预测能力相辅相成的是推断能力。推断是指学生根据已听到的信息推测未知内容或说话者的真实意图。在外语听力中，说话者往往会使用含蓄、委婉或暗示的方式表达自己的观点或态度，这就需要学生通过推断理解其中的深层含义。例如，当说话者使用"可能""或许"等词语时，学生需要推断出说话者对于所述内容的不确定性；当说话者使用反语或讽刺时，学生需要推断出其真实的情感态度。这种推断能力不仅要求学生具备扎实的语言基础，还要求他们具备敏锐的洞察力和丰富的文化背景知识。

为了提升预测与推断能力，学生在外语学习过程中可以采取多种策略。一方面，他们可以有意识地积累词汇和表达，扩大自己的语言知识储备，从而更加准确地预测和推断听力内容；另一方面，他们可以大量接触真实的外语材料，如原声电影、新闻广播、真实对话等，以熟悉不同语境下的语言使用和表达方式。而且，学生可以通过角色扮演、模拟对话等实践活动锻炼自己的预测与推断能力，学会在不同的情境中灵活运用所学知识。

（四）科技在听力训练中的应用

1. 在线听力资源与平台

在外语听力训练中，在线听力资源与平台发挥的作用日益显著，为外语学生提供了广阔的学习空间和丰富的学习资源。随着科技的不断发展，互联网已经成为外语学习的重要阵地，特别是在听力训练方面，其便捷性、实时性和互动性为学生带来了前所未有的学习体验。以往，学生只能依赖于有限的课本和录音带进行听力训练；而现在，他们可以通过在线平台获取海量的听力材料。这些听力材料涵盖了各种主题、难度和语速，满足了不同学生的个性化需求。无论是新闻广播、原声电影，还是专门的外语教学节目，学生都可以轻松找到适合自己的听力材料，进行有针对性的训练。与传统的听力训练方式相比，在线平台能实时更新听力材料，使学生能接触到最新、最地道的语言表达。此外，许多在线平台还提供了实时互动功能，如在线聊天室、语音课堂等，使学生能与母语者或其他学生进行实时交流，提高听力理解能力和口语表达能力。

此外，在线听力资源与平台还具有便捷性和灵活性的优势。学生可以随时随地通过互联网访问这些资源，不受时间和地点的限制。他们可以根据自己的学习进度和安排，自由选择听力材料和训练时间，实现真正的自主学习。这种灵活性不仅有助于学生保持学习的连续性和积极性，还能使他们在忙碌的生活中充分利用碎片时间进行听力训练。并且，在线平台通常提供了丰富的学习工具和辅助功能，如字幕显示、语速调节、单词查询等，帮助学生更好地理解和掌握听力内容。这些工具不仅降低了听力训练的难度，还提高了学习的效率和质量。学生可以通过反复练习、精听训练等方式，逐渐提高自己的听力水平。在线听力资源与平台在外语听力训练中发挥着不可替代的作用。它们为学生提供了海量的听力材料、实时的训练环境、便捷与灵活的学习方式以及丰富的学习工具和辅助功能。这些优势不仅有助于激发学生的学习兴趣和动力，还能使他们在轻松愉快的氛围中提高听力理解能力和整体语言水平。因此，在外语学习过程中，学生应充分利用在线听力资源与平台，发挥其最大价值，为自己的外语学习之路添砖加瓦。同时，教师、教育机构也应重视在线听力资源与平台的建设和应用，为学生提供更加优质、高效的外语听力训练服务。

2. 听力App与软件工具

在外语听力训练中，听力App与软件工具发挥着举足轻重的作用，它们不仅极大地丰富了学生的听力训练资源，还为学生提供了便捷、高效的学习途径。随着移动互联网的普及和技术的进步，这些工具已经成为外语学生不可或缺的学习伙伴。听力App与软件工具为学生提供了海量的听力材料。这些App通常整合了各类新闻、播客、有声书、电影原声等多样化的听力资源，使学生能根据自己的兴趣和需求选择合适的听力内容。与此同时，这些软件工具往往还提供了分级别的听力材料，帮助学生根据自己的外语水平选择合适的训练难度，实现个性化的学习。听力App与软件工具具有强大的互动性和智能性。许多App都配备了实时互动功能，如在线答题、跟读练习、语音识别等，这些功能不仅能激发学生的学习兴趣，还能帮助他们及时检验自己的听力理解能力。一些高级的软件工具还运用了人工智能技术，根据学生的表现提供智能推荐和反馈，帮助他们找出听力中的薄弱环节，进行有针对性的训练。通过听力App与软件工具，学生可以随时随地通过手机或平板电脑访问这些App，进行听力训练。这种学习方式不仅打破了时间和空间的限制，还让学生能充分利用碎片时间进行学习，提高学习效率。并且，这些工具通常支持离线下载功能，即使在没有网络的情况下，学生也能继续进行听力训练。而且，通过设定学习目标、制订学习计划、记录学习进度等功能，学生能有目的地进行听力训练，避免盲目和无效学习。同时，这些工具还提供了丰富的学习社区和论坛，使学生能与其他学生交流心得、分享资源、互相激励，形成良好的学习氛围。

尽管听力App与软件工具有着诸多优势，但学生在使用过程中也需要注意一些问题。例如，他们应该选择正规、专业的App和软件工具，确保获取听力材料的质量和准确性。同时，他们还需要根据自己的实际情况和学习目标合理安排听力训练的时间与强度，避免过度依赖这些工具而忽视其他学习方式。

3. 利用科技进行自我评估与反馈

借助各类先进的语言学习软件、在线平台以及智能设备，学生能进行实时自我评估与反馈，从而更加精准地定位自身听力理解的弱点，制定出有针对性的学习策略。学生可以根据自己的语言水平选择相应的听力材料，如新闻报道、电影片段、播客节目等，并在听的过程中参与同步答题或填空练习。这类工具能即时给出答案反馈，帮助学生了解自己对所听内容的理解程度，找出听力难点所在，比如，是否对某些词汇不熟悉，或是对特定语法结构理解有误。而且，部分高级语言学习应用采用了语音识别技术，可以分析并评价学生的发音和语调，这对于提高听力理解能力同样至关重要。通过模仿跟读并接受系统评分，学生不仅能锻炼听力技巧，还能有效改善发音问题，进一步提高口语交流能力。并且，利用人工智能技术的个性化学习系统，可以根据每个学生在听力训练中的表现，动态调整教学内容和难度，确保学习过程既具有挑战性又不失趣味性。此外，这些系统可以生成详细的学习报告，提供详尽的数据分析，包括准确率、反应时间等多维度信息，使学生既能清晰、直观地看到自身的进步轨迹，也能根据反馈数据调整学习计划，实现精细化学习管理。

三、口语技能概述

（一）口语技能在外语学习中的作用

1. 口语技能是语言输出的主要方式

在外语学习中，口语技能占据核心地位，它是语言输出的主要方式。通过口语表达，学生能将所学的语言知识转化为实际的语言运用，从而实现与他人的有效沟通。这种转化过程不仅有助于巩固和加深学生对语言知识的理解，还能提升他们的语言组织能力和表达能力。通过大量的口语练习，学生可以逐渐熟悉目标语言的发音、语调、节奏等口语特征，从而更准确地运用语言进行表达。同时，口语练习还能帮助学生改进词汇用法、纠正语法错误，使他们的语言表达更加准确、流畅。在口语交流中，自信心的建立是非常重要的。通过不断的口语练习，学生可以逐渐克服语言障碍，增强自己的语言自信心，从而更自信地运用目标语言进行表达和交流。这种自信心的提升将有助于学生在外语学习中取得更好成绩和更大进步。

2. 口语技能是提升语言感知和理解能力的关键

在外语学习中，通过口语交流，学生能直接接触到目标语言的真实语境，从而更深入地感知和理解语言的实际运用。这种感知和理解的过程有助于学生更准确地把握语言的细微差别和丰富内涵，进而提升他们的语言感知和理解能力。同时，口语交流还能为学生提供大量的语言输入机会。在与他人进行口语交流时，学生需要倾听对方的表达并理解其意义，这个过程有助于他们接触到更多的语言材料和表达方式，从而丰富自己的语言知识和表达能力。通过不断的口语交流和倾听练习，学生可以逐渐提高自己的语言感知和理解能力，为后续的外语学习奠定坚实基础。

3. 口语技能是提高跨文化交际能力的重要手段

外语学习的最终目标是实现跨文化交际，而口语技能则是提高跨文化交际能力的重要手段。通过口语交流，学生能直接与目标语言国家的人民进行沟通和互动，从而更深入地了解他们的文化、历史、社会习俗等方面的信息。这种互动和了解有助于学生更好地理解与尊重目标语言国家的文化，避免在跨文化交际中出现误解和冲突。同时，口语交流还能培养学生的跨文化意识和交际策略。在面对不同文化背景下的交际情境时，学生需要运用跨文化意识和交际策略灵活调整自己的语言与行为，以实现有效沟通。通过大量的口语交流和跨文化实践，学生可以逐渐熟悉和掌握这些意识与策略，从而提高自己的跨文化交际能力。

（二）口语技能对职业发展的影响

1. 口语技能增强职场竞争力

在当今全球化的职场环境中，外语口语技能已成为衡量职业人才的重要标准之一。具备良好的外语口语技能，不仅能让职场人士在跨国企业或国际交流中脱颖而出，还能为其职业生涯带来无限可能。外语口语技能的提升，意味着个人在职场中的竞争力得到显著增强。在与外籍同事、客户或合作伙伴的沟通中，流利的口语表达能准确传达信息，减少误解，提高工作效率。这种高效的沟通方式有助于建立稳固的职业关系，为个人职业发展奠定坚实基础。并且，具备良好外语口语技能的员工往往能更快地掌握国际业务知识，理解不同文化背景下的工作习惯和价值观，从而在工作中展现出更高的专业素养和跨文化交际能力。这种能力的提升有助于员工在企业内部获得更多晋升和承担更重要职责的机会，进而实现职业生涯的飞跃。

2. 口语技能拓宽职业发展道路

随着全球化的不断深入，越来越多的企业开始寻求国际化发展。在这一背景下，具备外语口语技能的人才需求日益旺盛。对职场人士来说，掌握一门或多门外语口语技能无疑将为其职业发展带来更多选择。无论是进入跨国企业工作，还是参与国际项目合作，良好的外语口语技能都是不可或缺的"敲门砖"。同时，外语口语技能还能让职场人士在职业转型或拓展新领域时更具优势。例如，从事市场营销工作的职场人士，通过提升英语或其他外语口语技能，可以更容易地进入国际市场部门或跨国公司的营销团队。这种职业转型不仅有助于提升个人薪资待遇和职业地位，还能让职场人士在新的工作领域中不断挑战自我，实现个人价值的最大化。

四、口语技能的培养策略

（一）口语技能的基础要素

1. 语音与发音训练

语音是语言的物质基础，是语言交际中最直接、自然的表达形式。准确的语音与发音不仅能提高外语学生的口语表达能力，还能提高他们的听力理解能力，为有效的语言交际打下坚实基础。通过系统的训练，学生可以熟悉外语的语音系统，包括音素、音节、重音、语调等要素。他们可以学会正确发出外语中的各音素，掌握不同音节之间的过渡和连接，以及运用恰当的语调和重音表达不同的情感与意义。这种训练不仅有助于学生在外语口语中准确地传达信息，还能提高他们的语音感知能力，使他们在听力理解中更加敏锐和准确。在外语学习中，语音与发音训练应该贯穿学习的始终。初学者在入门阶段就需要重视语音训练，通过模仿和练习培养正确的发音习惯。随着学习的深入，他们需要不断地巩固和扩展语音知识，提高发音的准确性和流利度。对中高级学生来说，语音与发音训练更是不可或缺的一部分。他们需要更加关注语音的细微差别和复杂变化，以达到接近或达到母语者的发音水平。

为了有效地进行外语语音与发音训练，学生可以采取多种方法和策略，如通过听力和模仿练习发音。通过反复听取母语者的发音示范，学生可以模仿其发音特点和技巧，逐渐形成正确的发音习惯。并且，他们可以利用现代科技手段辅助训练。例如，使用语音识别软件评估自己的发音准确性，或者通过在线课程和学习平台获取专业的语音指导与反馈。此外，学生还可以参加语音课程或工作坊，与其他学生一起练习和交流，共同提高发音水平。在进行外语语音与发音训练时，学生需要保持积极的心态和耐心。语音训练是一个长期而持续的过程，需要学生不断地努力和坚持。他们应该相信自己的能力，勇于尝试和纠正自己的错误，逐步提高自己的发音水平。同时，他们也需要理解并接受不同语言和文化之间的差异，以开放和包容的心态面对外语发音的挑战。

2. 词汇与表达方式的积累

在外语学习的漫长旅程中，词汇与表达方式的积累无疑是构筑语言能力大厦的基石。这一过程不仅仅要求学生持续不断地吸纳新知识，更强调在实际运用中去深化理解、巩固记忆，从而真正实现从单纯的语言输入到自如输出的跨越。通过阅读教材、背单词卡片、使用词典和词汇学习应用等方式，学生可以系统性地积累词汇，并理解其基本含义及用法。此外，利用语境记忆法，在文章段落或对话场景中学习新词，能帮助学生更好地理解词汇的实际运用，提高记忆效果。随着词汇量的增长，学生需要进一步关注词汇的搭配、短语以及习语等更复杂的表达方式。这些元素往往是丰富语言表达、提升语言地道性的关键所在。例如，通过阅读原版书籍、观看影视作品或者参与语言交流社区，学生可以在真实语境中感知并掌握这些生动且富有表现力的表达方式，从而避免了机械记忆，使得所学词汇在实际交流中更具生命力。而且，对于高频出现的行业术语、文化特有词汇以及俚语等特殊表达形式，学生应当有针对性地进行深入学习和积累。这些内容不仅仅有助于增强语言的专业性和地道性，更能使学生深入了解目标语言国家的文化内涵和社会生活，从而全面提升跨文化交际能力。并且，利用科技工具如词汇卡片App、在线闪卡、智能复习系统等，学生可以科学合理地安排学习进度，对已学词汇与表达方式进行反复练习和回顾，确保知识的长效记忆。

3. 语法结构的准确运用

语法结构的准确运用对基础语法概念的理解和掌握至关重要，这包括但不限于词类、时态、语态、句型结构等核心要素。学生需要通过系统学习与大量实践，透彻理解并熟练运用这些基本语法点，从而确保句子在构成上合乎逻辑，意思明确。在掌握了基础语法后，进一步探究与应用复杂及特殊语法结构则有助于提升语言表达的丰富度和精细度。例如，非谓语动词形式、虚拟语气、从句结构（定语从句、状语从句、名词性从句）以及各种句式转换等，都是拓展外语表达力的重要工具。在实际应用中，适时且恰当地使用这些高级语法结构，可以使表达更精确和生动，更能在书面或口头沟通中展现出较高的语言修养。而且，强调语法结构的准确运用，并不是意味着机械套用规则，而是在实践中灵活掌握和自然流露。只有通过大量的阅读输入，了解目标语言在真实语境下的语法习惯和表达方式，才能真正将语法知识内化为自身的语言能力。并且，经常进行写作练习和口语对话也是检验与巩固语法运用能力的有效途径，通过不断修正和反馈，学生可以逐渐减少错误，使语法结构的运用更加自如流畅。不仅如此，对于母语与目标语言之间存在显著差异的语法现象，学生应特别关注并深入研究。比如，汉语与英语在时间表达、主被动关系处理、量词使用等方面都有较大区别，这就需要学生细心揣摩、对比分析，通过针对性训练逐步适应目标语言的语法习惯。

（二）口语实践的机会与方式

1. 语言交换与合作伙伴

语言交换活动是一种双方互相教授母语的学习模式，参与者在传授自己母语的同时，也能从对方那里获得目标语言的实际应用经验。例如，在一个英语和汉语的语言交换活动中，两个学生可以轮流用英语对话一段时间，然后切换成汉语，这样既能提高听说能力，又能在实践中学习并纠正语法、发音以及表达习惯上的错误。这种互惠互利的方式使双方都能在一个轻松愉快且无压力的环境中提升外语口语水平。而通过合作学习或者参与小组讨论等形式找到合适的语言合作伙伴，也是提升外语口语实践能力的有效途径。这样的团队协作能模拟实际生活或职场中的多元交际场景，比如，策划项目报告、组织辩论赛、角色扮演等，让学生在各种情境下锻炼口语表达能力，从而积累丰富的词汇和句型，并培养跨文化沟通技巧。线上平台如Tandem、HelloTalk等App使得全球的语言爱好者能跨越地域限制，实现随时随地的语言交流。此外，利用视频会议软件进行在线语言伙伴练习，既解决了面对面交流的空间难题，又能实时得到反馈，有助于迅速改进口语表达。并且，长期稳定的语言伙伴关系对于保持学习动力、巩固语言技能也具有积极影响。共同成长的经历能增进彼此的友谊，激发学习热情，共同克服挑战，让外语口语实践不再孤单，而是充满了乐趣与成就感。

2. 线上与线下的口语活动

线上的外语口语活动以其便捷性和广泛性受到越来越多学生的青睐，借助网络平台如Skype、Zoom等工具，学生可以跨越地域限制，随时随地找到语言伙伴进行实时对话交流。此外，各种在线教育平台、语言交换App也提供了丰富多样的资源，如模拟对话课程、小组讨论、主题辩论等活动，让学生在实际运用中提升听力理解能力和口头表达能力。同时，许多网站还提供人工智能语音识别及纠正功能，帮助学生及时发现并改正发音问题，有效提升口语流利度和准确度。而参与各类语言角、沙龙活动、研讨会或志愿者服务项目，可以让学生亲身体验目标语言国家的文化氛围，增强语言运用的真实感。同时，面对面的交谈有助于提高非言语交际技巧，如肢体语言、面部表情和眼神交流等，这些都是线上交流难以替代的部分。而且，参加各类外语演讲比赛、戏剧表演等活动，更是锻炼胆量、提升自信心以及完善口语表现力的有效途径。并且，很多教育机构会组织线上与线下相结合的语言课程，一方面利用线上平台进行个性化辅导和自主练习；另一方面通过线下的实地操练，使学生在不同情境下都能自如运用所学知识。这种线上与线下相结合的模式充分利用了两者的优点，既能满足学生灵活、高效的学习需求，又能确保他们在真实社交环境中得到充分的语言实践锻炼。

3. 创造日常生活中的口语环境

模拟生活场景是营造口语环境的有效途径。例如，在家中可以设定特定区域为"英语角"，在该区域内进行全英文对话，涵盖日常生活的话题，如购物清单、烹饪步骤、家庭聚会讨论等。通过这种方式，学生能熟悉并习惯在不同场景下用目标语言表达思想，从而增强口语的流畅性和实用性。而利用App、在线课程或者语音聊天机器人，学生可以在任何时间、地点与母语者或人工智能进行实时互动交流，模拟订餐、问路、预约医生等各种生活情景对话，切实提高在真实生活场景下的语言应对能力。而且，参与社区活动或组建学习小组同样有助于构建口语环境。比如，加入当地的语言交流俱乐部、外语读书会或是参加各类国际文化活动，不仅有利于拓宽社交圈，增进跨文化交流，还能在真实的社交场合中锻炼和提升口语水平。此外，可以通过角色扮演、情景剧表演等形式与志同道合的学习伙伴一起练习，生动有趣地再现各种生活场景，让外语学习变得更鲜活有趣。并且，主动在生活中寻找使用外语的机会也至关重要。比如，在观看外语电影、电视剧时尝试跟着角色对白复述，在阅读外文书籍后用自己的话总结内容，甚至在购物、旅行、用餐等场合大胆开口与他人用外语交流。这些看似微小却持续不断的实践，能有效巩固所学知识，逐渐克服对陌生语言的心理障碍，并在潜移默化中培养出流利自如的外语口语表达能力。

（三）口语训练的策略与技巧

1. 跟读技巧

在进行外语口语训练时，跟读是一个极其有效的技巧，尤其对于语音、语调及节奏感的培养至关重要。以下将详尽阐述如何高效运用跟读技巧提升外语口语技能。在开始跟读前，先细致聆听目标语言材料，如一段音频或视频，用心感知其音节、重音分布和语流特点。尤其注意那些与自己母语差异较大的发音，如英语中的元音、辅音以及连读、弱读等现象，通过反复听辨，逐渐熟悉并模仿到位。而初期可以选择速度较慢且清晰的标准材料，逐句，甚至逐词进行跟读，力求使每个单词的发音都准确无误。随着熟练度的提高，可以尝试逐步加快跟读速度，向自然流畅的口语表达靠近。而且，语言不仅仅是文字和声音的结合，更包含了丰富的情感色彩。学生在跟读时，要尽量捕捉并再现原声中蕴含的情绪变化，通过抑扬顿挫的语调传递信息，这有助于提升口语的生动性和表现力；也要利用录音设备记录自己的跟读片段，并与原始素材对比，细心找出差距，有针对性地修正；还要定期进行复盘总结，观察自身进步，不断调整跟读策略，持续优化发音技巧。值得注意的是，尽可能将所学应用到日常生活对话或者角色扮演等场景中，让理论知识与实践相结合，这样不仅能深化对语言的理解，还能增强口语表达的自信心和应变能力。

2. 角色扮演与即兴表达

角色扮演作为一种生动活泼的教学手段，鼓励学生跳出自我身份，投身于预设的情境和角色中。通过模拟日常生活、商务谈判或是文化交际等多元场景，学生能在实际运用中熟悉并掌握各类词汇、句型及表达方式，增强语境理解力。此外，角色扮演还能促进团队合作，提高沟通协商技能，使外语学习过程更加有趣且富有挑战性。例如，在扮演餐厅服务员与顾客的过程中，不仅需要熟练运用点餐、推荐菜品等相关表达，还需要学会揣摩角色心理，展现恰当的礼貌用语和情绪反应。而即兴表达训练则是对外语思维敏捷度和流利度的有效锻炼。这种练习通常要求学生对突如其来的主题或问题迅速做出回应，有助于培养其快速组织语言、准确表达思想的能力。比如，在课堂上，教师可以提出一个随机话题，让学生在有限时间内准备并发表意见，让学生习惯于无稿发言，形成自然流畅的语言输出习惯。同时，角色扮演与即兴表达的结合使用，更能在实践中检验和提升学生的综合口语水平。例如，在模拟新闻发布会的情境中，参与者不仅要扮演记者提问，还要即兴回答各种预料之外的问题，这就需要他们在短时间内调动所学知识，实现精准而有说服力的口头表达。

3. 自我录音与反馈

自我录音提供了一种客观审视自身口语表达的机会，通过录制自己的语音，学生可以细致入微地听到自己的发音特点、语速节奏、停顿位置等细节，这些在日常交流中往往难以察觉。这一过程有助于识别并纠正那些不自觉形成的发音错误或不良习惯，比如，母语口音的影响、某些音素发音不到位或者语调把握不准等问题。在跟读练习后，将自己的录音与原声材料进行对照播放，可以直观地发现自己与目标语言之间的差距，并针对这些问题点进行有目标性的改进。此外，学生也可以借助各种语音分析工具，进一步量化和细化自我评估，以更科学的方式提升发音质量。而且，学生可以通过定期录音，追踪自己的进步轨迹，观察一段时间内口语水平的变化，这既是一种积极的心理暗示，也是调整学习策略的有效依据。每次录音后的反思与改正都能促使下一次的表现更出色，从而形成良性循环。并且，通过模拟真实场景进行录音，如发表观点、陈述报告或者面试对话等，学生能在没有实际听众压力的情况下，逐步适应用外语流畅表达思想，进而缓解面对真实情境时的紧张感。

（四）科技在口语训练中的应用

1. 语音识别与纠正工具

语音识别技术能实时捕捉并解析学生的发音细节，它基于先进的算法模型，能精确辨识出外语语音中的元音、辅音以及连读、重音等复杂特征，并将其与目标语言的标准发音进行比对。这使得学生在练习过程中能直观了解到自己的发音在哪些细微之处存在偏差，从而有针对性地进行修正。而且，智能纠正功能是这类工具的一大亮点，一旦识别出发音错误，系统就会立即给予详细的指导和建议，包括正确的发音方式、口腔位置调整以及声调变化等具体指导，帮助学生有效改进发音。有的工具甚至能通过动画演示或者镜像反馈，使抽象的发音原理变得生动、具象，便于理解和模仿。并且，许多语音识别与纠正工具还具有个性化训练计划和进步跟踪功能。根据学生的实际水平和需求，它们可以提供定制化的练习内容，逐步引导用户从基础词汇到复杂句子，乃至连续流畅的对话表达。同时，系统会记录每次练习的数据，形成可视化的学习曲线，让学生清晰了解自身的进步状况，进而调整学习策略，保持持续提升的动力。不仅如此，结合了语音识别与纠正技术的应用程序往往具备丰富的互动性和趣味性，如游戏化任务挑战、在线模拟对话等环节，使原本可能枯燥乏味的口语练习变得生动有趣，激发学生积极参与的热情。

2. 在线口语课程与教练

在线口语课程通常配备精心设计的教学模块和结构化的学习路径，从基础发音到复杂对话，循序渐进地帮助学生逐步掌握外语口语表达。课程内容不仅仅包括词汇拓展、语法解析，更注重实际情景模拟及地道表达的教学，使学生能在各种生活、工作或学术场景中自如运用目标语言进行有效沟通。而且，在线口语课程采用多媒体互动形式，如视频教程、音频示范、实时互动练习等，充分调动学生的听觉、视觉甚至触觉感官，促进知识吸收和技能内化。同时，许多平台还提供智能语音识别系统，对学生的发音进行即时反馈和纠正，让学习过程更加高效、精准。而专业的在线口语教练则能为学生提供一对一或者小组式的个性化辅导。他们凭借深厚的语言功底和丰富的教学经验，能针对每个学员的特点和需求制定出针对性强的教学方案。在实时交流过程中，教练会耐心细致地纠正学员的发音错误，引导其准确理解和使用地道的发音，并通过反复实践提高口语流利度和自信心。不仅如此，在线口语课程与教练往往打破地域限制，使得学生有机会接触到不同国家和地区的母语教师，体验多元文化背景下的语言环境，从而更好地理解和适应全球化的交际需求。

3. 利用科技进行口语测试与评估

科技的迅猛发展，特别是人工智能和大数据技术的广泛应用，为外语口语技能的测评带来了革命性变革。这些先进技术不仅仅突破了传统口语测试的时间、空间限制，更在评估的客观性、个性化和即时反馈方面展现出了显著优势。通过高精度的语音识别算法，系统能准确捕捉学生的发音细节，包括音素、语调、重音等，从而对其口语表达的准确性和流利度进行全面分析。这种技术不仅提高了评估的客观性，避免了人为因素可能带来的偏差，还能针对学生的发音问题进行精准指导，帮助他们迅速提升口语水平。而且，通过对海量学习数据的深度挖掘和分析，系统能精准掌握学生口语能力的发展轨迹和进步速度，为教学提供更科学、个性化的依据。同时，这些数据还能揭示学生在口语表达中的常见错误和难点，帮助教师及时调整教学策略，实现因材施教。并且，虚拟现实技术和增强现实技术的兴起，为外语口语教学提供了全新的沉浸式学习体验。通过这些技术，学生可以置身于逼真的外语环境中，与虚拟角色进行实时对话练习。这种情境化的学习方式不仅激发了学生的兴趣和积极性，还能在模拟真实场景中锻炼他们的口语交际能力和应变能力。

在线学习平台和移动应用的发展也为外语口语测试与评估带来了便捷。学生可以随时随地通过手机、平板等设备进行口语练习和测试，无须受限于时间和地点。这些平台通常还配备了智能评估系统，能即时对学生的口语表现进行打分和反馈，帮助他们及时了解自己的不足并加以改进。

五、听力与口语的相互促进

（一）听力对口语的促进作用

1. 提高听力水平有助于更准确的口语表达

通过强化听力训练，学生能更深入地理解和掌握目标语言的语音特征、语调变化与节奏模式，这对外语发音的精确性和自然度至关重要。对母语非目标语言的学生来说，听力训练有助于他们区分并模仿那些难以察觉的音素差异，如英语中的清辅音浊化现象，或是法语中鼻元音的独特韵律。而且，提升听力理解能力可以增强学生对词汇和语法结构的敏感度，使他们在实际对话中能更快、更准确地捕捉到对方的意思，并做出相应的回应。在复杂的口头交流中，往往伴随着连读、弱读以及省略等现象，良好的听力基础能使学生适应这些语言特点，进而更加流畅地进行口语互动。并且，大量高质量的听觉输入为学生提供了丰富的语境和表达范例，使得他们在积累地道表达方式的同时，能更好地理解语言背后的文化内涵及交际习惯。这种深层次的理解有助于他们在口语表达时更得体、更贴切地运用所学语言，从而提升其沟通效果。不仅如此，持续的听力训练还有助于培养学生的即时反应能力和思维敏捷度，在听到信息后能快速组织语言进行反馈，这对于提升口语流利度具有显著作用。通过反复听取并解析不同情境下的对话或演讲，学生能在大脑中形成一种声音"图像"，使其在真实对话场景中能更自信、更从容地用外语进行有效沟通。

2. 听力训练中的语言输入为口语输出提供素材

听力作为语言学习的核心技能之一，不仅仅是理解他人言语的基础，更是构建自己口语表达能力的基石。通过有效的听力训练，学生能接触到地道的语言材料，从而熟悉并掌握外语的语音、语调、词汇和句式结构等要素，为日后的口语输出打下坚实基础。在传统的外语教学模式中，听力训练往往被视为被动接受过程，学生只需要听懂材料内容即可。然而，现代教学理念强调听力训练的主动性和互动性，鼓励学生在听的过程中积极思考、提炼信息，并将这些信息转化为自己的口语表达。这种转化过程不仅要求学生具备扎实的语言基础，还需要他们具备良好的语言组织能力和创新思维能力。在听力训练中，学生可以通过精听、模仿和跟读等方式，逐渐将听到的语言内化为自己的口语素材。精听能帮助学生捕捉到材料中的每个细节，包括发音、语调、连读等，从而培养他们的语感和对语言的敏感度；模仿则要求学生在理解的基础上，尝试用地道的语音、语调复述所听内容，有助于他们形成正确的发音习惯和表达方式；跟读则是通过跟随原声进行朗读，纠正自己的发音错误和提高口语流利度。而且，通过听取不同类型的材料，如日常对话、新闻报道、讲座演讲等，学生可以接触到各种各样的话题和表达方式，从而拓宽自己的语言视野和表达范围。这些材料中的观点和信息还可以激发学生的思考，促使他们形成自己的见解和表达方式，为日后的口语交流做好充分准备。值得注意的是，听力训练中的语言输入并不是孤立的，而是与口语输出之间存在着密切的联系和互动。一方面，听力输入为口语输出提供了必要的语言材料和灵感；另一方面，口语输出是对听力输入的一种反馈和检验。通过不断进行听力训练和口语练习，学生可以逐渐提高自己的语言感知能力和表达能力，实现输入与输出的良性循环。

（二）口语对听力的促进作用

1. 口语训练中的语言输出检验听力理解水平

在外语口语训练中，语言输出既是锻炼口语表达能力的关键环节，也是检验听力理解水平的重要手段。语言学习是一个输入与输出相互交织的过程，其中，听力作为语言输入的主要方式，对于口语表达的准确性和流畅性具有重要影响。因此，在外语口语训练中，通过对语言输出的观察和评估，可以有效地检验学生的听力理解水平。在传统的外语教学模式中，听力和口语往往是分开进行训练的，这种方式虽然有助于分别提升两种技能，但忽视了它们之间的内在联系。实际上，口语表达的过程在很大程度上依赖于听力理解的能力。只有当学生能准确理解对方的言辞时，他们才能做出恰当的语言反应。因此，将口语训练和听力理解相结合，通过语言输出检验听力理解水平，是一种更有效的教学方法。

在外语口语训练中，教师可以通过多种方式检验学生的听力理解水平。例如，教师可以要求学生在听完一段对话或讲座后，用自己的语言复述其中的主要内容。这种复述的过程不仅要求学生具备良好的口语表达能力，还需要他们准确理解并记忆所听内容。如果学生能清晰、准确地复述出所听内容，就说明他们的听力理解水平较高。而且，在这些活动中，学生需要根据听到的信息做出相应的语言反应。这不仅要求他们具备快速的语言组织能力，还要求他们准确理解对方的意图和表达。通过观察学生在这些互动中的表现，教师可以对他们的听力理解水平做出更全面、更客观的评估。值得注意的是，语言输出检验听力理解水平的过程并不是单向的。实际上，口语训练和听力理解是相互促进、相互提升的。当学生在口语训练中遇到表达困难时，他们往往会更加注意听力输入中的语言细节和表达方式；而当学生的听力理解能力得到提升时，他们的口语表达也会变得更加准确、流畅。因此，在外语口语训练中，应该将口语表达和听力理解紧密结合起来，形成一个良性的互动循环。

2. 口语交流中的反馈促进听力技能的进一步提升

口语交流中的反馈不仅仅是指他人对学生发音、词汇使用、语法等方面的指导与纠正，更包含学生通过自身实践及互动交流获得的信息反哺。在实际的口语交流中，即时反馈能帮助学生立即认识到自身的听力理解误区或不足。例如，当对方用外语表述一个观点或信息时，若学生未能准确接收并做出恰当回应，这种沟通障碍就直接反映了其在某些语音识别、词汇辨识或是语境理解等方面的问题。此时，来自对话伙伴的明确解释或重复表达即为一种有效的实时反馈，使学生能迅速调整听觉感知策略，加强对特定语言要素的关注。而且，不同说话者有不同的口音、语速和表达习惯，经常接触多元化的语言输入，有助于培养学生对外语变体的敏感度和包容性，从而在各种复杂的听力环境中游刃有余。同时，通过积极参与讨论和辩论，学生能在倾听他人的意见后及时反思、整理思路，并以目标语言进行回应，这种过程中的自我反馈同样有力推动了听力技巧的精进。并且，利用现代科技手段，如在线教育平台、智能语音识别软件等获取的个性化反馈也日益成为提升听力技能的重要途径。这些工具可以精确分析学生的听力表现，提供详尽的数据报告，揭示他们在不同听力环节上的强项和弱点，进而引导他们有的放矢地进行针对性训练。

第二节　阅读技能与写作技能的提升方法

一、阅读技能的提升

（一）扩大词汇量

1. 学习并记忆高频词汇

在深度掌握一门外语的过程中，阅读能力不仅仅关乎对书面信息的理解和解析，更是一条积累语言素材、拓宽知识视野的重要途径。通过广泛且有选择性地阅读，学生可以逐步接触并熟悉大量词汇，尤其是那些在各类文本中频繁出现的高频词汇。当阅读过程中不断遇到同一单词在不同语境下的应用时，学生能逐渐深入理解该词的多种含义、用法以及搭配关系，从而将孤立的单词转化为有意义的语言结构。随着阅读量的增加，词汇间的关联性得到凸显，有利于形成稳固的记忆链条。而在实际阅读实践中，高频词汇的反复接触会强化记忆效果。研究表明，人们对于经常遇见的信息更容易记住，因此，通过阅读，尤其是对经典文学作品、学术论文、新闻报道等多元化的文本进行研读，学生能以自然的方式吸收和内化这些高频词汇，降低遗忘率，提高词汇记忆的持久性和稳定性。而且，单纯背诵词汇表往往忽视了词汇在真实语境中的微妙变化和特定用法；而阅读则能提供丰富的上下文环境，使学生直观感受词汇的动态变化和情感色彩，进一步提高理解和使用词汇的能力。

2. 通过上下文猜测词义

在深入阅读各类外语文本的过程中，学生不仅能积累丰富的词汇知识，还能锻炼自己依据语境推断词义的能力。当阅读过程中遇到生词时，借助上下文信息进行推理和猜测是自然语言理解的重要手段。这是因为词语的意义并不是孤立存在的，而是与其所在的句子、段落乃至整篇文章语境息息相关的。当一个生词出现时，通过对周围已知词汇和信息的理解，结合语法结构和逻辑关系，学生可以尝试推断出该词的大致含义，甚至掌握其特定用法和感情色彩。而且，通过上下文猜测词义，学生能有效增强记忆效果。研究表明，相较于单纯机械地背诵单词，将新词置于生动、具体的语境中进行学习，有助于提高记忆的深度和持久度。这种基于实际应用情境的词汇习得方式，使学生在理解和运用词汇上更灵活自如，从而真正实现词汇知识的内化。并且，随着对这一策略的应用越来越纯熟，学生在外语阅读时无须频繁查阅词典，这不仅仅节省了时间，更使阅读过程连贯顺畅，有利于整体把握文章主旨和作者意图，进而深化对目标语言文化内涵的认知。

3. 制作并使用词汇卡片

词汇卡片提供了一种高度浓缩和个性化的方式记录新词汇，每张卡片上可以清晰地标注单词的拼写、音标、词性和多种含义，并配以例句及同义词、反义词等补充信息，便于学生全方位掌握词汇的用法。这种灵活小巧的学习工具，使学生能在碎片化的时间里高效复习和记忆单词，克服传统词汇表或课本中信息过于繁杂、不易集中注意力的问题。而且，学生可以根据自己的认知规律和遗忘曲线制订合理的复习计划，定期翻看和测试卡片上的词汇，通过反复接触与实际应用加深印象，提高词汇长期记忆的稳定性和持久性。此外，学生还可以将词汇按照主题、难度或个人兴趣进行分类整理，形成特定的知识网络结构，有助于在不同语境中快速调取和运用相关词汇。并且，词汇卡片具有互动性和趣味性，能激发学生的积极性与主动性。例如，在小组学习或同伴互教的过程中，可以通过交换和展示自制的词汇卡片进行游戏化的学习竞赛，这既增进了团队协作能力，又提升了学习的趣味性和挑战性，使原本枯燥的词汇记忆过程变得生动有趣。

（二）提高阅读速度

1. 消除不良阅读习惯

许多人在阅读时会不自觉地反复浏览已经读过的句子或段落，这种行为大大降低了阅读效率。通过刻意训练，学生应学会一次性捕捉信息，尽量减少目光倒退的现象，从而提升阅读流畅性。而在初学阶段，逐词阅读有助于确保对每个单词的理解，但随着水平的提高，这种方式往往会阻碍阅读速度的提升。逐步培养以意群为单位进行快速扫描的能力，能帮助学生更迅速地把握文章大意，同时，增强对语篇整体结构的感知。在阅读过程中，根据上下文提示预先推测接下来的内容，可以有效加快阅读速度，并加深对文本内容的理解。此外，面对生词或复杂句型时，不必立即停止阅读查找词义，而是尝试结合已知信息推断其大致含义，这样既能保持阅读的连贯性，也有助于锻炼独立思考和解决问题的能力。而且，合理利用速读技巧，如扫视、略读等，对于提高阅读速度同样关键。扫视适用于寻找特定信息，略读则适用于快速了解文章主旨和结构。熟练运用这些方法，不仅能在大量阅读任务中节省宝贵时间，还能确保获取主要信息的有效性。并且，不同类型的文本需要采取不同的阅读方法，因此，只有在实际操作中不断总结经验、灵活调整阅读策略，才能在外语阅读速度方面取得实质性的进步。

2. 进行定时阅读练习

通过设定固定的时间段进行集中阅读训练，学生不仅能逐步提升阅读速度，还能在语言理解和词汇积累方面取得显著进步。在外语学习中，阅读速度的提升并不是一蹴而就的，而是需要长时间的坚持和练习。定时阅读练习能帮助学生养成良好的阅读习惯和自律性。每天固定时间进行阅读，逐渐让这成为生活的一部分，不仅能提高阅读速度，还能加深对语言文化的理解和感知。而且，学生应根据自己的语言水平和兴趣爱好，挑选难度适中、内容丰富的文章进行阅读。这样，在阅读过程中既能巩固已学知识，又能接触到新的词汇和表达方式，从而不断丰富自己的语言储备。在阅读过程中，学生还应注重阅读技巧的运用。例如，通过快速浏览文章标题、段落开头和结尾，迅速把握文章的大意和结构；利用上下文推测生词的含义，减少对词典的依赖；有意识地提高眼球移动的速度，减少回视和停顿的次数。这些技巧的运用能在一定程度上提高阅读速度和理解能力。并且，在阅读时，应尽量选择一个安静、舒适的环境，减少外界因素的干扰。通过长时间的专注阅读，学生能逐渐提高自己的注意力集中程度，从而在阅读过程中更加高效地获取和处理信息。当然，学生需要不断调整阅读策略、更新阅读材料、增加阅读难度，以保持持续的进步。同时，学生还应注重阅读与其他语言技能的结合，如听力、口语和写作等。通过多个方面的综合训练，全面提升自己的外语能力。

3. 学习快速阅读技巧

快速阅读并非简单追求速度上的飞跃，而是旨在提高理解效率，在有限时间内获取更多信息量的同时保持较高的理解准确度。而掌握扫视与略读技巧是快速阅读的核心要素。扫视主要用于寻找特定信息，例如，关键词、标题、列表或数据等，通过快速移动视线，迅速定位目标内容。略读则是对文章整体结构和主要观点的初步把握，通过对段落首尾句及转折词的关注，可以快速梳理出文本框架，抓住主旨大意。但传统逐词阅读不仅耗时，而且易打断思维的连贯性。而将若干相关的单词作为一个整体来感知和理解，既能提高阅读速度，又能促进对语义的整体把握，使阅读过程更自然流畅。而且，根据上下文提示，预先推测接下来的内容或潜在含义，有助于加快阅读进程，并加深对所读材料的理解深度。即使遇到生词或复杂的句子结构，也能凭借已知信息做出合理推断，从而避免因查阅词典或反复思考而打断阅读节奏。并且，通过专门训练，逐渐扩大每次视线停留所能覆盖的有效字符范围，能在一次扫视中摄入更多信息，进而提升阅读速度。不仅如此，针对不同类型的外语文本，灵活运用相应的快速阅读策略，不断总结经验，适时调整方法，力求在外语阅读速度与理解质量之间找到最佳平衡点。

（三）深化理解能力

1. 注重细节与主旨的把握

通过细致入微地理解文章中的细节信息，以及准确把握文章的中心思想和主旨，学生能更全面地理解文本内容，提升阅读理解的深度和广度。在外语阅读中，细节作为构成文章的基本元素，承载着丰富的信息和作者的观点。学生应该注重每个细节，包括词汇的选择、句式的运用、语法的结构等，因为这些细节往往蕴含着文章的深层含义和作者的写作意图。通过对细节的仔细分析和理解，学生能更准确地把握文章的内容，避免对文本的误解或片面理解。同时，主旨是文章的核心和灵魂，它贯穿全文，统领着文章的内容和思想。学生在阅读过程中应该始终牢记文章的主旨，将每个细节与主旨相联系，从而更好地理解文章的内在逻辑和作者的写作意图。通过对主旨的准确把握，学生不仅能迅速定位文章的重点，提高阅读效率，而且能更好地理解和记忆文本内容。为了注重细节与主旨的把握，学生可以采取一些具体的阅读策略。例如，在阅读前，可以先浏览全文，了解文章的大意和结构，为后续的细节阅读做好铺垫；在阅读过程中，可以标记重要的细节信息，如关键词、关键句等，以便后续回顾和总结；在阅读后，可以进行归纳总结，将文章的细节信息和主旨整合在一起，形成完整的阅读笔记。这些策略的运用能帮助学生更好地把握细节与主旨，提高阅读理解的准确性和深度。并且，学生应该不断扩大词汇量、提高语法水平、加快阅读速度等，为深入理解文章提供必要的语言支持。同时，学生还应该培养自己的批判性思维和分析能力，学会从多个角度和层面去理解与分析文本内容。

2. 分析文章结构与写作风格

通过深入剖析文章的内在逻辑和作者的表达方式，学生不仅能更准确地理解文本内容，还能提升对语言文化的敏感性和鉴赏力。在外语阅读中，学生应该学会识别不同类型文章的结构特点，如议论文的论点、论据和结论，记叙文的时间、地点、人物和事件等要素。通过把握这些结构要素，学生能快速定位文章的中心思想，理解作者的观点和意图。同时，对文章结构的分析还有助于学生预测文章的发展脉络，从而更好地把握文本的整体意义。而不同作者有着不同的写作风格，这些风格往往体现在词汇选择、句式结构、修辞手法等方面。在外语阅读中，学生应该学会识别和分析不同作者的写作风格，从而更好地理解作者的情感态度和价值观念。例如，一些作者可能善于运用幽默诙谐的语言调侃社会现象，另一些作者可能更倾向于使用严谨客观的语言阐述事实。通过对这些写作风格的分析，学生能更深入地理解文本背后的文化内涵和社会背景。并且，在阅读过程中，学生不仅要理解作者的观点和意图，还要对作者的观点进行独立思考和评价。通过对文章结构和写作风格的分析，学生能发现作者可能存在的偏见或局限性，从而形成自己的独立见解和判断。这种批判性思维的培养对于提高外语阅读理解能力和跨文化交际能力具有重要意义。同时，学生应该注重扩大词汇量、掌握语法规则、提高阅读速度等方面的训练，为深入分析文章结构与写作风格打下坚实的基础。此外，学生还可以通过大量阅读不同类型和主题的文章积累阅读经验，提高对文章结构和写作风格的敏感性与鉴赏力。

3. 跨文化背景知识的积累

掌握目标语言不仅仅是词汇、语法及句型结构的学习，更是对语言背后承载文化的理解和感知。许多外语作品中包含了丰富的社会习俗、历史事件、人物观念等文化元素，若缺乏相关背景知识，就很可能会造成对文章内容的误解或无法深入领会作者的写作意图。因此，通过广泛涉猎文学、历史、艺术、哲学等多个领域的书籍资料，了解并熟悉目标语言国家的社会制度、价值观以及民众的生活方式，能显著提升阅读时的理解深度和精度。而且，在阅读过程中，通过对不同文化的对比分析和反思，学生可以拓宽自身认知边界，增进对他国文化的理解与尊重。这不仅有利于跨越语言障碍，实现更深层次的沟通交流，还能助力于在全球化背景下形成多元、开放的思维模式。并且，具备扎实的跨文化背景知识能让学生在阅读过程中更加自信从容，对于遇到的文化专有名词、典故或比喻等具有更强的解码能力。例如，在阅读一篇外国新闻报道时，了解当地的政治体系和社会热点问题，将极大提高读者对复杂事件的洞察力，使其能在短时间内把握文章的核心要点。

（四）利用多媒体资源

1. 阅读外语报纸杂志

外语报纸杂志以其内容的时效性、多样性和语言的地道性，为学生提供了一个真实、生动的语言环境，有助于他们更好地理解和掌握外语知识，进而提升阅读能力。在阅读外语报纸杂志的过程中，学生可以接触到大量最新的词汇和表达方式，这些词汇和表达方式往往紧跟时代潮流，反映了社会的现状和文化变迁。通过不断阅读和学习，学生能将这些新的词汇和表达方式内化为自己的语言储备，从而丰富自己的语言表达能力。同时，外语报纸杂志中的文章往往采用了地道的语言结构和句式，学生通过模仿和学习这些文章，可以逐渐掌握外语的语言习惯和表达方式，提高自己的语言运用水平。而且，外语报纸杂志的内容涵盖了政治、经济、文化、科技、娱乐等各领域，为学生提供了广泛的阅读材料。学生可以根据自己的兴趣和需求选择适合自己的文章进行阅读，这样不仅可以提高阅读的积极性，还可以在阅读中拓宽自己的视野和知识面。同时，通过阅读不同领域的文章，学生可以逐渐培养自己的跨文化交际意识和能力，更好地理解与尊重不同文化背景的人和事。

在阅读外语报纸杂志时，学生还需要注重阅读策略的运用。例如，他们可以通过快速浏览文章标题、副标题和图片等信息预测文章的大致内容与结构，通过仔细阅读文章的首段和尾段把握文章的中心思想与作者的观点，通过寻找关键词和关键句理解文章中的细节信息。这些阅读策略的运用可以帮助学生更有效地获取文章信息，提高阅读效率和质量。除了运用阅读策略外，学生还应该注重词汇和语法的积累。在阅读过程中，学生可以记录下遇到的生词和短语，并通过查阅词典或请教他人掌握它们的含义和用法。同时，学生还应该关注文章中的语法现象和句子结构，分析并模仿这些句子的构造方式，从而提高自己的语法水平。最重要的是，阅读外语报纸杂志是一个长期的过程，需要学生保持对阅读的热情和耐心。只有通过不断地阅读和实践，学生才能逐渐提高自己的外语阅读能力，并在实际运用中展现出自己的外语水平。因此，我们应该将阅读外语报纸杂志作为提高外语阅读能力的重要途径之一，并坚持不懈地进行下去。

2. 观看外语影视作品

外语影视作品以其生动的画面、真实的语境和丰富的文化内涵，为学生提供了一个直观、立体的语言环境，有助于激发学习兴趣，提高阅读理解能力。在观看外语影视作品时，学生可以通过视觉和听觉的双重刺激，更加深入地理解外语词汇和表达方式。外语影视作品中的对话和旁白往往使用地道的语言，涵盖了丰富的词汇和句型，为学生提供了真实的语言输入。通过反复观看和模仿，学生可以逐渐熟悉并掌握这些表达方式，从而在阅读中更加准确地理解文本。而不同的文化背景和社会环境孕育了不同的语言表达方式与思维模式，这对学生来说是一大挑战。通过观看外语影视作品，学生可以更加直观地了解外国人的生活方式、思维方式和价值观念，从而在阅读中更加准确地把握文本的文化内涵和作者的写作意图。在观看外语影视作品的过程中，学生还可以培养自己的语感。通过观看影视作品中的真实语境和地道表达，学生可以逐渐培养出对外语的敏锐感知和理解能力，从而在阅读中更加迅速地捕捉信息，提高阅读速度和理解能力。为了充分发挥外语影视作品在提升阅读能力方面的作用，学生可以采取一些有效的学习方法。例如，在观看过程中，学生可以有意识地记录一些生词和短语，并通过查阅词典或请教他人掌握其含义和用法；学生也可以尝试将影视作品中的对话和旁白进行转录或翻译，以加深对语言的理解和运用。而且，学生还可以结合影视作品的主题和内容进行相关的阅读练习，如阅读剧本、影评或相关文化背景资料等，以巩固和拓展所学知识。值得注意的是，虽然观看外语影视作品对于提升阅读能力具有积极作用，但是并不能完全替代传统的阅读练习。阅读是一种复杂的认知活动，需要学生通过大量的实践和练习逐渐提高。因此，学生在观看外语影视作品的同时，还应该注重传统的阅读练习，如精读、泛读、快速阅读等，以全面提高自己的外语阅读能力。

3. 在线资源与学习平台的利用

在线资源与学习平台以其便捷性、丰富性和互动性为外语学生提供了前所未有的学习机会，有助于他们更加高效地提升阅读能力。在这个数字化时代，互联网成为外语学习的宝库。学生可以通过在线词典、语料库等资源迅速查找生词、短语和例句，了解其在不同语境下的用法和意义。这些资源不仅提供了准确的词义解释，还通过实例和语境帮助学生更好地理解与记忆词汇，从而扩大词汇量，为阅读更复杂的外语文本打下基础。而且，在线资源与学习平台为外语学生提供了丰富的阅读材料，包括新闻、文章、小说、学术论文等各类文体。这些材料不仅涵盖了广泛的领域和主题，还根据学生的水平和需求进行了分级与分类，使学生能根据自己的实际情况选择合适的阅读材料。通过阅读这些地道的外语文本，学生可以接触到真实的语言环境和文化背景，提高对外语的理解和运用能力。并且，在线资源与学习平台具有强大的互动功能，为学生提供了与其他学生交流和合作的机会。学生可以通过在线论坛、学习社区等平台分享阅读心得、讨论疑难问题、进行协作翻译等活动。这种互动不仅有助于学生及时解决学习中遇到的问题，还能提高他们的学习兴趣和动力。通过与其他学生的交流和合作，学生可以借鉴他人的学习方法和经验，拓宽自己的视野和思路，从而更加全面地提升外语阅读能力。在利用在线资源与学习平台提升外语阅读能力的过程中，学生还需要注重培养自己的自主学习能力和跨文化交际能力。通过培养自主学习能力，学生可以更加有效地利用在线资源与学习平台，提高学习效果；而通过培养跨文化交际能力，学生可以更好地理解和运用外语阅读材料中的文化内涵与交际策略，提高阅读理解和实际应用能力。

二、写作技能的提升

（一）夯实语言基础

1. 语法规则的掌握与运用

在外语学习中，语法规则是构建句子和篇章的基石，语法规则的正确掌握与灵活运用直接关系到外语表达的准确性和流畅性，因此要想在外语写作中游刃有余，学生必须深谙语法之道，将其内化为自己的语言习惯。

学生需要通过系统的语法学习，了解不同语言的语法体系和规则特点，明确各种词类的用法和句子结构的构建方式。这种掌握不是死记硬背，而是要在大量阅读和写作实践中不断巩固与加深理解。只有这样，学生才能在外语写作中自如地运用语法规则，构建出符合语言习惯的句子和篇章。而无论是口语交流还是书面表达，语法错误的出现都会破坏语言的准确性和连贯性，影响信息的传递和接收。因此，学生需要在外语写作中时刻保持对语法规则的敏感性和警觉性，及时发现并纠正自己的错误。同时，他们还应该学会根据不同的语境和交际目的选择适当的语法结构，使自己的表达更加得体、自然。为了夯实外语写作技能的基础，学生还需要注重语法规则的实际运用。他们可以通过大量的写作练习锻炼自己的语法运用能力，如写日记、写文章、进行翻译等。在这些实践中，学生需要注重语法的准确性和得体性，不断反思和修改自己的表达，使之更加符合语言习惯。此外，他们还可以积极参与外语交流活动，如参加外语角、与外教互动等，通过实际交流检验和提升自己的语法运用能力。除了实践之外，学生还可以通过多渠道的学习资源辅助自己的语法学习。如使用语法书籍、在线课程、语言交换等，这些资源能为学生提供丰富的语法知识和实践机会，帮助他们更好地掌握和运用语法规则。同时，学生还应该保持对语言变化的敏感性，及时了解和掌握新的语法现象与用法，使自己的外语写作技能始终与时俱进。

2. 采用多样化的句型结构

掌握并熟练运用丰富多样的句型结构，不仅仅是提高语言表达准确性和生动性的关键，更是提升协作沟通效率与质量的核心要素。在书面表达或口语交流中，恰当使用复杂句、从句以及各类连接词，可以更清晰地展现观点间的递进、转折或者因果关系，使信息传达更明确且有条不紊。比如，在撰写报告、论文或是参与团队讨论时，灵活运用多种句型，有助于将论点层次分明地呈现出来，确保对方能准确理解自己的意图和立场。而在实际协作场景中，单一乏味的句式容易导致交流内容单调，难以引起听者兴趣。通过积累和应用多样化的句型结构，如倒装句、强调句、否定句等，可以使表达更具艺术感和吸引力，从而有效调动对方的情绪共鸣，增进双方的理解与互动。并且，无论是在商务谈判、项目合作还是学术研讨场合，具备灵活运用不同句型结构的能力，都能使参与者在阐述观点、回应问题时显得更加从容、自信，进而赢得他人对自身专业素养的认可。

3. 避免常见语言错误

在外语写作中，语言错误不仅会破坏文本的连贯性和准确性，还可能影响读者对作者观点的理解和接受。因此，在提升外语写作技能的同时，必须注重语言错误的识别和纠正。词汇是写作的基础，学生应该通过广泛的阅读和词汇积累丰富自己的词库，避免使用过于简单或错误的词汇。语法和句法则是构建句子的框架，学生应该通过系统的语法学习和大量的写作练习掌握正确的句子结构，避免语法错误和句式杂糅。而且，拼写错误是外语写作中常见的低级错误之一，学生应该通过拼写检查和反复校对确保文本的准确性。标点符号的使用也是写作中不可忽视的一部分，正确的标点符号能使句子更加清晰易懂，增强文本的逻辑性和连贯性。因此，学生应该熟悉并掌握各种标点符号的用法，避免在写作中出现错误的标点用法。而优秀的外语写作作品不仅要求语言表达准确，还要求内容连贯、逻辑清晰。因此，学生在写作前应该进行充分的思考和规划，明确写作目的和读者群体，选择合适的写作风格和表达方式。在写作过程中，学生还应该注重段落的划分和过渡词的使用，使文章结构更加清晰明了。为了提升外语写作技能并避免常见语言错误，学生还可以采取一些具体的措施。例如，多阅读优秀的外语作品，学习不同作者的写作风格和技巧；多进行写作练习，包括写日记、写文章、翻译等，通过实践提升自己的写作水平；利用现代科技手段进行辅助写作，如使用语法检查软件、在线词典等，提高写作效率和准确性。

（二）拓展写作思路

1. 阅读范文与模仿写作

在拓展外语写作思路的方法中，阅读范文与模仿写作被广大学生视为行之有效的途径。通过阅读范文，学生能接触到优秀作品的写作风格和表达方式，从而激发自己的创作灵感；而模仿写作则能让学生在实践中逐步掌握写作技巧，形成自己的写作风格。阅读范文是拓展外语写作思路的一种有效方法。范文是外语写作中的宝贵资源，它们往往具有结构清晰、语言流畅、观点明确等特点。学生在阅读范文时，应该注重分析其写作风格和写作技巧，观察作者是如何运用词汇、句式和语法表达思想的。例如，学生可以关注范文中使用的高级词汇和复杂句式，尝试在自己的写作中运用这些表达方式；学生还可以学习范文中的段落划分和过渡技巧，使自己的文章结构更加清晰合理。除了分析写作技巧外，学生还应该注重从范文中汲取灵感和启发。范文中的主题选择、观点阐述和论证方式等都可以为学生提供写作灵感。学生可以通过阅读多篇范文拓展自己的写作思路，从不同的角度和层面去思考与挖掘写作主题。这种灵感的汲取和思路的拓展有助于学生克服写作中的困难，提高写作效率和质量。模仿写作是拓展外语写作思路的另一种有效方法。通过模仿优秀外语作品的写作风格和表达方式，学生能在实践中逐步掌握写作技巧和方法。在模仿写作过程中，学生可以选择一篇与自己写作主题相似的范文作为模仿对象，认真分析其写作风格和表达方式，并尝试在自己的写作中运用这些技巧和方法。这种模仿不是简单地抄袭和复制，而是在理解和掌握范文写作技巧的基础上进行创造性的运用与创新。模仿写作不仅可以帮助学生掌握写作技巧和方法，还可以培养学生的写作自信心和兴趣。通过模仿优秀作品的写作风格和表达方式，学生能逐渐形成自己的写作风格和特点，并在实践中不断提高自己的写作水平。这种写作自信心和兴趣的培养对于外语写作的长远发展具有重要意义。

需要注意的是，在阅读范文与模仿写作过程中，学生应该保持批判性思维和创新意识。范文虽然优秀，但并不代表它们是完美无缺的；而模仿写作也不是简单地复制和粘贴。学生应该根据自己的实际情况和写作需求进行有选择的学习与运用，并在实践中不断探索和创新自己的写作方法与风格。

2. 创意写作与日记练习

创意写作与日记练习是两种行之有效的策略，能帮助学生不断丰富其语言运用维度，激发创作灵感，并在实践中逐步增强外语写作的连贯性、生动性和深度。创意写作是一种鼓励想象力自由驰骋的方式，它能引领外语学生超越常规框架，探索多元化的叙述手法和表达技巧。通过撰写故事、诗歌、剧本等各种体裁的作品，可以促使作者深入挖掘个人情感世界，尝试不同的角色设定和情境构建，进而拓宽对外语的理解与应用范围。此外，创意写作还要求作者关注时事热点、文化背景以及人性洞察，这有助于培养跨文化交际意识，提高批判性思维能力，从而使外语写作更具思想内涵和社会价值。另外，坚持写日记是日常生活中积累素材、磨炼笔力的有效途径。日记练习不受形式限制，内容广泛，可以记录生活琐事、内心感悟、读书心得乃至对世界的观察与反思。这种看似平凡的日常记录，实际上对于锻炼逻辑思维、锤炼句子结构以及提升词汇运用的灵活性具有不可忽视的作用。同时，日记也是自我对话的过程，在此过程中，外语使用者得以用目标语言进行深度自我表达，从而实现更深层次的语言内化，使外语真正成为表达个体思想情感的有力工具。

（三）提高篇章组织能力

1. 段落构造与连贯性

段落构造是一个系统工程，每个段落都应围绕一个中心思想进行构建，这意味着段落内部的所有句子需要紧密围绕主题句展开，形成有机整体。主题句通常位于段首，明确阐述该段落的核心观点，之后的扩展句通过提供论据、事实、细节或例证支持和发展这一主题。而有效的结尾句则能对整段内容进行总结或引出下文，保持文章节奏的流畅与紧凑。而段落间的连贯性对于提升篇章的整体性和阅读体验至关重要。实现连贯性的手段多样，包括使用过渡词语、重复关键词、运用指示代词等。例如，使用

"然而""因此""另一方面"等过渡词语可以帮助读者理解不同段落间的关系，如对比、因果或递进等。同时，在相邻段落中适时重复核心概念或使用代词指代前文提及的内容，有利于强化上下文关联，使文章读起来更加自然流畅。而且，一篇文章的各部分应根据内容和功能进行合理分段，每段都应有相对独立的主题，但所有段落共同服务于全文主旨，从而形成层次分明、脉络清晰的论述体系。

2. 主题句的提炼与展开

主题句犹如文章的灵魂，它清晰地定义了篇章的主题内容和核心论点，并为后续段落的展开指明方向。掌握如何提炼具有深度的主题句，并围绕其有效展开论述，是提升外语写作逻辑性和说服力的关键。在确定文章主题后，需要对相关素材进行深入思考、筛选和整合，凝练出一句既能反映全文主旨又能激发读者兴趣的核心句子。这一过程有助于锻炼语言运用的精练度和准确性，确保文章从一开始就牢牢抓住读者的注意力。而主题句一旦确立，接下来就是围绕主题句进行有层次、有条理的论述。通过列举实例、引用数据、分析原因、阐述影响等方式，逐步充实和完善观点，形成有力的支持论据。有效地展开论述不仅要求逻辑严谨、过渡自然，还需要注意保持段落间的内在联系，使整篇文章浑然一体，从而展现强大的篇章组织能力。同时，为了保证论述的连贯性与一致性，作者还应在各段落的内部使用恰当的衔接手段，如使用转折词、因果关系词等连接语，以体现段落间的对比转折或逻辑递进关系。此外，在实际写作中，灵活运用各类句型结构，适时插入引言、总结等元素，也能丰富文章的内容层次，增强论述的立体感。

3. 结尾的总结与升华

在外语写作中，一个出色的结尾不仅能收束全文，还能对文章的主题进行深入的总结和升华，给读者留下深刻的印象，这对想要提高外语篇章组织能力的学生来说，掌握结尾的总结与升华技巧至关重要。在进行总结时，学生需要确保准确无误地提炼出文章的主题和要点，避免遗漏或误解。同时，总结的语言要简洁明了，避免冗长和复杂的句式，以免给读者带来理解上的困难。通过这样的总结，学生能展示自己对文章内容的全面把握，增强文章的整体性和连贯性。而为了使结尾更加有深度和力度，学生还需要对主题进行升华。升华是指通过深入的思考和挖掘，将文章的主题提升到更高层次或更广视野中。这要求学生具备敏锐的洞察力和深刻的思考能力，能从不同的角度和层面审视与阐述主题。在升华的过程中，学生可以运用各种修辞手法和表达方式，如比喻、对比、引用等，来增强语言的表现力和感染力。并且，在构思文章时，学生应该明确主题和要点，并考虑如何在结尾部分进行有效的总结和升华。同时，在阅读和学习优秀范文时，学生也应该关注其结尾部分的写作技巧，学习不同作者如何巧妙地进行总结和升华。而且，通过不断写作练习，学生能更好地掌握外语写作的规律和技巧，并在实践中逐步提高自己的篇章组织能力。

（四）注重修改与反馈

1. 自我修改与润色

在外语写作过程中，初稿往往难以达到完美，需要通过自我修改与润色不断完善。这一过程不仅能提高文章的质量，还能培养写作者的语言敏感度和审美能力。自我修改是指对初稿进行仔细的检查和修正，包括语法错误的纠正、词汇的替换和调整、句子结构的优化等。通过自我修改，我们可以发现并纠正文章中的错误和不足，使文章更加准确、流畅和连贯。在自我修改过程中，虽然我们可以运用语法检查和拼写检查工具辅助修改，但更重要的是依靠自己的语言知识和语感发现问题并进行有针对性的修改。例如，我们可以关注动词时态和语态的正确使用、名词单复数的匹配、冠词的恰当选择等，这些都是外语写作中常见的错误点。通过不断的自我修改，我们可以逐渐减少这些错误，提高文章的准确性和规范性。而润色则是指在自我修改的基础上，对文章进行进一步的优化和提升。润色的重点在于提高文章的表达效果和可读性，使文章更加生动有趣和引人入胜。在润色过程中，我们可以关注词汇的选择和运用。通过替换一些普通或陈旧的词汇为更具表现力和更新颖的词汇，我们可以增强文章的表达力。同时，我们还可以运用各种修辞手法，如比喻、拟人、排比等，增强文章的表现力和感染力。此外，调整句子结构和段落安排也是润色的重要手段。通过变换句子结构，如使用倒装句、强调句等，我们可以使文章更具节奏感和韵律感。而合理的段落安排则可以使文章层次清晰、条理分明，便于读者阅读和理解。自我修改与润色是提升外语写作技能的重要方法，但并非一蹴而就的过程。自我修改与润色需要写作者具备扎实的语言基础和敏锐的审美能力，并通过不断的实践积累经验。为了提高自我修改与润色的能力，我们可以多读、多写，学习优秀文章的写作技巧和表达方式；同时，我们还可以参加写作培训或加入写作社团，与其他写作者交流和学习；并且，定期回顾自己的作品并进行反思和总结也是很有帮助的。通过这些努力和实践，我们可以逐渐提升自己的外语写作技能，写出更加优秀和精彩的外语文章。

2. 同伴互评与建议

在同伴互评环节中，学生以读者的身份阅读并理解同龄人的作品，这种视角转换能帮助他们从第三方的角度审视文章的逻辑结构、语言表达以及内容完整性，从而锻炼批判性思维能力。同时，在评判他人文章的过程中，学生会自然地反思自己在写作时可能存在的问题，比如，论点是否清晰、论证是否充分、句式结构是否丰富多样等，这无疑是一种深度学习的过程。在给予同伴建设性的反馈和改进建议时，学生不仅需要具备一定的外语基础和写作知识，还需要掌握良好的沟通技巧。在这个过程中，学生学会如何尊重他人的观点，如何准确且礼貌地指出不足，并提出有价值的修改意见，这对于培养学生的交际能力和人文素养具有深远影响。更重要的是，同伴互评机制能营造一种共同学习、共同进步的氛围。当学生看到自己的努力改善了同伴的写作，或是从他人的点评中学到了新的写作策略时，他们会获得成就感和动力，进一步激发自主学习的积极性。与此同时，面对同伴提出的疑问或挑战，学生需要积极思考并寻求解答，这种解决问题的能力也是提升外语写作技能的重要组成部分。

3. 教师反馈与专业指导

大量阅读是夯实语言基础、丰富表达方式的关键。广泛涉猎各类外文原版书籍、期刊文章、新闻报道等，可以有效积累词汇，理解语境，熟悉地道的句式结构，这对于提高写作水平具有奠基性作用。将理论学习与实际操作相结合，通过不断撰写各种类型的外语文章，如议论文、叙述文、报告文等，使自己在实践中摸索并掌握外语写作的规律和技巧。同时，保持写日记或者写周记的习惯，将日常生活中所见所闻以目标语言记录下来，这不仅仅有助于培养语感，更能深化对语言文化内涵的理解。学生还需要利用现代科技工具辅助学习。例如，使用语法检查软件修正错误，运用在线词典查阅生词，参加外语写作社区分享和交流心得，甚至尝试翻译练习，这些都能从不同维度提升写作技能。并且，定期提交作文给教师批改，倾听他们的意见和建议，针对不足之处反复修改，从而精准定位自身的问题所在，明确改进方向。教师的深度点评能帮助学生深入理解写作规范，把握逻辑脉络，提高论证的有效性。在这样的环境中，专业导师会根据学员的具体情况提供个性化教学方案，传授写作策略和高级表达手法。同时，与同学之间的互动切磋，也能激发创作灵感，开阔思维视野。

第四章 应用型外语教学评估与反馈机制

第一节 形成性评估与终结性评估的结合

一、形成性评估与终结性评估的结合概述

（一）外语教学评估的重要性

1. 提升教学质量与学习成效

外语教学评估不仅仅是衡量学生语言技能掌握程度的关键环节，更是推动教育质量持续改进的核心动力。这种评估不仅是对学生知识掌握情况的简单测试，而且是全面、系统地反映学生在外语学习各方面的真实表现。有效的评估体系能准确捕捉学生在听、说、读、写等各技能领域的细微差别和进步，为教师提供宝贵的教学参考。当教师掌握了这些精确的数据和信息后，他们便能更全面地了解学生的学习状况，包括学生的优点、不足以及潜在的学习障碍。这样的了解使教师能制订更具针对性的教学计划和教学策略，确保教学内容既符合学生的实际需求，又能有效促进他们的语言发展。更进一步地，通过对学生个体差异的深入分析和精准把握，教师可以实施差异化教学，满足不同类型、不同层次学生的个性化需求。这种教学方式尊重了学生的主体地位，让每个学生都能在适合自己的学习路径上取得成长和进步。而学生参与自评或互评过程，则是评估体系中不可或缺的一环。通过自我评价，学生能更深入地反思自己的学习方法和进度，发现自己的优势和不足，从而调整学习策略，提高学习效率。同伴之间的互评则为学生提供了一个相互学习、相互启发的平台，让他们在评价他人的同时，也能从中吸取他人的经验和教训。这种反馈机制不仅提高了学生的自我认知能力，还培养了他们的自主学习能力和批判性思维。在实践中，学生不断明确自己的学习目标，提高自我调控能力，逐渐从被动接受知识的状态转变为主动建构知识的积极参与者。同时，教学评估结果也

是课程设计与教学改革的重要参考依据。它揭示了教学过程中存在的问题和不足，为教师提供了改进教学的明确方向。基于评估结果，教师可以审视并优化教学内容、教学方法和手段，确保教学活动更加符合语言学习的新趋势和新要求。这种以评促教、以评促学的理念和实践，有助于推动外语教学的整体质量和可持续发展。并且，科学严谨的教学评估还具有不可替代的价值。它不仅能确保教学资源的合理分配和利用，还能为教育机构提供有关教学质量和效果的客观信息。这些信息对于教育决策者来说至关重要，可以帮助他们制定更符合实际需求的教育政策和规划。

2. 促进学生全面发展与终身学习能力培养

外语教学评估体系的构建与实施，其核心价值不仅仅在于对学生语言技能的精确衡量和提升，更深层次的目标在于全面考查并促进他们在情感态度、文化素养、跨文化交际能力等多个维度的均衡发展。在这个过程中，传统的以笔试为主的评价方式逐渐被多元化的评估手段所替代，如项目评价、表现性评价等。项目评价通过模拟真实情境，让学生在完成任务的过程中展现其运用语言解决实际问题的能力，从而对其语言运用的灵活性、准确性和有效性进行深度考量；而表现性评价则着重观察学生在各种语境中如何表达自我、理解他人以及对不同文化背景的认知与尊重程度，以此衡量他们的跨文化交际能力和全球视野。现代外语教学评估理念进一步强调了培养学生自我评价能力和同伴互评能力的重要性。现代外语教学评估理念认为，学生应当具备反思自身学习过程和结果的能力，学会分析自身的优点与不足，明确未来的学习方向；同时，通过参与同伴互评，学生能在交流互动中增进对他人的理解和接纳，锻炼批判性思维能力，培养团队协作精神，进而养成终身学习的习惯。这种自我教育与共同进步的过程，对于培养学生独立思考能力及人际交往技巧具有不可忽视的作用。当学生熟练掌握自我评价和同伴互评的方法，并能在实践中公正、客观地评判自己和他人的学习成效时，他们的自主学习能力和思维品质将得到显著提升，人际关系处理技巧也会更加娴熟。这些无疑将为他们在未来的职场竞争和社会生活中取得成功打下坚实基础，赋予他们在面对复杂多变的世界时游刃有余的适应力和竞争力，从而实现个人的全面发展和价值最大化。这就是外语教学评估在新时代教育背景下承载的重要使命和深远意义所在。

（二）形成性评估概述

形成性评估是教育评估领域中的一个重要概念，它强调在教学过程中对学生的学习情况进行持续、及时的反馈和调整，以促进学生发展和提高教学效果。与传统的终结性评估不同，形成性评估注重过程而非结果，关注学生在学习过程中的表现、进步和困难，为教师提供有针对性的教学指导，帮助学生发现自身的不足并制定改进策略。通过收集学生在学习过程中的各种信息，如课堂表现、作业完成情况、小组讨论等，教师能及时了解学生的学习状态，发现存在的问题和困难。这种及时的反馈有助于教师调整教学策略，以满足学生的个性化需求。而且，通过对学生的学习情况进行深入分析，教师可以发现学生在学习过程中遇到的障碍和误区，从而为学生提供有针对性的辅导和支持。这种诊断功能有助于教师因材施教，提高教学的针对性和实效性。在形成性评估中，学生不仅是被评估的对象，还是评估的参与者。他们可以通过自我评价和同伴互评等方式，反思自己的学习过程，发现自身的优势和不足，制订改进计划。这种参与和自主性有助于培养学生的自主学习能力与批判性思维，提高他们的学习积极性和责任感。在进行形成性评估时，首先，评估标准应明确、具体，与教学目标相一致，只有这样才能确保评估的准确性和有效性；其次，评估过程应注重学生的个体差异，尊重每个学生的独特性和发展潜力；最后，评估结果应及时、公正地反馈给学生和教师，以便双方及时调整学习策略和教学策略。

（三）终结性评估概述

终结性评估作为教育评估体系的重要组成部分，主要关注学生在特定学习阶段结束后的学习成果和表现。终结性评估是对学生一段时间学习成效的总结性判断，通常通过考试、测验、论文或其他形式的学习成果展示进行。与形成性评估不同，终结性评估更侧重对学生知识掌握、技能运用和能力发展的全面考核，旨在为学生的学习成果提供一个客观、公正的衡量标准。在终结性评估中，评估标准通常与课程目标和学习目标紧密相连，以确保评估的准确性和有效性；评估内容涵盖学生在该学习阶段应掌握的核心知识和技能，以及运用这些知识和技能解决实际问题的能力；评估方式多样，可以是笔试、口试、实践操作、作品展示等，具体取决于学科特点和学习目标的要求。终结性评估为学生提供了一个展示自己学习成果的机会，让学生能清楚地了解自己在一段时间内学习的进步和不足之处。而且，终结性评估的结果可以作为教师教学效果的反馈，帮助教师反思自己的教学方法和策略，以便进行有针对性的改进。并且，终结性评估还是学校和教育机构进行教育质量监控与管理的重要依据，为教育决策提供参考。

（四）形成性评估与终结性评估结合的目的与意义

1. 形成性评估与终结性评估结合的目的

形成性评估与终结性评估相结合，是现代教育评价理念的重要体现，旨在构建一个既能反映学生阶段性成果又能洞察其学习过程的综合性评价体系。这种评价方式不仅关注学生的最终成绩，还重视学生在学习过程中的表现和发展，从而更全面地评价学生的语言能力和学习成果。通过日常观察、作业批改、课堂教学互动等方式，教师能及时了解学生的学习状况，发现他们在语言技能、学习策略、情感态度等方面的问题和困难。这些反馈信息不仅仅能帮助教师及时调整教学策略，优化教学过程，更能为学生提供个性化的反馈与指导，帮助他们认清自己的学习现状，明确改进方向。而且，通过这种评估方式，教师能发现教学中的不足和问题，进而改进教学方法和手段；学生能了解自己的学习进度和水平，从而调整学习策略，提高学习效率。这种评估方式有助于形成一种积极、互动的教学氛围，让学生在持续的改进和发展中提升语言能力。并且，通过期中考试、期末考试、项目总结报告等方式，教师能全面了解学生在各语言技能领域的表现和发展水平。这些评价结果不仅能为学生提供客观、公正的学业成绩证明，还能为教师和学校提供有关教学质量与教学效果的重要信息。

通过与教学目标的对比和分析，教师能评估教学的整体效果，判断教学策略和方法是否有效，进而为下一阶段的教学提供有力依据。同时，终结性评估的结果也可以作为学生升学、就业等方面的重要依据，帮助他们更好地规划未来的学习和发展路径。将形成性评估与终结性评估有效结合，能兼顾学生外语学习的过程与结果。这种评价方式既关注学生的瞬时成就，又重视他们在学习路径上的成长与发展。通过形成性评估的持续反馈和指导，学生能及时调整学习策略，改进学习方法；通过终结性评估的全面考查和评价，学生能了解自己在各语言技能领域的表现和发展水平，为未来的学习和发展做好充分准备。这样的评估方式有助于营造一种鼓励探索、激励进步的学习氛围。在这种氛围中，学生不再是被动的接受者，而是积极的参与者和建构者。他们能在积极的反馈循环中逐步提升语言能力，实现从知识积累到能力发展的全面提升。同时，这种评估方式也有助于培养学生的自主学习能力和批判性思维，让他们在未来的学习和生活中更具竞争力与创新力。

2. 形成性评估与终结性评估结合的意义

形成性评估与终结性评估在教育实践中的有机结合，其深远影响和重要意义不容忽视。首先，这一融合模式对于推动教育公平具有显著优势。形成性评估以其动态、持续的特点，着重关注每个学生的个性化发展和独特需求，通过对学生学习过程的全程跟踪和实时记录，全面了解并尊重个体间的差异性。它强调对每个学生学习进度的细致观察与适时介入，避免了仅依赖于一次性的终结性评估带来的局限性，使那些可能暂时未能显现优秀成绩但具备较大潜力的学生能得到应有的关注和支持，从而防止他们在教育过程中被边缘化或被忽视。其次，形成性评估与终结性评估的有效结合，在提高外语教学质量方面发挥了积极作用。形成性评估如同一面镜子，将学生的学习状况真实而即时地反馈给教师，使得教师能在教学过程中掌握一手资料，针对学生在学习过程中的困难和疑惑进行精准指导与有效干预，灵活调整教学的内容、方法和进度，真正做到因材施教，提升教学效率。同时，教师也能通过分析形成性评估结果，发现自身教学策略的优点与不足，为优化教学方案提供有力依据。然而，终结性评估同样扮演着不可替代的角色。它既是对学生一个阶段或者整个课程学习成果的系统性检验，也是一次对教学目标达成度的全面审视。通过终结性评估，我们可以明确得知学生对外语知识和技能的掌握程度，以及他们运用语言进行交际的能力是否达到预期标准。这样的评估结果不仅仅有助于教师评价自身的教学效果，更为后续的教学设计、课程改进乃至教学改革提供了重要参考方向，促使教育体系持续完善和发展。

二、形成性评估在外语教学中的应用

（一）形成性评估的特点

1. 持续性与过程性

传统的评估方式往往是在学习阶段结束时，通过一次性考试或测验总结学生的学习成果。这种评估方式虽然简单易行，但存在着诸多弊端。它既无法全面反映学生的学习过程，也无法及时发现和解决学生在学习过程中遇到的问题。相比之下，形成性评估则贯穿于整个学习过程，如同一部持续记录学生学习成长的电影。在形成性评估中，教师不再是简单地给学生打分或评级，而是通过观察、记录、分析学生在学习过程中的各种表现，如课堂教学参与度、作业质量、小组讨论贡献等，获取学生学习情况的反馈信息。这种评估方式使得教师能更加深入地了解学生的学习状态，包括他们的优点、不足以及潜在的学习障碍。形成性评估的过程性体现在它对学生学习过程的持续关注和调整上。教师会根据学生的反馈信息和自己的观察结果，及时调整教学策略，以确保教学内容适合学生的实际需求。例如，当教师发现某些学生在某个知识点上存在困难时，他们可以立即调整教学方法或提供额外的辅导材料，帮助学生克服学习障碍。这种及时调整和反馈机制使得教学更加具有针对性与有效性。同时，形成性评估还强调对学生学习过程的重视。它不仅仅关注学生的学习结果，更关注学生在学习过程中是如何思考、如何解决问题的。在评估过程中，教师会鼓励学生展示他们的思维过程和解题方法，而不仅仅是给出正确的答案。这种过程性评估有助于培养学生的自主学习能力和批判性思维。通过不断地思考和探索，学生能学会如何独立地解决问题，如何批判性地分析信息，从而形成自己的知识和见解。并且，在传统的评估方式下，学生可能会感到焦虑和压力，因为他们必须在一次性的考试中表现出色才能取得好成绩。然而，在形成性评估中，学生有更多机会展示自己的能力和进步。他们可以通过课堂教学互动、作业反馈、小组讨论等方式与教师和其他学生交流、学习。

2. 反馈性与调整性

评估在教育过程中的核心价值并非仅仅为了量化学生的学业成就，赋予其一个分数或等级标签，而是更深远地致力于为学生提供深度、全面的学习反馈，引导他们认识自我学习的状况与进展，明确未来努力和改进的方向。形成性评估正是这种理念的具体体现，它强调实时性和具体性，注重对学习过程持续不断地观察、记录与分析，而非仅聚焦于最终的结果。教师在运用形成性评估的过程中，如同一位细心的园丁，通过日常的教学互动、作业检查、课堂讨论等多种途径收集关于学生学习行为与能力的数据信息。这些信息经过系统的梳理与深入解读后，能清晰地揭示出每个学生在学科知识掌握、技能习得以及思维习惯等方面展现出的优势与不足。基于此，教师能提供有针对性的建议和具体的指导方案，帮助学生建立个性化的学习路径，明确需要强化的知识点和应突破的能力瓶颈，从而激发他们的内在动力，提升自主学习的效率与质量。同时，形成性评估的灵活性和调整性也极大地优化了教学策略与教学方法。当教师获取学生的学习反馈和形成性评估结果时，他们可以根据实际情况适时调整课程内容的难易度、教学方式的新颖度及教学进度的快慢，确保教学活动始终围绕着学生的实际需求与认知节奏展开。这种动态适应性的教学模式不仅使教师的教学更加贴近学生的生活经验和兴趣爱好，还有效地促进了学生的积极参与和深度学习，提高了课堂教学的针对性与实效性。简而言之，在形成性评估的理念指导下，教育从传统的单向传授转向双向互动，教师角色从单纯的知识传递者转变为学生学习旅程的引导者和伙伴。这种以学定教、因材施教的教学模式，通过精细化的评估手段和灵活的教学策略，成功地挖掘了学生的潜能，提升了教学质量，并对学生的全面发展起到了积极的推动作用。

3. 多元性与参与性

在现代教育评估体系中，多元性作为一种关键理念被深入贯彻，它体现在评估内容、评估方式以及评估主体的广泛性和多样性上。在评估内容层面，我们不再局限于对学科知识掌握程度的传统考量，而是将其拓展到包括学习态度、合作能力、创新能力、跨文化交际能力、情感智商等在内的众多维度。这意味着在评价学生的学习成果时，教师不仅要看他们是否熟练掌握了课程规定的知识点，还要关注他们在学习过程中展现出的态度和行为表现，如对待困难的毅力与韧性、团队协作中的沟通与协调能力、面对问题时能否提出新颖独特的解决方案等。而在评估方式上，传统的笔试和口试已经不再是唯一的衡量标准，而是发展出诸如观察记录法、作品集展示、实践操作演示、项目式任务完成等多种形式。这些创新的评估方式旨在模拟真实情境，不仅让学生在实际应用中展现其综合运用所学知识的能力，也能更直观地反映出他们的思考过程和解决问题的方法。此外，自我评价和同伴互评作为新兴的评估方式也得到了广泛应用，鼓励学生自主反思并对他人的学习成果进行公正合理的评价，从而培养了学生的批判性思维和同理心。而且，教师不再是唯一扮演评估职责的角色，学生本人、同学以及家长都可以参与评价环节，形成一个多元化的评价网络。学生自我评价能帮助他们更好地认识自己的优点与不足，提升自我认知与自我管理技能；而同伴互评则通过集体智慧的力量，增进相互理解，共同进步，同时，也有助于培养公平竞争意识和社会交往技巧。在形成性评估的框架下，学生从被动接受评估的对象转变为主动参与评估的主体，他们在整个学习过程中持续不断地获取反馈，调整学习策略，改进学习方法。这种参与性评估模式不仅强化了学生的自主学习能力和自我调控能力，还能深层次地促进其批判性思维和合作精神的发展，使他们具备适应未来社会所需的综合素质。

（二）形成性评估的实施步骤与具体方法

1. 形成性评估的实施步骤

（1）设定明确的学习目标与标准。在教学开始阶段，教师应清晰阐述课程期望学生掌握的知识点和语言技能以及相应的评价标准。这一步骤为后续的形成性评估提供了参照框架。

（2）实施多样化的课堂教学活动与任务。设计一系列形式丰富、层次分明的课堂教学活动与课后作业，如小组讨论、角色扮演、项目研究、日常小测验等，这些活动应与学习目标紧密关联，能反映学生在听、说、读、写各项语言技能上的实时表现。

（3）持续观察并记录学生的进步。教师应在整个教学过程中密切关注学生的参与程度、互动情况及完成任务的表现，定期收集数据，包括学生的自我反馈、同伴互评以及教师的直接观察结果。

（4）及时提供具体且具有建设性的反馈。针对学生在各阶段活动中表现出的优势和不足，教师应及时给予细致的反馈，并提出改进意见，帮助学生了解自身学习状况，调整学习策略。

（5）依据评估结果调整教学计划与策略。基于形成性评估中获得的信息，教师应对教学内容、方法或进度进行适当调整，以适应学生的个体差异，促进全体学生的全面发展。

（6）鼓励学生自我评估与反思。在整个形成性评估过程中，教师应引导学生学会自我评价，培养他们的元认知能力，使其能自主监控和调控自己的学习进程。

2. 形成性评估的具体方法

（1）日常学习档案袋法。日常学习档案袋法是收集学生在学习过程中的各类作品，如作文、口语录音、阅读笔记等，用于展示他们在不同时期的进步和成就。

（2）连续性评价。连续性评价是通过定期的小测验、练习、口头问答等方式，对学生知识和技能的掌握情况进行连续追踪，以便及时发现问题并指导改进。

（3）量规评价。量规评价是根据预先设定的标准和等级对学生的作业、报告、演讲等进行量化评价，让学生清楚了解自己与预定目标之间的差距，明确努力方向。

（4）自我评价与同伴评价。自我评价是鼓励学生对自己的学习进行反思；同伴评价是通过同学间的互评，增强他们对学习成果的深入理解和社会交往能力。

（5）行为观察记录。行为观察记录是通过教师在课堂教学中或其他学习环境中的直接观察，记录学生在实际情境下的语言运用能力和跨文化交际表现。

（6）学习日志与反思日记。学习日志与反思日记是要求学生记录学习心得、问题困惑、改进计划等内容，以提高他们的自我认知水平和自主学习能力。

（三）形成性评估在外语教学中的优势与作用

1. 形成性评估在外语教学中的优势

在传统的教学模式下，外语课堂往往是一个教师主导、学生被动接受的环境，学生的个体差异和学习需求常常被忽视。然而，随着教育理念的不断进步，人们越来越认识到，每个学生都是独一无二的，他们有着不同的学习风格、兴趣点和学习速度。形成性评估正是基于这样的认识，通过持续的、过程性的评估，为每个学生绘制出一张精准的"学习画像"。这张"学习画像"不仅包括了学生的知识水平、技能掌握情况，还涵盖了他们的学习态度、学习风格以及在学习过程中遇到的困难和挑战。有了这张"学习画像"，教师就能更加深入地了解每个学生，根据他们的实际情况制订个性化的教学计划。例如，对于学习基础薄弱的学生，教师可以提供更多的辅导和支持，帮助他们打牢基础；对于学习兴趣不高的学生，教师可以设计更加生动有趣的教学活动，激发他们的学习热情。这种个性化的教学方式不仅提高了学生的学习效率，还让他们在学习过程中感受到了更多的关注和尊重，从而提升了他们的学习动力。

在传统的教学模式下，学生往往要等到考试结束后才能了解自己的学习成果，这种滞后的反馈很难激发学生的学习热情；但是，在形成性评估中，学生可以随时了解自己的学习情况，及时调整学习策略和学习方法。当他们在学习过程中遇到困难时，教师可以及时给予指导和帮助，让他们感受到学习的进步和成就。这种及时的反馈和调整不仅帮助学生解决了学习上的问题，还让他们看到了自己的进步和成长，从而激发了他们更大的学习动力。同时，在外语学习中，学生之间的互相学习和互相帮助是非常重要的。形成性评估为学生提供了一个展示自己学习成果的平台，让他们可以与其他学生分享自己的学习经验和心得。这种交流与合作不仅提高了学生的团队协作能力，还让他们在互相学习的过程中发现了新的学习方法和思路，从而进一步提升了他们的学习动力。

2. 形成性评估在外语教学中的作用

教学是一个动态的过程，需要不断根据学生的学习情况进行调整和优化。而形成性评估正是为教师提供了这样的机会和工具。通过形成性评估，教师可以及时了解学生对教学内容的掌握情况，对教学方法的适应程度以及对学习资源的利用情况等信息。这些信息对于教师来说是非常宝贵的，它们可以帮助教师发现教学中存在的问题和不足，及时调整教学策略和教学方法，优化教学决策。在传统的教学模式下，教师往往只能凭借自己的经验和直觉进行教学决策，这种决策方式很难保证教学的针对性和有效性。然而，在形成性评估的帮助下，教师可以更加科学地进行教学决策。例如，当教师发现大部分学生在某个知识点上存在困难时，他们可以及时调整教学计划，增加对该知识点的讲解和练习；当教师发现学生对某种教学方法不感兴趣时，他们可以尝试采用其他更加生动有趣的教学方法来激发学生的学习兴趣。这种基于学生学习情况的教学决策不仅提高了教学的针对性和有效性，还让学生在学习过程中感受到了更多的关注和尊重。

在传统的教学模式下，教师往往只能在教学结束后通过终结性评估了解学生的学习效果，这时即使发现了问题也为时已晚。然而，在形成性评估中，教师可以将评估贯穿于整个教学过程，随时了解学生的学习情况并及时进行反馈和调整。这种及时的反馈和调整不仅帮助学生解决学习上的问题，还让教师有机会在教学过程中不断改进和完善自己的教学策略与教学方法，从而确保教学质量得到持续提高。通过参与形成性评估的过程，教师可以更加深入地了解学生的学习需求和困难挑战，从而有针对性地提升自己的教学能力和专业素养。同时，教师还可以从其他同事的评估结果中汲取经验和教训，借鉴他们的成功做法和创新思路丰富自己的教学方法与手段。这种不断地学习和提升不仅有助于教师的个人成长与发展，还为外语教学质量的持续提高提供了有力保障。

三、终结性评估在外语教学中的应用

（一）终结性评估的特点

1. 体现总结性与全面性

终结性评估不仅仅是对学生知识点掌握情况的简单回顾，更是对学生整个学习阶段内取得的成果，展现出的学习态度、方法以及习惯等多个方面信息的深入剖析与总结。这种评估方式具有显著的总结性特点，它要求教师在教学活动结束后，对学生的学习情况进行一个全面而细致的梳理。这不仅仅是对学生学业成绩的简单汇总，更是对学生学习过程中的得失、进退进行深入分析的过程。通过终结性评估，教师能清晰地了解学生在哪些方面取得了进步，哪些方面还存在不足，从而为下一阶段教学提供有力的参考依据。

同时，终结性评估还表现出极强的全面性，这种全面性既体现在评估内容的广泛性上，也体现在评估标准的多元化上。在评估内容上，终结性评估不仅涵盖了学生在该阶段学习的所有知识点和技能点，还包括了他们对这些知识的理解和应用能力、解决实际问题的能力以及跨学科的综合素养等方面。这样的评估内容设置能确保全面而准确地反映学生的学业水平和发展状况。

在评估标准上，终结性评估也注重多元化和综合性的考量。除了关注学生的知识掌握情况外，还注重考查学生的思维能力、创新能力、合作能力等多个方面的素养。这些评估标准不仅仅关注学生的学业成绩，更关注他们的全面发展和个性特长的展现。这种多元化的评估标准有助于发现和培养学生的多元智能与潜能，促进他们全面而均衡地发展。它不仅能真实、客观地反映学生在某个阶段内的学习成果和水平，还能为教师、学生和家长提供一个全面而准确的学习反馈。对于教师而言，终结性评估能帮助他们了解教学效果和学生学习状况，为改进教学方法和手段提供有力依据；对于学生而言，终结性评估能帮助他们认清自己学习的优势和不足，明确下一阶段的学习目标和发展方向；对于家长而言，终结性评估则能帮助他们了解孩子的学习情况和发展状况，为家庭教育和家校合作提供有力支持。而且，通过统一、客观的评估标准和方法，终结性评估能确保每个学生都在公平、公正的环境下接受评价，避免主观因素和人为干扰对评价结果的影响。并且，终结性评估还能促进学校、教师和学生之间的交流与互动，推动教育教学的不断改进和创新。

2. 追求标准化与公平性

在教育领域，公平性作为一项基本价值追求，始终贯穿于教育活动的各环节，而终结性评估正是实现教育公平这一目标的重要途径之一。终结性评估以一种系统化、规范化的手段对学生的知识掌握程度和能力发展水平进行评价，其核心在于通过建立统一、明确且公正的评估标准与程序，确保每个学生无论身处何地、就读哪所学校或师从哪位教师，都能在同一基准下接受公正的评判，从而有效地规避了地域、教育资源分配不均、教学风格差异等因素可能导致的评估结果失衡问题。终结性评估通常采用标准化的试题设计、严谨的评分标准以及一致的评估流程，这种高度规范化的特点极大地增强了评估结果的客观性和一致性，使每个学生的学业表现得以在同一条标尺上被精准衡量，避免了主观偏见的影响，提高了评估的信度和效度。同时，终结性评估也为教育政策制定者、学校管理者乃至教师提供了坚实的数据支撑，为后续的课程设置、资源配置及教学改进等教育决策提供了科学依据。然而，终结性评估并非一味追求标准化和同一性，而是同样关注并尊重学生的个体差异。尽管采取了统一的评估框架，但在实际操作中，终结性评估往往会设计出多样化的题型和考核方式，如设置选做题、附加题，给予学生展示自己特长和优势的机会。这样的灵活性不仅仅体现了对每个学生独特性的认可和尊重，更是激发学生潜能、引导个性化发展的有效策略。学生可以根据自身的兴趣和擅长领域选择题目解答，这不仅能提高他们的学习积极性和主动性，还能帮助他们更好地认识自我、发现自身长处，并在此基础上进一步提升综合素质和创新能力。

3. 具有反馈性与指导性的功能

评估在教育实践中的核心价值，远非为学生的学习成果打分或分级那么简单，其深层意义在于搭建一个全面且精确的反馈系统，帮助学生深度认知自我学习状态和存在的问题点，从而引导他们进行有效的自我调整和改进。终结性评估作为这个系统的关键环节，扮演着无可替代的角色。它以一种结构严谨、内容集中的方式，对学生在特定阶段内的学习成效和能力水平进行全面审视，并通过比较分析，让学生清晰了解到自己在这个阶段达到的学术高度以及与其他学生之间的相对差距。这种细致入微的反馈信息，对于学生的成长至关重要。一方面，它有助于学生明确识别自身知识和技能的强项与短板，使他们既能认识到自己的优点并持续发扬光大，也能及时察觉不足之处，找准提升的方向与目标，从而制订更具针对性的个人学习计划；另一方面，终结性评估提供的反馈不仅限于个体层面，还包含了群体特征的揭示。通过对评估结果的深入剖析，教师可以洞察到学生群体中普遍存在的学习难点和瓶颈问题，据此进行教学策略和教学方法的精准调整，确保教学活动更加贴合学生实际需求，提高教学质量。而且，教师通过对评估数据的解读，能准确把握教学效果的真实情况，有针对性地改进教学设计和实施手段，不断优化教学过程，提升教育效能。同时，教师还可以借助终结性评估的结果，对学生后续学习提供更精细和高效的指导，帮助他们在已有的基础上更进一步，实现个性化发展和整体素质的全面提升。

（二）终结性评估的实施方式与流程

1. 终结性评估的实施方式

标准化测试是最常见的终结性评估形式，如期末考试、资格认证考试等，通过设计严谨且结构化的试题，以书面答题、实操演示或者口头答辩等方式，对学生的知识掌握度、技能运用及问题解决能力进行量化评估。

2. 终结性评估的实施流程

（1）规划阶段。在规划阶段，教师或评估者需要明确评估目标，根据课程大纲和教学目标设计相应的评估工具，如试卷、作业要求、评分标准等，并提前告知学生，确保他们了解评估的形式和要求。

（2）执行阶段。在执行阶段，按照既定的评估计划进行，学生可能需要参加考试、提交项目报告、参与模拟实践或其他形式的评估活动。评估者则需要严格监督执行过程，确保公正、公平，同时，记录学生的各项表现以便后续分析。

（3）评分阶段。进入评分阶段后，评估者依据预先设定的评分标准，对学生提交的作品、测试成绩、实践活动等进行细致、客观的评价，力求准确反映每个学生的知识理解和技能掌握情况。

（4）反馈阶段。在反馈阶段，评估结果不仅需要及时通知给每个学生，还需要提供详尽的反馈意见，帮助他们识别自身的优势和不足，为未来学习路径提供指引。此外，教师或评估者还应根据终结性评估的结果，反思教学方法和策略的有效性，以持续优化教学过程，提升教学质量。

（三）终结性评估在外语教学中的作用与价值

1. 终结性评估在外语教学中的作用

在外语学习的每个阶段结束时，终结性评估如期末考试、水平测试等，为学生提供了一个展示自己学习成效的平台。通过这些评估，学生能清晰地了解自己在一段时间内学习的进步和不足之处，明确自己在语言知识、语言技能以及跨文化交际能力等方面的掌握情况。同时，终结性评估的结果也是教师教学效果的直接反馈。教师可以通过分析评估结果，了解教学方法是否得当，教学内容是否满足学生的学习需求，从而为下一阶段的教学提供有益参考。当学生在评估中取得好成绩时，他们会感受到学习的成就感和满足感，进而增强学习的自信心和兴趣；而当学生成绩不理想时，他们也能从中看到自己的不足，产生改进学习的动力。因此，终结性评估不仅仅是对学生学习成果的检验，更是激发学生学习潜能、促进学生持续发展的重要手段。

2. 终结性评估在外语教学中的价值

通过终结性评估，学校和教育机构可以全面了解外语教学的整体效果，把握学生的学习水平和能力发展状况。这些评估结果为学校提供了宝贵的数据支持，有助于学校对教学质量进行客观、科学的评价。在此基础上，学校可以有针对性地进行教学调整和改进。例如，针对学生在评估中普遍存在的薄弱环节，教师可以调整教学内容和教学方法，加强相关知识和技能的训练；针对评估结果中反映出的课程设置问题，学校可以对课程结构、课时安排等进行优化调整，以更好地满足学生的学习需求和社会发展对外语人才的需求。同时，终结性评估也是教师进行教学反思和专业成长的重要途径。通过分析评估结果，教师可以深入剖析自己的教学过程和教学方法，发现存在的问题和不足，进而寻求改进教学的策略和方法。这种反思和成长过程有助于教师提升教学能力与专业素养，从而提高外语教学的整体质量。

四、形成性评估与终结性评估结合的策略

（一）结合评估的理论基础

1. 教学过程中的动态调整与最终成效的考量

从教学过程的动态性来看，形成性评估注重在教学过程中及时收集学生的学习信息，以便教师调整教学策略，满足学生的即时需求。这种动态调整的教学理念认为，教学不是一成不变的，而是需要根据学生的实际情况进行灵活调整的。形成性评估通过反馈机制，使教师能实时了解学生的学习状态，从而做出相应的教学决策。与此同时，终结性评估则强调在教学活动结束时，对学生的学习成果进行全面、总结性的评价。这种评价方式关注的是教学的最终成效，即学生在经过一段时间学习后达到的知识水平和技能掌握情况。终结性评估的结果可以为教师、学生和家长提供一个清晰的学习成果展示，有助于教师、家长了解学生在特定阶段内的整体表现。将形成性评估与终结性评估相结合，既体现了教学过程的动态调整理念，又兼顾了对教学最终成效的考量。这种结合使得教学活动既具有灵活性，又能确保教学目标的实现。

2. 学生个体差异的尊重与整体水平的把握

每个学生都是独特的个体，他们在学习过程中表现出不同的学习风格、速度和兴趣点。形成性评估通过关注学生的学习过程，能更加深入地了解每个学生的个体差异，从而为他们提供个性化的教学支持。然而，教育不仅要关注个体的发展，还要把握学生的整体水平。终结性评估正是这样一种能全面反映学生整体水平的评价方式。通过终结性评估，教师可以了解班级或年级的整体表现，从而制订更加符合实际的教学计划和策略。将形成性评估与终结性评估相结合，既能尊重学生的个体差异，满足他们

的个性化学习需求，又能把握学生的整体水平，确保教学活动的整体推进。这种结合充分体现了教育公平与个性化的统一。

3. 持续改进与阶段性成果的平衡

形成性评估注重在教学过程中发现问题并及时进行改进，这种持续改进的教学理念有助于提高教学质量和学生的学习效果。而终结性评估则关注学生在特定阶段内的学习成果，这种对阶段性成果的重视有助于教师和学生了解学习的进度与效果。将形成性评估与终结性评估相结合，既能保证教学活动的持续改进，又能确保学生在每个阶段都取得一定的学习成果。这种平衡不仅有助于提高教学质量，还能激发学生的学习兴趣和动力，促进他们的全面发展。

（二）结合评估的实践模式

1. 形成性评估与终结性评估的内涵及其在结合模式中的角色

形成性评估是一种动态、持续的过程，它关注学生的进步过程与成长变化，通过教师日常的教学互动、作业反馈、小测验等多种方式收集信息，以实时了解学生的学习状况，识别他们的困难点并提供针对性指导，从而促进学生的知识、技能发展和自主学习能力的提升。相比之下，终结性评估通常在教学周期结束时进行，是对学生一段时间内所学知识和技能掌握程度的整体考量。这包括期末考试、项目报告、毕业设计等各类能体现学习成果的形式。终结性评估旨在衡量学生是否达到预设的教学目标，对整个课程或项目的效果进行总结性评判。结合这两种评估方式形成的实践模式，既注重学习过程的监控和调整（形成性评估），又重视学习结果的客观、公正评价（终结性评估）。两者相辅相成，共同构建出一个既能反映学生个体差异，又能全面考核其知识掌握度及实际应用能力的立体化评估体系。

2. 形成性评估与终结性评估结合实践模式的价值体现

在教学进程中应经常运用形成性评估工具，及时获取学生的学业进展数据，根据反馈情况灵活调整教学内容和教学方法，实现个性化教学，激发学生的学习积极性和主动性。并且，利用形成性评估积累的大量数据，分析每个学生的学习特点和问题所在，为终结性评估的设计提供依据。例如，针对学生的薄弱环节设计具有挑战性的综合任务，确保终结性评估既能检验学生的整体水平，也能反映出他们在学习过程中的改进与突破。整合形成性评估与终结性评估的结果，为学生提供深度、全面的反馈意见，帮助他们认识自身的优点和待提高之处，制订个人学习计划，培养自我反思和终身学习的习惯。该结合实践模式的价值在于，它打破了传统的一次性评价框架，更加注重学习的连续性和动态性，有利于教学质量的提升和学生综合素质的发展，有助于构建更公平、有效的教学评价体系，真正实现了从知识传授到能力培养的教育目标转型。

（三）结合评估在外语教学中的优势

1. 促进教学过程的优化与学生学习的实时监控

教师可以通过课堂教学互动、作业分析、小测验等方式，及时了解学生对语言知识的掌握情况，从而有针对性地调整教学策略。这种实时的教学调整不仅有助于解决学生在学习过程中遇到的困难，还能提高教学效率和学生的学习兴趣。同时，形成性评估还为学生提供了一个自我监控学习进度的机会，使他们能更清晰地认识到自己的学习状态，进而调整学习策略。在外语学习中，这种自我监控能力的培养尤为重要，它有助于学生形成自主学习的习惯，提高语言学习的自主性。终结性评估则以其总结性和全面性为外语教学提供了有力支持。通过期末考试、水平测试等方式，教师可以全面了解学生在一段时间内的学习成果，为下一阶段的教学计划提供可靠依据。而且，终结性评估结果可以作为学生升学、就业等重要决策的参考，体现了其在外语教学中的实际应用价值。

2. 注重学生个体差异

每个学生都是独特的个体，他们在语言学习上的进度、难点和兴趣点都不尽相同。形成性评估通过关注学生的学习过程，为教师提供了了解学生个体差异的窗口，使教师能根据学生的实际情况进行个性化教学。这种个性化教学不仅仅有助于激发学生的学习兴趣，更能提高他们的学习效率和语言运用能力。无论学生的背景如何，他们都需要在相同测试条件下展示自己的语言水平。这种公平性不仅有助于增强学生的竞争意识，还能激发他们的学习动力。终结性评估的标准化测试结果则可以为教师提供客观的、可比较的学生学习成果数据，有助于教师进行教学反思和教学改进。

3. 提升教学质量与培养学生自主学习能力

形成性评估通过持续的反馈和调整，确保教学过程始终沿着正确的方向前进，避免了教学偏差的出现。同时，形成性评估还鼓励学生积极参与评估过程，培养他们的自我反思和自我调整能力。这种能力在外语学习中尤为重要，因为语言学习是一个不断试错和自我修正的过程。

终结性评估则通过其总结性和全面性的特点，为外语教学提供了一个高质量的评价标准。终结性评估不仅可以检验学生对语言知识的掌握程度，还可以评价他们的语言运用能力和跨文化交际能力。这些能力的培养是外语教学的核心目标之一。而且，终结性评估可以为学生提供一个展示自己学习成果的机会，激发他们的学习自信心和成就感。这种自信心和成就感是推动学生持续学习的重要动力来源。

第二节　学生自评与互评机制的建立

一、学生自评与互评的意义和价值

（一）学生自评促进学生自我认知与自主学习能力的提升

学生自评，即学生对自己的学习成果、学习过程、学习策略等进行自我评价。这一过程对于促进学生自我认知与自主学习能力的提升具有深远意义。通过自评，学生能更加清晰地认识到自己的学习状态，包括自己的优点、不足以及需要改进的地方。这种自我认知的过程有助于学生形成正确的学习态度和学习观念，从而更加积极地投入学习。而且，在自评的过程中，学生需要对自己的学习进行反思和总结，这就要求学生必须具备一定的自主学习能力和自我监控能力。通过不断地自评，学生可以逐渐掌握自主学习的技巧和方法，提高自己的学习效率和质量。当学生能对自己的学习进行客观、准确的评价时，他们不仅会更加自信地面对学习挑战，还会更加负责任地对待自己的学习。这种自信心和责任感是学生学习与成长过程中不可或缺的重要品质。

（二）学生互评提高合作与交流能力，实现共同进步

学生互评，即学生之间相互评价彼此的学习成果、学习过程等。互评的过程不仅有助于提高学生间的合作与交流能力，还能实现共同进步。在互评的过程中，学生需要相互沟通、协商、讨论，这就要求学生必须具备一定的合作与交流能力。通过互评，学生可以学会如何与他人合作，如何与他人

进行有效的沟通和交流，从而提高自己的社会适应能力。同时，互评还有助于实现学生的共同进步。在相互评价的过程中，学生可以相互学习、相互借鉴，从而取长补短，实现共同进步。这种共同进步的过程不仅有助于提高学生的学业成绩，还有助于培养学生的团队协作精神和集体荣誉感。而且，在互评的过程中，学生需要对他人的观点、想法等进行批判性的分析和思考，这就需要学生具备一定的批判性思维和创新能力。通过不断地互评，学生可以逐渐培养这些重要的思维能力，为未来的学习和生活打下坚实基础。

二、机制建立的目的与目标

（一）机制建立的目的

外语学习是一个复杂的过程，涉及语音、词汇、语法、听、说、读、写等多个方面。通过建立科学有效的教学机制，可以确保教学内容的系统性和连贯性，使各教学环节相互衔接、相互促进。这样的机制不仅有助于教师全面、准确地把握学生的学习状况，还能根据学生的学习进度和反馈及时调整教学策略，从而实现教学过程的优化。同时，在传统的教学模式下，教师往往需要花费大量的时间和精力去准备教学材料、组织教学活动、批改作业等；而通过建立合理的教学机制，如采用多媒体教学、网络教学等现代化教学手段，可以大大减轻教师的工作负担，提高教学效率。而且，机制建立能促进教学资源的共享和利用，使优质教学资源得到更加合理的分配和利用，从而进一步提升教学质量。

（二）机制建立的目标

通过建立以学生为中心的教学机制，可以激发学生的学习兴趣和积极性，培养他们的自主学习能力和创新思维能力。这样的机制鼓励学生积极参与各种外语实践活动，如角色扮演、小组讨论、演讲比赛等，使他们在实践中不断锻炼和提高自己的外语应用能力。同时，机制建立还注重培养学生的跨文化交际能力。外语不仅仅是一种语言工具，更是一种文化载体。通过学习外语，学生可以了解不同国家的文化、历史、风俗习惯等，从而拓宽自己的国际视野和提高跨文化交际能力。机制建立在这一过程中强调文化导入和文化对比的重要性，帮助学生理解不同文化间的差异和共性，提高他们的文化敏感度和跨文化交际能力。

三、学生自评机制的构建

（一）自评的定义与重要性

1. 自评的定义

自评，即自我评价，是个体对自己在某一特定领域或任务中的表现、能力、态度等进行的反思和评价。在教育领域，自评作为一种重要的评价手段，被广泛应用于学生的学习和教师的教学过程中。自评不仅仅是一种自我认知的过程，更是一条自我提升和自我完善的重要途径。在教育实践中，自评通常要求学生或教师根据自己的实际情况，对照评价标准，对自己的学习或教学进行客观、全面的分析和评价。这种评价方式强调个体的主体性和自主性，有助于激发个体内在的动机和积极性，促进个体的自我发展和自我实现。在教育领域，自评的应用具有广泛性和多样性。在学习方面，学生可以通过自评了解自己的学习状况、学习进度和学习效果，从而及时调整学习策略，提高学习效率；在教学方面，教师可以通过自评反思自己的教学过程、教学方法和教学效果，从而不断改进教学策略，提高教学质量。此外，自评还可以应用于教育评价、教育测量和教育研究等领域，为教育决策提供科学依据。

2. 自评的重要性

自评有助于个体建立正确的自我认知。通过自评，个体可以更加全面、深入地了解自己的优点、不足和潜力，从而形成正确的自我观念和自我定位。这种自我认知是个体制订发展目标、规划职业生涯的重要依据。当个体对自己的表现进行评价时，他们会更加关注自己的进步和成长，从而产生积极的自我激励作用。这种内在动机和积极性是个体持续学习、不断进步的重要动力来源。在自评过程中，个体需要独立思考、自主判断，对自己的表现负责。这种自主性和责任感的培养有助于个体形成独立的人格与积极的生活态度。同时，自评还有助于提高个体的自我监控和自我调节能力，这种自我监控和自我调节能力是个体实现自我管理与自我提升的重要保障。

（二）自评工具与标准的设计

1. 学生自评工具的设计要素

（1）清晰的学习目标导向。自评工具需要基于课程或项目设定明确的、可操作的学习目标，确保学生对照学习目标进行自我评估，了解自身在知识掌握、技能应用以及思维习惯等方面的进展。

（2）结构化与层次化的指标体系。自评工具需要包含一系列具体、细致的评价指标，从不同维度衡量学生的学习表现，如知识理解程度、问题解决能力、团队协作精神等，并按照难度和深度划分层次，便于学生逐级审视自己的进步。

（3）量化与质性相结合的评价方式。量化与质性相结合的评价方式既包括定量的数据收集（如完成作业的数量、测试成绩等），也涵盖定性的自我描述与反思（如对个人学习策略的总结、对学习困难的认识等）。

（4）反馈与改进机制。自评工具不仅仅要求学生对自己的学习成果进行评价，更强调通过评价促进学生发现不足，思考改进措施，并将这些反馈融入后续学习过程，形成持续的自我提升循环。

2．构建学生自评标准的方法

（1）明确标准的内容与结构。根据课程大纲和教学目标，确定评价的关键领域，如知识理解、技能运用、创新思维、情感态度等，并为每个领域设计相应的子标准，形成全面而有序的标准体系。

（2）设计评分等级与标准描述。为每个评价指标设定清晰的评分等级，例如，优秀、良好、合格、待改进等，并对应编写详细的等级描述，使学生能明确知道达到各等级的具体要求。

（3）引导学生参与标准制订。鼓励学生参与自评标准的讨论和修订，倾听他们的意见和建议，使标准更加贴近学生的学习实际，提高其认同感和执行积极性。

（4）定期审查与优化。在实施过程中，不断收集学生使用自评工具的反馈信息，观察自评标准对学生学习行为的影响效果，适时调整优化标准内容，确保其科学性、有效性和公正性。

（三）自评流程与实施步骤

1．外语教学中自评流程的构建

（1）设定明确的学习目标。教师应根据课程大纲和语言能力标准设定明确、可操作的外语学习目标，如语法掌握程度、词汇量增长、口语表达流利度等，让学生明白需要达到的标准及自身努力的方向。

（2）自我诊断与评价指标设计。学生依据学习目标制定自我评估清单或量表，包含听、说、读、写各项技能以及跨文化交际能力等方面的具体指标，确保评价内容全面覆盖所学知识与技能。

（3）持续性自我监测与记录。在日常学习过程中，学生持续对自己的语言学习进行实时反馈和记录，比如，完成练习题后自己批改答案、参与课堂教学讨论后总结自己的表现、定期回顾并整理新学到的词汇和短语等。

（4）定期深入反思与调整策略。在每个学习阶段结束时，学生运用自评工具系统地分析自身的学习进展，反思学习方法的有效性，并据此调整学习策略和计划。同时，教师也可以引导学生开展小组互评或同伴反馈，进一步拓宽他们的视野，增强自我认知。

（5）结果呈现与改进措施规划。学生将自评结果以书面报告或口头汇报的形式呈现给教师和其他学生，共同探讨存在的问题及改善方案，制订个人改进行动计划。

2. 自评步骤的实际操作

（1）教师导入与示范。在开始阶段，教师需要向学生详细解释自评的重要性、方法及其在语言学习过程中的作用，并提供实例演示如何进行有效的自我评价。

（2）学生自评训练与实践。教师分阶段指导学生使用自评工具进行自我检测，如完成写作任务后参照评分标准自查语法错误、篇章结构是否合理；在口语活动中录制音频，随后反复听取并对比优秀范例找出差距等。

（3）反馈与互动交流。教师鼓励学生之间分享自评心得，通过同伴互评、小组讨论等形式，对照他人的优势与不足，加深对自身外语水平的认识，同时，也从他人的经验中获得启示和建议。

（4）教师点评与个性化指导。教师基于学生的自评结果，给予有针对性的点评与指导，帮助学生正确认识自己的强项与短板，对进步明显的地方给予肯定和激励，并针对薄弱环节提出改进策略。

（四）自评结果的反馈与应用

1. 自评结果的反馈

教师应积极接纳和处理学生的自评结果，通过个别面谈或小组讨论的方式，引导学生深入剖析自我评价中反映出来的优势和不足。同时，教师需要提供具有建设性的反馈意见，既肯定学生的努力与进步，也针对具体问题提出改进措施。而且，教师可以借助在线学习平台或教育软件将学生的自评结果以图表形式直观展示，让学生能清晰地看到自己在听、说、读、写各项技能以及词汇量、语法掌握等方面的发展趋势和水平位置，从而激发他们优化学习路径的动力。并且，教师可以根据学生自评反映出的普遍性问题，及时调整教学内容、方法及节奏，例如，增加针对性练习、设置情景模拟等，确保教学过程更加贴近学生需求。不仅如此，根据每个学生的自评报告，教师还可制订个性化的学习计划和辅导方案，帮助他们在弱项上突破，在强项上进一步发展，实现因材施教。

2. 自评结果在外语教学中的应用价值

自评结果在实际外语教学中发挥着举足轻重的作用，它不仅有助于提高学生的学习效率，还能培养他们的自主学习能力和批判性思维。一方面，自评结果的应用强化了学生对自身语言能力的认识。当学生完成一次自评后，会对自己在外语学习上的优势和不足有更深刻的理解，这有助于他们在后续学习中有的放矢地巩固优势、改进不足。另一方面，自评结果为教师提供了精准的教学参考。通过对全班乃至个体学生的自评数据进行分析，教师可以把握整体教学效果，发现共性问题并采取集体辅导；同时，也有利于开展精细化教学，依据每个学生的实际情况给予个性化的关注与支持。

四、学生互评机制的构建

（一）互评的概念与作用

1. 互评的概念

互评，即相互评价，是指在外语教学过程中，学生之间根据一定的评价标准和方法，对彼此的学习成果、学习过程、学习策略等进行评价和反馈的活动。互评是一种以学生为中心的评价方式，强调学生之间的互动与合作，旨在通过互评，促进学生之间的交流与学习，提高学生的自主学习能力和批判性思维。在外语教学实践中，互评通常包括同伴评价、小组评价等形式。同伴评价是指学生之间互相评价彼此的学习成果，如作文、口语表达等；小组评价则是指在小组合作学习中，小组成员之间相互评价各自在小组活动中的表现、贡献等。这些评价方式都可以帮助学生更加全面、客观地了解自己的学习情况，发现自己的优势和不足，从而及时调整学习策略，提高学习效果。

互评在外语教学中具有重要作用，首先，互评可以提高学生的参与度和积极性。传统的外语教学评价往往以教师评价为主，学生处于被动接受的状态；而互评则让学生成为评价的主体，积极参与评价过程，从而激发学生的学习兴趣和动力。其次，互评可以培养学生的批判性思维和自主学习能力。在互评过程中，学生需要独立思考、分析问题、提出建议，这有助于培养他们的批判性思维和自主学习能力。最后，互评可以促进学生合作与交流能力的发展。在互评过程中，学生需要与他人进行沟通、协商、讨论，这有助于培养他们的合作与交流能力，提高他们的团队协作精神和集体荣誉感。

2. 互评的作用

互评作为一种重要的教学评价方式，在外语教学中发挥着举足轻重的作用，通过互评，学生可以及时获得来自同伴或小组成员的反馈和建议，从而更加全面地了解自己的学习情况。这种反馈往往比教师的单方面评价更加贴近学生的实际需求，更能帮助学生找到适合自己的学习方法和学习策略。同时，互评还能促进学生之间的相互学习和借鉴，让他们在比较中看到自己的长处和短处，进而取长补短，实现共同进步。在互评过程中，学生需要学会如何与他人进行有效的沟通和交流，如何理解并尊重他人的观点和意见。这种沟通和交流的过程不仅有助于提高学生的口语表达能力与听力理解能力，还能培养他们的团队协作精神和人际交往能力。这些能力对于学生未来的社会生活和职业发展都具有重要意义。而且，通过互评，学生可以更加清晰地认识到自己的优势和不足，从而更加明确自己的学习目标和发展方向。同时，互评还能激发学生的内在动机和自主意识，让他们更加积极地投入学习中，实现自我管理和自我提升。这种自我认知和自主发展能力的培养对于学生的长远发展具有深远影响。

（二）互评小组的组建与管理

1. 互评小组在外语教学中的组建

教师应充分考虑学生的个体差异，包括语言水平、性格特点以及学习风格等诸多因素。这些差异不仅仅是教育的挑战，更是宝贵的教育资源。通过精心组织和引导，可以确保小组内部成员之间具有互补性，从而激发多元的视角和丰富的讨论。在这样的环境中，每个学生都能从同伴身上学到不同的东西，高阶技能的学生也有机会在帮助和支持同伴的过程中进一步巩固与提升自己的能力。为了确保小组互评活动的有序进行，每个小组内应设定不同的角色，如组长、记录员、汇报人等。组长负责协调小组内的活动，确保每个成员都能积极参与；记录员负责记录讨论的主要内容和结论，以便后续参考；汇报人则负责将小组的讨论成果向全班展示。通过角色轮换，每个学生都能在不同的位置上得到锻炼和发展，不仅能提升自己的各项能力，还能更好地理解和尊重他人的工作。而且，建立公正、客观、尊重的互评文化至关重要。互评不是简单的批评或表扬，而是一种相互学习、共同进步的过程。教师应引导学生理解并接受批评和建议，让他们明白这些反馈是为了帮助他们更好地学习和成长。为了达到这个目的，教师需要提供详细的评价标准和操作指南，确保小组内的互评工作既有据可依又富有建设性。这样，学生在进行互评时就能更加客观、公正地评价同伴的表现，并且提出有针对性的建议。当然，教师在整个互评过程中的作用不容忽视。他们需要密切关注互评小组的动态，定期收集小组活动的反馈，以便及时发现问题并进行调整。如果某个小组的配置不太合适，导致活动难以开展或者效果不佳，那么教师应适时进行微调，确保每个小组都能发挥出最大的潜力。同时，对于互评过程中暴露出来的问题，教师应及时给予指导和帮助，引导学生正确看待和处理这些问题，确保小组运作顺畅且高效。除了以上提到的方面外，教师还可以通过各种方式激发学生的积极性和创造性。例如，可以设立奖励机制，对在互评活动中表现突出的学生或小组给予表彰和奖励；还可以组织小组间的竞赛或展示活动，让学生在竞争中提升自己的能力和团队凝聚力。这些措施都能有效提高学生的参与度和投入度，使互评活动更加生动有趣且富有成效。

2. 互评小组在外语教学中的有效管理

在小组互评活动开始之前，教师的角色尤为关键。为了确保互评的有效性和公正性，教师应精心组织一场专门的培训活动，旨在让学生全面了解互评的目的、方法和技巧。在这场培训活动中，教师可以通过讲解、示范和互动讨论等多种形式，帮助学生深入理解互评的重要性和意义。同时，模拟互评场景的设置也是必不可少的一环，它可以让学生在实际操作中掌握如何给出具体、有依据的评价意见，从而避免主观臆断或过于宽泛的评价。通过这样的培训，学生不仅能提升自己的评价能力，还能更好地理解和尊重他人的劳动成果。这种理解和尊重既是互评活动顺利进行的基础，也是培养学生团队协作精神和人际交往能力的重要途径。为了进一步强化这一效果，教师还可以设计一系列互动性强的互评活动，以激发学生的学习兴趣和参与度。这些互评活动可以根据教学内容和教学目标进行灵活设计，如口头陈述、写作展示、对话表演等。它们不仅能让学生在轻松愉快的氛围中展示自己的学习成果，还能鼓励小组成员积极参与、细心观察、公正评判。在互评过程中，学生之间的交流与协作将得到进一步加强，这不仅有助于提升学生的语言能力和学习策略，还能培养他们的批判性思维和创新能力。当然，教师在整个互评过程中的监督和激励作用也是不容忽视的。教师需要实时跟进互评小组的进程，确保互评活动不偏离教学目标，并积极肯定和奖励那些在互评中表现出认真负责态度与敏锐洞察力的学生。这种及时的反馈和激励不仅能增强学生的自信心和学习动力，还能帮助他们在互评过程中不断发现自己的不足并加以改进。同时，针对互评过程中出现的问题和矛盾，教师应及时介入引导，以维护小组内部的和谐氛围。教师的这种调解和引导作用不仅有助于解决当前的问题，还能让学生在处理冲突和分歧的过程中学会更多的沟通与协作技巧。在每轮互评结束后，各小组都应当进行集体反思和总结。这是一个非常重要的环节，因为它能帮助学生从他人的评价中吸取经验教训，不断优化自身的语言能力和学习策略。在这个过程中，教师需要引导学生进行深入的思考和讨论，让他们能真正地从互评中受益。

（三）互评标准与互评指南的制订

1. 互评标准在外语教学中的科学构建

互评标准需要围绕具体的教学目标来设计，如语言知识的掌握程度、语言技能的应用能力等，并结合不同阶段的教学内容细化为可评估的具体指标，如发音清晰度、词汇量、语法准确性、表达流畅性、文化理解力等。而且，互评标准需要兼顾不同水平学生的学习需求和进步空间，设立初级、中级和高级等递进式评价标准，让学生在互评过程中看到自身成长的路径并激发持续提升的动力。同时，互评标准中还应融入过程性评价元素，关注学生的努力程度、学习策略以及问题解决能力等非显性学习成果。并且，互评标准需要具体、明晰，便于学生理解和执行。例如，在口语互评中，可以设定"能否准确使用目标词汇""语调是否自然得体"等能观察和测量的行为标准；在写作互评中，则可以规定"文章结构是否清晰""逻辑是否连贯"等可以量化评估的项目。互评标准不仅仅限于对错误或不足之处的识别，更应引导学生提出改进意见和分享成功经验，形成积极正向的互学互助氛围。

2. 互评指南在外语教学中的制订流程

互评指南应详细介绍从任务布置、准备、实施到反馈的整个互评流程，确保每个参与互评的学生都清楚自己在各阶段的角色定位和行动要求。针对不同的语言技能，互评指南应配备相应的评价表单、量规或者评分细则，使学生在评价他人的同时学会自我反思。此外，互评指南还要传授如何根据标准进行客观判断、如何给出有理有据的评价意见等方面的技巧。而且，互评不仅仅是评判的过程，更是交流和学习的机会。因此，互评指南应提醒学生以平等、尊重的态度对待他人，提倡真诚、善意地提出改进建议，避免批评过于尖锐，鼓励肯定与赞美他人优点。并且，互评指南应指导学生如何接受并处理来自同伴的评价结果，促使他们将反馈转化为实际改进措施。同时，教师也要通过观察和收集互评数据，适时调整互评标准与互评指南，以适应不断变化的教学情境和学生需求。

（四）互评过程的监控与调整策略

1. 互评过程的监控

在外语教学过程中，互评作为一种有效的评价方式，其实施过程需要得到细致的监控，以确保评价的公正性、有效性和及时性。监控机制在互评中起着至关重要的作用，它不仅包括对评价活动的跟踪和管理，还涉及对评价标准的把握、对评价过程的指导以及对评价结果的反馈等多个环节。这就需要明确评价标准和要求，确保每个参与互评的学生都能明确评价的目的和意义，以及具体的评价内容和标准。只有这样，学生在进行互评时才能有明确的依据，减少主观性和随意性，提高评价的客观性和准确性。同时，教师作为互评活动的组织者和引导者，需要对整个互评过程进行密切的跟踪和观察，及时发现并纠正评价中出现的偏差和问题。例如，当发现某些学生在互评中过于苛刻或过于宽松时，教师需要及时进行干预和指导，确保评价的公正性和有效性。而且，教师需要及时收集和整理学生的互评结果，并结合自己的观察和判断，对学生的学习情况进行全面的分析和评估。然后，根据学生的实际情况和需求，提供有针对性的反馈和建议，帮助学生更好地了解自己的学习情况，发现自己的优势和不足，从而制订合理的学习计划和策略。并且，教师需要根据互评结果对教学过程进行反思和调整，以更好地满足学生学习需求和提高教学质量。

2. 互评过程的调整策略

针对互评过程中可能出现的问题和挑战，教师可以采取多种调整策略，首先，教师可以根据学生的学习进度和水平差异，调整互评的时机和频率。例如，对于学习基础较差的学生，教师可以适当增加互评的次数和频率，以便及时发现和纠正他们在学习中的问题；对于学习基础较好的学生，教师可以适当减少互评的次数和频率，以便给他们更多自主学习和探究的空间。其次，教师可以根据互评结果和学生反馈，调整评价标准和内容。例如，当发现某些评价标准过于抽象或难以操作时，教师可以对其进行具体化和细化，使其更加贴近学生的实际需求和认知水平；当发现某些评价内容过于单一或缺乏针对性时，教师可以对其进行拓展和补充，使其更加全面和深入地反映学生的学习情况。最后，教师还可以通过对互评方式的创新和改进优化互评过程。例如，教师可以采用线上互评、匿名互评等新型评价方式，增加评价的趣味性和互动性；教师还可以引导学生开展自评与互评相结合的评价活动，促进学生的自我认知和自主发展。这些调整策略和优化方向都有助于提高互评的质量与效果，为外语教学提供更加有力的支持和保障。

五、自评与互评机制的整合

（一）整合自评与互评机制的必要性

1. 自评与互评的互补性

自评是学生对自己在学习过程中的表现、成果进行自我评价的方式。通过自评，学生可以更加深入地了解自己的学习情况，发现自己的优势和不足，从而制订更加合理的学习计划和策略。然而，自评存在主观性过强的问题，学生可能会因为自我认知的局限或者心理因素的影响而对自己的评价产生偏差。此时，互评的引入可以有效地弥补自评的不足。互评是学生之间相互评价的方式，它可以从不同的角度和视角对学生的学习情况进行全面评价。通过互评，学生可以更加客观地了解自己的学习情况，发现自己在他人眼中的优点和不足，从而更加全面地认识自己。在互评过程中，学生可以借鉴他人的优点和经验，发现自己的不足和需要改进的地方。同时，互评还可以培养学生的批判性思维和人际交往能力，为他们的未来发展打下坚实基础。

2. 整合自评与互评机制的教学意义

整合自评与互评机制对于外语教学具有重要的教学意义，它可以提高评价的全面性和准确性。通过自评和互评的结合使用，教师可以从多个角度和层面对学生的学习情况进行全面评价，从而更加准确地了解学生的学习情况和需求。这种全面性和准确性的提高有助于教师制订更加合理的教学计划与教学策略，提高教学质量和效率。通过自评，学生可以更加深入地了解自己的学习情况和学习需求，从而更加明确自己的学习目标和发展方向。而互评则可以为学生提供更加广阔的学习和交流平台，促进他们之间的相互学习和共同进步。这种自主学习和自主发展的过程有助于培养学生的终身学习能力与创新精神。而整合自评与互评机制则可以将评价的主体地位交还给学生，让他们积极参与评价过程，发表自己的观点和看法。这种互动性和趣味性的增强有助于激发学生的学习兴趣与动力，提高他们的学习积极性和自主性。

3. 整合自评与互评机制的实践策略

要有效地整合自评与互评机制并应用于外语教学中，需要采取一系列实践策略。首先，教师需要明确评价目标和标准，确保自评和互评都能围绕教学目标进行；其次，教师需要为学生提供必要的评价工具和指导，帮助他们掌握评价的方法和技巧；再次，教师需要对评价过程进行监控和管理，确保评价的公正性和有效性；最后，为了激发学生的学习兴趣和动力，教师还可以采用多样化的评价方式和手段，如线上评价、小组评价等。在实施整合自评与互评机制的过程中，教师要尊重学生的主体地位和个性差异，允许他们根据自己的实际情况进行自评和互评；也要注重评价结果的反馈和应用，及时为学生提供有针对性的建议和指导；还要不断对评价机制进行反思和调整，以适应外语教学的变化和发展需求。

（二）整合策略与方法

1. 自评与互评机制的有机融合

教师需要引导学生建立清晰的自我评价体系，使其了解外语学习目标和自身语言技能的发展水平。为此，教师可以设计包含各语言技能指标（如词汇、语法、听力、口语、阅读、写作等）的自评量规，让学生在完成学习任务后对照量规进行自我评估，并记录个人反思和改进计划。与此同时，为了实现自评与互评的有效结合，可采用分阶段渐进的方式开展活动。初期，首先鼓励学生进行独立自评；其次组织小组内部进行互评，通过展示成果、分享经验、讨论困惑，使学生在相互交流中深化对自评结果的理解，同时，也能从他人视角发现自身的盲点和不足。随着互评活动的推进，逐渐培养学生客观、公正评价他人作品的能力，并学会提出建设性的改进建议。在此过程中，教师的角色从主导者转变为指导者和促进者，既要监控互评过程以确保评价的公正性与有效性，也要及时提供反馈，帮助学生理解和运用评价标准。而且，教师应定期组织全班范围内的互评成果分享会，进一步巩固互评效果，激发学生的竞争意识和团队精神。

2. 构建一体化自评互评平台

为了更好地整合自评与互评机制，利用现代信息技术构建一体化的在线自评互评平台尤为关键。这种平台应提供可视化的自评工具，方便学生根据预设的语言技能指标实时更新个人学习进度，还要支持文件上传与共享，以便学生展示自己的作业或项目，接受同伴的评价，内置互动评论区，让学生能围绕特定作品进行深度交流和讨论。

（三）整合后的机制运作流程

1. 自评与互评机制整合后的启动阶段运作流程

（1）设计一体化评价框架。教师根据课程大纲、学习目标以及外语各项语言技能（如词汇、语法、听力、口语、阅读和写作等）构建一套全面且具体的评价指标。这套评价指标既包括对学生的自我评价要求，也涵盖他们对他人的作品或表现进行评估的标准。

（2）引导学生开展自评。在每个学习单元结束后，教师指导学生对照评价框架进行个人自评。学生需要详细记录自己的学习过程、完成任务的表现以及遇到的问题，同时，制订改进计划，有助于他们形成自我监控和反思的学习习惯。

（3）培训互评技巧与礼仪。在自评的基础上，教师组织专门的课堂教学活动，培训学生如何依据评价框架进行公正、客观的互评。强调尊重他人、积极正面反馈以及提出建设性建议的重要性，确保学生在互评过程中能互相激励、共同进步。

（4）组织初次小组互评。在学生初步掌握了自评与互评的方法后，按照分组安排进行第一次小组互评活动。学生展示自己的学习成果，其他组员对其进行评价，同时，每位参与者也需要对自己的互评行为进行自省，通过实践进一步完善评价技能。

2. 自评与互评机制整合后的调整阶段运作流程

（1）深化互评活动。随着学生逐渐适应并熟练运用自评互评机制，教师可以引入更丰富多元的互评形式，比如，角色扮演、模拟对话、演讲展示等，让学生在实际应用场景中相互评价。此外，教师还应鼓励学生在互评过程中不仅仅要关注同伴的语言错误，更要发掘他人的亮点和创新之处，从而提升整个小组的学习动力和积极性。

（2）反馈与调整机制的实施。在每次互评活动结束后，首先，教师要收集学生自评与互评的结果，分析数据以了解学生在语言技能上的优势与不足以及互评过程中可能存在的问题；其次，及时向学生提供反馈，肯定他们的进步，针对共性问题给予策略指导，同时，根据实际情况动态调整和完善评价标准及互评流程。

（3）自我成长记录与反思。教师引导学生建立个人学习档案，记录每次自评与互评的过程、结果以及由此产生的学习心得与感悟。教师定期组织全班或小组分享会，让学生有机会从他人的经验中汲取养分，进一步提升自身的自评与互评能力。

（四）整合效果的改进

1. 对外语学习动机的激发

传统的外语教学评价往往侧重教师对学生的单向评价，学生处于被动接受的状态，缺乏主动参与和反思的机会。而自评与互评机制的整合则赋予了学生更多的主体地位，使他们能从自我和他人的角度全面审视自己的学习过程与成果。这种评价方式的转变不仅增强了学生的自主学习意识，还激发了他们的内在学习动机。通过自评，学生能更加深入地反思自己的学习过程，发现自己的优势和不足，从而制订更具针对性的学习计划。而互评则为学生提供了一个相互学习、相互借鉴的平台。在互评过程中，学生能看到他人的优点和长处，从而激发自己的向上心和进取心。同时，通过对他人的评价，学生还能更加客观地认识自己的学习水平和在班级中的位置，从而更加明确自己的学习目标。自评与互评机制的整合还有助于营造积极向上的学习氛围。在这种评价机制下，学生之间不再是单纯的竞争关系，而是转变为一种合作与竞争并存的关系。学生在相互评价的过程中，不仅能发现自己的不足，还能从他人那里获得宝贵的建议和帮助。这种互助互学的氛围不仅有助于提高学生的学业成绩，还能培养他们的团队协作精神和人际交往能力。

2. 在提升外语学习自主性方面的应用

在传统的外语教学中，学生往往依赖于教师的指导和监督，缺乏自主学习的能力和习惯；而自评与互评机制的整合则要求学生更加主动地参与评价过程，对自己的学习负责，对他人的学习给予关注和帮助。通过自评，学生能更加清晰地认识到自己的学习目标和需求，从而更有针对性地进行自主学习。他们可以根据自己的实际情况制订合理的学习计划，选择适合自己的学习方法和策略。同时，自评还有助于培养学生的自我反思和自我调节能力，使他们在学习过程中能及时发现并解决问题，保持高效的学习状态。而互评则为学生提供了一个相互监督和相互激励的平台。在互评过程中，学生不仅要对他人的学习成果进行评价，还要对他人的学习过程和方法给予关注与建议。同时，互评还能培养学生的批判性思维和创新能力，使他们在相互评价的过程中不断挖掘新的学习方法和思路。

3. 在促进外语学习深度与广度上的作用

在传统的外语教学中，学生往往只关注课本知识和考试成绩，缺乏对语言背后文化和社会的深入了解；而自评与互评机制的整合则要求学生更加全面地审视自己的学习过程和成果，不仅要关注语言知识的学习和掌握，还要关注语言运用能力和跨文化交际能力的培养。通过自评，学生能更加深入地反思自己的学习过程和方法，从而发现自己在语言学习中的薄弱环节和需要改进的地方。他们可以有针对性地进行课外阅读和拓展学习，丰富自己的语言知识和文化背景知识。同时，自评还有助于培养学生的自主学习能力和终身学习习惯，使他们在未来的学习和工作中能持续不断地提升自己的语言水平与综合素质。在互评过程中，学生能接触到不同的学习方法和思路，从而拓宽自己的视野和认知范围。他们可以从他人的优点中汲取经验和智慧，为自己的语言学习注入新的活力和动力。而且，互评能培养学生的批判性思维和创新能力，使他们在相互评价的过程中不断挖掘新的学习方法和策略，推动自己的语言学习向更高层次、更广领域发展。

六、机制建立中的支持与保障

（一）教师的角色与职责

1. 外语教师扮演引导者与促进者的角色

在外语教学过程中，自评与互评机制的建立对于提升学生的学习效果至关重要。在这一过程中，外语教师扮演着引导者与促进者的关键角色。他们不仅需要引导学生正确理解和运用自评与互评的方法，还需要创造一个积极、开放的学习环境，激发学生的参与热情，使自评与互评真正发挥其应有的作用。作为引导者，外语教师的首要职责是帮助学生明确自评与互评的目的和意义。他们需要向学生解释这两种评价方式对于提升学习效果的重要性以及如何通过自评和互评更全面地了解自己的学习情况。同时，教师还需要指导学生如何进行有效的自评和互评，包括评价标准的制定、评价方法的选择以及评价过程中的沟通技巧等。而作为促进者，外语教师需要营造一种积极的学习氛围，鼓励学生积极参与自评与互评活动。他们可以通过设计多样化的评价任务、提供及时的反馈和鼓励等方式激发学生的学习兴趣与动力。而且，教师需要关注学生的个体差异，尊重每个学生的独特性和创造性，为每个学生提供展示自己才华的机会。他们可以通过引导学生对评价结果进行深入分析和讨论，帮助学生发现自己的优势和不足，并制订改进策略。同时，教师还可以鼓励学生利用自评与互评的结果指导自己的自主学习，从而不断提升自己的外语水平。

2. 外语教师承担监控者与反馈提供者的职责

在自评与互评机制的实施过程中，外语教师还承担着监控者与反馈提供者的重要职责。他们需要密切关注学生的评价过程，确保评价活动的顺利进行，并及时为学生提供有针对性的反馈和建议，帮助他们更好地改进和提高。作为监控者，外语教师需要对学生的自评与互评活动进行全程跟踪和管理。他们需要确保每个学生都能按照要求参与评价活动，并遵守相应的评价规则和标准。同时，教师还需要关注学生的评价态度和行为，防止出现恶意评价或敷衍了事的情况。为了更有效地进行监控，教师可以利用现代教育技术手段，如在线评价系统、学习管理平台等，实时跟踪和记录学生的评价情况。而作为反馈提供者，外语教师需要及时收集和分析学生的自评与互评结果，并结合自己的观察和判断，为学生提供全面、准确的反馈。反馈内容不仅包括对学生学习成果的评价，还包括对学生学习方法、学习态度等方面的指导和建议。为了提供更具针对性的反馈，教师不仅需要深入了解每个学生的学习情况和需求，关注他们的个体差异和特点，还需要注重反馈的及时性和有效性，确保学生能在第一时间获得有价值的反馈信息，从而及时调整自己的学习策略和方法。并且，教师可以引导学生根据自己的自评与互评结果进行深入反思和总结，发现自己的优势和不足，并制订相应的学习计划和目标。通过这种方式，学生可以逐渐养成自主学习的习惯和能力，为未来的学习和发展奠定坚实基础。

（二）高校的资源支持

1. 高校提供的技术与平台资源

随着现代教育技术的发展，高校纷纷投入资金和技术力量，建设了包括在线学习管理系统、互动课堂平台、在线评价系统在内的一系列教育技术平台。这些平台不仅为学生提供了丰富的学习资源，也为自评与互评机制的实施提供了有力的技术支撑。在线学习管理系统能记录学生的学习进度、成绩和反馈，为学生自评提供准确的数据支持。学生可以随时查看自己的学习历史和评价结果，对自己的学习情况进行全面的了解和分析。互动课堂平台则为学生提供了与教师和同学实时交流的机会，促进了学习过程中的互动与合作。学生既可以在平台上发表自己的观点，评价他人的学习成果，也可以接受他人的评价和建议，从而不断完善自己的学习方法和策略。而通过在线评价系统设定的评价标准和流程，学生可以方便地对同伴的学习成果进行评价。系统还可以对评价结果进行统计和分析，为教师提供有价值的教学反馈。这些技术与平台资源的运用，既提高了自评与互评的效率和准确性，也增强了学生的学习体验和学习效果。并且，通过组织定期的技术培训、提供在线教学资源和教学咨询服务等方式，帮助教师熟练掌握各种教育技术工具的使用方法，提升他们在自评与互评机制整合过程中的教学设计和实施能力。这种技术与平台资源的全方位支持，为自评与互评机制在外语教学中的有效实施提供了坚实基础。

2. 高校提供的制度支持

高校通过制定明确的教学评价政策，鼓励和支持教师在教学中采用自评与互评的方式。这些政策通常包括评价的目的、原则、方法、流程等方面的规定，为教师和学生提供了清晰的指导与依据。同时，高校还会将自评与互评的结果纳入课程考核和学业评价体系，从而增强教师和学生对这种评价方式的重视与参与度。而且，高校应建立一系列和自评与互评相关的制度机制。例如，建立教师评价反馈机制，确保教师能及时获取学生的评价信息并进行教学调整；设立学生评价委员会或学习小组等组织，负责组织和监督自评与互评活动的开展；制定激励和奖励制度，对在自评与互评中表现优秀的教师和学生给予表彰、奖励等。这些制度机制的建立和实施，不仅保证了自评与互评活动的有序进行，还激发了教师和学生的积极性与创造性。并且，通过加强师德师风建设，提升教师的职业素养和教学水平；通过举办学术讲座、学习竞赛、文化交流等活动，提高学生对外语学习的兴趣和热情；通过倡导合作与分享的学习理念，培养学生的团队协作精神和创新思维能力；等等。这些举措不仅为自评与互评机制的实施创造了良好的条件和环境，还促进了教学质量的提升和学生的全面发展。

（三）技术平台的搭建与应用

1. 技术平台搭建的重要性

随着现代教育技术的飞速发展，技术平台在外语教学中的重要性日益凸显，成为推动教育创新和提高教学质量的重要力量。在自评与互评机制整合的过程中，一个功能全面、操作便捷的技术平台发挥着至关重要的作用，它是确保评价机制能有效实施的基础和关键。

在现代外语教育中，一个优秀的技术平台不仅为教师和学生提供了强大的数据支持，还能实现评价过程的自动化和智能化。这样的平台通过高效的数据处理和分析能力，能极大地提高评价的效率和准确性，从而为教学提供更及时且有针对性的反馈。技术平台搭建是一个复杂而系统的工程，它涉及多个方面，包括硬件基础设施的建设、软件系统的开发以及网络环境的优化等。高校需要投入相应的资金和技术力量，进行周密的规划和部署，确保平台的稳定性和安全性。在硬件方面，高校需要配备高性能的服务器和存储设备，以确保平台能承受大量数据的处理和存储需求；在软件方面，高校需要开发或引入功能强大、易于操作的评价系统，以满足教师和学生的各种评价需求；同时，网络环境的优化也是平台搭建中不可忽视的一环，高校需要确保网络的稳定性和带宽的充足，以保证平台在高并发情况下的正常运行。除了技术层面的考虑外，平台设计还需要充分考虑到教师和学生的实际需求。一个优秀的技术平台应该提供友好的用户界面和便捷的操作流程，使得教师和学生能轻松上手，快速掌握平台的使用方法。同时，平台还需要提供丰富的评价功能和灵活的评价策略，以满足不同课程、不同教学目标的评价需求。通过技术平台，它实现了评价数据的集中管理和共享，方便教师和学生随时查看与分析评价结果。这种透明化的评价方式有助于激发学生的学习兴趣和动力，促进他们更积极地参与外语学习。另外，通过自动化的数据处理和分析功能，平台能减少人工操作的错误和烦琐过程，提高评价工作的效率。这使得教师能将更多的时间和精力投入教学设计与学生指导中，从而提升外语教学的整体质量。更重要的是，技术平台通过智能化的评价算法和模型，能对学生的学习情况进行更精准的分析和预测。这种智能化的评价方式能揭示出学生在外语学习中的潜在问题和不足之处，为教师提供更准确、有针对性的教学反馈。同时，技术平台还能根据学生的历史学习数据和表现，预测他们在未来学习中的可能表现和进步趋势，为教师制定个性化的教学方案提供有力支持。

2. 技术平台在自评与互评中的应用

（1）自评功能的实现。学生通过平台可以提交自己的作业、练习和测试等学习成果，并根据教师设定的评价标准进行自我评价。平台会自动记录学生的自评结果，并生成相应的统计和分析报告，帮助学生更好地了解自己的学习情况。

（2）互评功能的实现。教师可以将学生的作业或项目发布到平台上，让其他学生进行互评。平台会提供相应的评价工具和模板，引导学生从多个角度对同伴的学习成果进行评价。同时，平台还会对互评结果进行汇总和分析，为教师提供更全面的教学反馈。

（3）实时反馈与互动。技术平台支持实时反馈与互动功能，使学生能及时获取教师和同伴的评价意见，并针对自己的不足进行调整和改进。

（4）数据分析与挖掘。技术平台具备强大的数据分析与挖掘功能，可以对学生的学习行为、成绩变化等数据进行深入分析，揭示隐藏在数据背后的学习规律和趋势。这些信息对于教师优化教学策略、提高教学质量具有重要的参考价值。

（5）个性化学习支持。通过收集和分析学生的学习数据，技术平台可以为学生提供个性化学习支持。例如，根据学生的学习风格和兴趣偏好推荐合适的学习资源，根据学生的学习进度和成绩变化制订个性化的学习计划等。这种个性化学习支持有助于满足学生的不同需求，提高他们的学习效果。

（四）机制持续发展的策略与规划

1. 自评与互评机制的持续优化策略

在整合并实施自评与互评机制的过程中，确保其持续发展和改进的关键在于不断优化评价标准、提升学生参与度以及强化教师指导作用，针对外语教学内容及学生语言能力发展的需求，定期审视并调整评价指标体系，使之更加科学合理、符合实际。例如，在不同阶段的语言学习中，适时加入更高阶的语言运用能力评价项，如跨文化交际能力、思辨性表达能力等，以适应学生逐步提高的语言层次和综合素养。而且，鼓励学生积极参与自评与互评活动的设计和改进过程，让他们从被动接受评价转变为评价的主体之一。这可以通过开展专题讨论会、问卷调查等方式收集学生的反馈意见，了解他们在自评与互评过程中遇到的问题和困惑，然后共同探讨解决方案，从而提升机制的有效性和吸引力。同时，提倡学生自主创建或改良适合自身的评价工具，如个性化学习日志、同伴互助小组等，进一步丰富自评与互评的形式和内涵。并且，通过专业培训和教学研讨，增强教师对自评与互评理念的认识，提高他们引导学生进行有效自我反思和互动评价的能力。教师应关注个体差异，根据不同学生的学习特点提供针对性指导，并在互评环节中培养学生的公正态度和建设性反馈技巧，以推动自评与互评机制的深入应用和持续发展。

2. 自评与互评机制长远发展的路径规划

（1）技术融入与智能化升级。随着现代教育技术的快速发展，可以考虑将人工智能、大数据等前沿科技引入自评与互评系统，实现自动化分析、智能推荐等功能，使评价过程更精准、高效。例如，利用人工智能技术对学生提交的作业自动评分，生成详细的学习报告，同时，提供个性化的学习建议，帮助学生有针对性地进行自我调整。

（2）跨学科融合与全人教育视角。拓宽自评与互评的应用范围，将其融入跨学科项目学习、综合素质评价等领域，培养学生全面发展的能力。比如，在外语教学中结合其他学科知识，组织多元化的任务型活动，让学生在完成任务的同时，锻炼跨文化交流、团队协作等技能，并通过自评与互评深入了解自身各方面的成长情况。

（3）校本特色与国际接轨。在遵循国家教育方针和外语教学大纲的基础上，挖掘学校特色，结合国内外先进的教学理念和实践经验，创新和发展具有校本特色的自评与互评模式。同时，积极参与国际交流与合作，借鉴国际先进评价方法，提升我国外语教育教学质量，培养具有国际视野和竞争力的人才。

第三节　教学反馈与调整的策略

一、反馈与调整在外语教学中的作用

1. 提升教学的针对性与个性化

在外语教学中，反馈是教学过程中的重要环节。教师通过学生的作业、测验、课堂表现等方式获取反馈信息，了解学生对知识的掌握情况和学习需求。这种反馈不仅能帮助教师发现学生在外语学习上的问题和困难，还能揭示出学生的学习风格和兴趣点。基于这些反馈信息，教师可以进行有针对性的教学调整。例如，对于基础知识薄弱的学生，教师可以加强相关内容的讲解和练习；对于口语表达能力欠佳的学生，教师可以提供更多的口语训练机会；对于对某个话题特别感兴趣的学生，教师可以结合该话题设计更多的教学活动。这种有针对性的教学调整不仅能满足学生的个性化需求，还能提高学生的学习兴趣和积极性。同时，反馈与调整也有助于教师发现教学中的问题和不足。通过学生的反馈信息和教学效果的评估，教师可以及时发现自己在教学方法、教学内容或教学进度等方面的问题，进而进行相应的调整和改进。

2. 促进师生互动与教学相长

通过及时的反馈，学生可以了解自己的学习情况和学习进度，明确自己的学习目标和发展方向。同时，学生的反馈也能让教师了解学生的学习需求和期望，为教师的教学调整提供参考依据。这种师生互动的教学模式有助于增强学生的学习主体性和自主性，提高学生的学习效果和学习满意

度。在教学过程中，无论是教师还是学生都会不断遇到新的问题与挑战。通过及时反馈与调整，教师可以不断完善自己的教学方法和教学策略，提高自己的教学能力和专业素养；学生也可以在教师指导下不断调整自己的学习方法和学习策略，提升自己的学习能力和外语水平。这种教学相长的过程有助于推动外语教学不断发展和创新。

3. 提升学生学习效率与教学效果

通过及时反馈，教师可以了解学生的学习情况和学习进度，进而调整教学内容和教学策略，使教学更加符合学生的实际需求和认知规律。这种有针对性的教学调整能帮助学生更好地理解和掌握外语知识，提高学生的学习效率和学习成绩。同时，反馈与调整也有助于提升教学效果。通过对学生学习情况的全面了解和深入分析，教师可以发现教学中的问题和不足，进而进行有针对性的改进和优化。这种持续的教学反馈与调整有助于教师提升教学质量和教学水平，为学生提供更优质的外语教育服务。而学生也能在这种优质教育服务中获得更好的学习体验和更多的学习收获。并且，通过及时的反馈和指导，学生可以更好地掌握自己的学习情况和学习进度，明确自己的学习目标和发展方向。这种自主学习能力和自我监控能力的提升有助于学生在外语学习中保持积极的学习态度与高效的学习状态，为未来的学习和发展奠定坚实基础。

二、外语教学反馈的类型与特点

（一）反馈的定义与分类

1. 反馈的定义

反馈作为一种普遍存在于自然界和社会生活中的现象，本质上是指一个系统输出的结果或信息回传到输入端，并对系统的运行或决策产生影响的过程。在控制系统论、管理学、教育学以及人际沟通等领域中，反馈概念被广泛应用并发挥着核心作用。例如，在教育领域，学习反馈能帮助学生认识自身的知识掌握情况，调整学习策略。反馈的核心价值在于通过提供关于过去行动结果的信息，促进个体或系统的自我调节和完善。

2. 反馈的分类

从反馈的内容性质来看，可以将反馈分为正面反馈与负面反馈。正面反馈（也称为"肯定性反馈"）强调对正确行为、优秀表现或达成目标的确认与赞扬，旨在强化这种行为模式或状态；而负面反馈（也称为"纠正性反馈"）则针对不足之处、错误行为或未达到期望的表现提出，其目的在于引导个体改正错误，调整方向，以实现持续改善和发展。从反馈的时间特性来看，反馈又可分为即时反馈与延时反馈。即时反馈是在行为发生后立即给出的反馈，如运动员在比赛中的实时得分显示，有助于他们迅速调整策略；延时反馈则是行为发生一段时间后才给出的反馈，比如，年终绩效评估，尽管时效上稍显滞后，但通过对长期工作成果的总结回顾，同样具有重要的指导意义。从反馈的形式来看，反馈还可分为正式反馈与非正式反馈。正式反馈通常结构严谨，通过规范的程序和明确的语言传达，如定期的工作评价会议；而非正式反馈则更灵活，可能表现为日常交谈、身体语言等形式，虽不拘泥于形式，却往往能在无形中对个体产生深远影响。

（二）外语教学中的正式反馈

1. 课堂测试与作业反馈

在外语教学中，课堂测试与作业反馈是教学流程中不可或缺的环节。它们既为教师提供了评估学生学习效果的重要手段，也是学生自我检验学习成果、调整学习策略的关键途径。课堂测试是外语教学中的一种即时性评价方式，通常用于检测学生对某一知识点或技能点的掌握情况。通过课堂测试，教师能迅速了解学生在课堂上的学习状态，及时发现学生在理解、记忆、应用等方面存在的问题。这种即时的反馈机制有助于教师及时调整教学策略，针对学生的薄弱环节进行重点讲解和练习，从而确保教学质量和效果。同时，课堂测试对学生来说也是一种有效的学习激励。在测试的压力下，学生往往会更加集中注意力，积极参与课堂教学活动，努力展现自己的学习成果。与课堂测试相比，作业反馈则是一种更深入、全面的评价方式。作业是学生在课后独立完成的学习任务，它要求学生将课堂所学知识进行回顾、总结和应用。教师通过对作业的批改和评价，能全面了解学生对知识的掌握程度和应用能力。在作业反馈中，教师不仅需要指出学生的错误和不足，还需要提供具体的改进建议和方法。这种正式的书面反馈能让学生清晰地认识到自己的学习问题，明确改进方向，从而在未来学习中避免类似错误的发生。课堂测试与作业反馈在外语教学中相互补充，共同构成了完整的教学评价体系。课堂测试侧重即时性评价，强调对知识点的快速掌握和应用；而作业反馈则更加注重对学生独立思考和解决问题能力的培养。在实际教学中，教师应根据教学目标和学生特点灵活运用这两种评价方式，确保评价结果的客观性和准确性。而且，课堂测试与作业反馈有助于培养学生的自主学习能力和自我监控能力。通过参与课堂测试和完成作业任务，学生能逐渐学会如何规划自己的学习时间、选择合适的学习策略以及监控自己的学习进度。这种自主学习能力的培养对于提高学生的外语学习效率和终身学习能力具有重要意义。

2. 期中与期末考试反馈

在外语教学过程中，期中与期末考试反馈是教学质量监控和学生学习进步评估的重要环节。这两类考试反馈不仅有助于教师了解教学效果，调整教学策略，也为学生提供了明确的学习成果展示和改进方向。它既是对学生语言知识、技能运用以及综合能力的一次中期测评，也是对教师前半阶段教学方法和教学进度把控的有效反馈。通过详细分析期中考试成绩及答题情况，教师可以清晰地了解到学生在词汇积累、语法应用、阅读理解、书面表达等各方面的强项与短板，进而针对普遍存在的问题优化教学方案，实施更有针对性的教学干预。对学生来说，期中考试反馈能帮助他们及时查漏补缺，调整自我学习策略，提高后半学期的学习效率。期末考试反馈则扮演着总结性评价的角色，是对整个学期教学目标实现程度的关键考查。期末考试通常涵盖了更广泛的语言知识点和技能要求，其反馈结果能立体反映出学生在整个学期中的学习轨迹和发展变化。教师在解读期末考试反馈时，不仅仅要关注学生的最终得分，更要深入剖析各部分试题的解答情况，从而提炼出具有指导意义的教学反思，以便于下个学期或学年的课程设计与教学改进。同时，期末考试反馈对学生来说，既是对其一学期努力付出的肯定，也是对未来学习生涯规划的重要参考，使他们在新学期开始之际能基于自身的优势和不足制订更合理的学习计划，持续提升外语水平。

（三）外语教学中的非正式反馈

1. 学生日常表现观察

在外语教学中，学生日常表现观察非正式反馈是一种极为重要且灵活多样的评价方式。它不拘泥于固定的形式或时间，而是贯穿教师与学生的日常互动之中，以洞察学生的学习状态、进步幅度及潜在问题，为教师提供了宝贵的第一手资料。日常表现观察涵盖了学生在课堂教学中的参与度、活跃度、合作意愿、学习态度以及作业完成情况等多个方面。当教师在日常教学中细心观察时，他们往往能捕捉到学生在外语学习上的微妙变化，这些变化可能是学生对某个知识点的突然领悟，或是在口语表达上的渐入佳境，抑或是学习动力上的起伏波动。这些细致观察为教师提供了非正式但极具价值的反馈，有助于他们及时调整教学策略，以满足学生的个性化需求。与正式的课堂测试或作业反馈相比，学生日常表现观察非正式反馈具有更强的即时性和灵活性。它既不需要等待特定的评价时机，也不需要遵循固定的评价流程。教师可以在任何觉得有必要的时刻进行观察和反馈，这种即时性使得教师能迅速捕捉到学生在学习过程中的闪光点或问题，并及时给予肯定或指导。同时，由于这种反馈方式不受固定形式的限制，教师可以根据学生的实际情况和需求，采用口头表扬、鼓励性评语、个别交流等多种形式进行反馈，这种灵活性有助于教师更好地适应不同学生的学习风格和学习需求。当教师经常地在日常教学中观察并给予学生反馈时，学生会感受到教师对自己的关注和重视，从而更加积极地投入外语学习。这种积极的师生互动有助于营造和谐的学习氛围，提高学生的学习兴趣和动力。然而，需要注意的是，学生日常表现观察非正式反馈虽然具有诸多优势，但也存在一定的局限性。这种反馈方式主要依赖于教师的个人观察和主观判断，因此可能受到教师个人经验、偏见或情感等因素的影响。为了克服这些局限性，教师在进行观察和反馈时应尽量保持客观、公正的态度，同时，结合其他评价方式（如课堂测试、作业分析等）全面评估学生的学习情况。

2. 学生情感与态度反馈

在外语教学过程中，学生情感与态度反馈是一个不可忽视的重要维度，它不仅仅影响着课堂教学氛围的营造，更关乎学生的内在动力和学习效果。相较于传统的知识技能考核与正式评价体系，学生情感与态度反馈更具动态性和实时性，体现在日常课堂教学互动、小组讨论、课后交流等环节中。教师通过细心观察和深入感知学生在学习过程中的情绪反应、兴趣投入、自信心及对课程内容的态度变化，能捕捉到大量反映学生外语学习情感体验的非正式反馈信息。例如，当学生积极参与课堂教学活动、主动用目标语言进行表达时，这既体现出他们对外语学习的热情与自信，也是对教师教学方法的认可；反之，若学生表现出沉默寡言、焦虑不安或抵触情绪，则可能预示着他们在某个知识点的理解上存在困扰，或者对教学方式有所不适。而且，非正式反馈还表现在学生间的互动交流，如同伴间的合作默契程度、互相帮助解决问题的积极性以及对彼此学习成果的赞赏或建议等，这些都从侧面反映出学生对外语学习的群体情感倾向和价值观认同。因此，教师应充分重视并有效利用这些情感与态度的非正式反馈，及时调整教学策略以满足不同学生的情感需求，激发他们的学习兴趣，培养他们积极的学习态度，并在必要时给予个性化的心理辅导和支持。同时，鼓励学生自我觉察与表达其在外语学习过程中的感受和需求，构建一个尊重多元情感体验、关注个体差异的教学环境，从而推动全体学生在情感与认知层面全面而健康地发展其外语能力。

三、有效反馈的策略

（一）明确反馈目的与原则

1. 明确反馈目的的重要性

反馈实则是教学与学生学习之间的桥梁，是促进学生知识内化、技能提升的关键环节。对教师来说，明确反馈目的意味着能更加有针对性地设计教学策略，及时调整教学方法；对学生来说，则意味着能更清晰地了解自己的学习进度和存在的问题，从而有方向地进行改进。在外语学习中，学生往往面临着语言习惯、文化差异等多重挑战。教师的反馈，就是学生在这些挑战中前行的指南针。一个明确的反馈目的，能帮助学生在复杂的语言学习中找到方向，避免盲目努力。例如，当教师的反馈重点放在学生的口语表达上时，学生就会更加关注自己的发音、语调以及语言表达的流畅性；当教师的反馈聚焦于阅读理解时，学生就会更加注重词汇积累、阅读策略的运用等。这种有针对性的反馈，既提高了学生的学习效率，也使得教师的教学更加具有针对性和实效性。当学生清楚地知道教师反馈的焦点时，他们就能在课后的自主学习中更加有针对性地进行复习和练习。这种自我驱动的学习模式，无疑比被动地接受知识灌输要有效得多。因此，明确反馈目的不仅是外语教学质量提升的保障，还是培养学生自主学习能力的重要途径。

2. 外语教学中反馈原则的确立

在外语学习中，学生的每次进步、每个问题都需要得到及时的反馈。这种及时性不仅能帮助学生及时纠正错误、巩固知识，还能激发学生的学习动力，增强他们的学习自信心。例如，当学生在课堂上尝试使用新学的句型进行表达时，教师如果能立即给予积极的反馈，学生就会感受到自己的努力得到了认可，从而更加愿意参与课堂教学活动。而模糊、笼统的反馈往往会让学生感到困惑，既不知道自己的问题出在哪里，也不知道应该如何改进。因此，教师在给予反馈时，应该尽可能地具体、明确。例如，在批改学生的作文时，教师不应该只是简单地给出一个分数或点评一句"写得不错"，而是应该明确指出学生在词汇、语法、逻辑等方面的具体优点和缺点，并给出具体的改进建议，这样的反馈才能真正帮助学生进步。但是，教师在给予反馈时，必须确保公平对待每个学生，不偏袒、不歧视。这就要求教师在制定反馈标准时，要充分考虑到学生的个体差异，确保反馈既能体现学生的真实水平，又能激发他们的学习潜力。只有这样，外语教学反馈才能真正发挥其应有的作用，促进学生的全面发展。

（二）提供具体、有针对性的反馈内容

1. 精确语言技能指导

在教授外语的过程中，教师需要对学生在听、说、读、写各方面的表现给出具体而细致的反馈。比如，在口语练习环节，针对学生的发音、语调、流利度以及语法结构等方面，教师应详细指出学生存在的具体问题，如某个单词的发音不准确，或者某个句子使用了错误的时态。同时，教师不仅要告知学生哪里出错，还要给学生提供正确的示范和修正策略，如推荐相应的语音练习方法或引导学生参照正确的句型模式。这种具体的反馈方式有助于学生迅速定位自身弱点，有针对性地进行强化训练，从而有效提升语言技能。

2. 深度学习策略优化

除了语言技能层面的反馈外，教师还应关注并反馈学生的学习策略与学习方法。例如，针对阅读理解题目的回答，教师可以深入剖析学生在如何提取文章主旨、推断作者写作意图以及组织答案逻辑等方面的优缺点，并提供改进学习策略的建议。对于写作任务，可以从篇章结构、论点阐述、词汇丰富度等方面提出具体改进建议，帮助学生形成良好的思维习惯和写作技巧。通过这种有针对性的反馈，学生能清晰了解到自己学习过程中的盲点和潜力，学会反思自我学习路径，逐步培养独立思考和解决问题的能力，最终实现从知识技能到学习能力的全面提升。这样的反馈不仅仅着眼于短期的成绩提升，更注重长期的语言素养和自主学习能力的构建。

（三）选择适当的反馈时机与采用多样化的反馈方式

1. 选择适当的反馈时机

及时性反馈不仅能强化学生的学习记忆，还有助于他们即时调整学习策略和学习方法。例如，在学生完成一项语言任务如即兴对话、小组讨论或写作练习后，教师应立即抓住这个"热身"阶段进行反馈，详细解析学生的语言运用是否得当、逻辑是否清晰以及情感表达是否准确等。这样不仅可以巩固学生在实践操作中的知识掌握，还可以帮助他们迅速理解并改正错误，从而提高学习效率。因此，在教学进程的重要转折点，如新单元开始前对旧知识点的回顾总结，或是大型测试后的全面评估，都是给予深度反思与改进反馈的理想时机。

2. 采用多样化的反馈方式

针对不同学生的学习特点和需求，教师应当灵活采用多样化的反馈方式，以实现更有效的教学效果。一方面，直接口头反馈能在第一时间让学生知晓自身表现的优势和不足，有助于保持课堂教学的互动性和针对性，尤其对于发音、语调等口语技能的纠正极为有效；另一方面，书面反馈能提供更详尽具体的意见和建议，便于学生课后反复查阅和深入思考。同时，借助现代教育技术手段，如在线平台批改作业时插入语音注释或视频讲解，能立体化展示问题所在，使学生获得直观生动的理解。而且，同伴互评也是值得提倡的一种反馈方式，它鼓励学生相互学习、互相启发，培养批判性思维和自主学习能力。通过结合多种反馈方式，教师能充分调动学生的学习积极性，促进他们在外语学习道路上稳步前进。

（四）鼓励学生参与反馈过程

1. 有助于学生提升自主学习能力

在传统的外语教学中，学生往往只是等待教师的评价和指导，缺乏主动探索和发现问题的机会。而当学生被鼓励参与反馈过程时，他们能更直观地感受到自己学习进步和存在的问题。这种即时性的感知让学生更加明确自己的学习目标，从而激发他们更强烈的学习欲望和动力。例如，当学生在课堂上进行口语练习后，如果教师能引导他们自我评价和互相评价，学生就能更清晰地认识到自己在发音、语法或流利度等方面的不足，进而有针对性地进行改进。在互相评价的过程中，学生需要学会客观分析他人的表现，提出建设性的意见和建议。这种分析和评价的过程实际上就是批判性思维的应用过程。同时，为了给出更准确的反馈，学生还需要学会与他人进行有效的沟通和合作。这种沟通和合作不仅有助于提升学生的社交技能，还能培养他们的团队协作精神和集体荣誉感。例如，在小组作业中，如果每个成员都能对其他成员的工作给予客观、具体的反馈，那么整个小组的作业质量就会得到显著提升。

2. 积极鼓励学生参与反馈过程

传统外语课堂教学往往是教师讲、学生听的单向传输模式，缺乏有效的互动和沟通。而当学生被鼓励参与反馈环节时，他们就能更积极地参与课堂教学活动，与教师和同学进行深入的交流、讨论。这种互动不仅有助于活跃课堂教学氛围、激发学生学习兴趣，还能让教师更加及时、准确地了解学生的学习情况和需求。例如，在进行阅读理解练习时，教师可以先让学生互相讨论答案和解题思路，然后再给予点评和指导。这样的教学方式既能增加学生的课堂教学参与度，又能提升他们的阅读理解能力和批判性思维水平。同时，鼓励学生参与反馈过程还能使教学更具有针对性。每个学生的外语水平和学习需求都是不同的，如果教师只是根据自己的经验和判断进行教学设计与反馈，就很难满足所有学生的需求。而当学生参与反馈过程时，他们就能根据自己的实际情况和需求提出问题与建议。这些来自学生的第一手反馈资料，为教师提供了宝贵的参考依据，使教师能更有针对性地调整教学内容和教学方法，以满足不同学生的个性化需求。例如，在听力训练中，如果学生普遍反映某个音节的发音难以掌握，教师就可以针对这个问题进行重点讲解和练习，从而帮助学生突破学习难点。因此，通过引导学生积极参与反馈过程，教师不仅能及时了解学生的学习情况和需求，还能使教学更加贴近学生的实际情况和需求，从而提升教学质量和效果。

四、教学调整方法

（一）根据学生反馈进行教学调整的意义

1. 提升教学质量的必然选择

在外语教学中，学生反馈是评估教学效果、改进教学方法的宝贵资源。通过收集和分析学生的反馈，教师能深入了解学生在学习过程中的真实感受、遇到的问题以及他们的学习需求。这种了解为教学调整提供了有力的依据，使教学更加贴近学生的实际情况，从而提高教学质量。无论是教学内容的难度、教学进度的快慢，还是教学方法的合适与否，学生都会通过他们的反馈表达出自己的感受。当教师意识到某些教学内容或教学方法并未得到学生的积极回应时，他们就应该及时进行调整。这种调整可能包括重新设计教学方案，采用更生动有趣的教学手段，或者提供更多的实践机会等。通过这些调整，教师能确保教学始终与学生的学习需求和能力保持同步，避免教学不当导致的资源浪费和学生挫败感。另外，学生反馈也是激发教师创新教学的重要动力。当学生表达出对某一话题的浓厚兴趣或对某种教学活动的热切期待时，教师应该敏锐地捕捉到这些信息，并将其转化为教学创新的灵感。例如，教师可以根据学生反馈，尝试将更多真实场景、文化元素或现代科技引入课堂教学，以激发学生的学习兴趣和创造力。这种基于学生反馈的教学创新，不仅能提升学生的学习体验，还能培养教师的专业素养和教学能力，实现教与学的良性循环。

2. 促进学生全面发展的有效途径

在外语教学中，学生反馈不仅仅是教师评估教学效果的"镜子"，更是促进学生全面发展的重要途径。通过积极回应学生的反馈，教师能为学生创造一个更加适宜和个性化的学习环境，从而激发学生的学习兴趣、提升学生的综合能力。学生反馈是教学调整的风向标。在外语学习中，每个学生都有自己的学习节奏、兴趣点和难点。当教师密切关注学生的反馈时，他们就能更好地了解学生的学习动态，及时调整教学策略以满足学生的个性化需求。这种个性化的教学调整不仅能提升学生的学习效率，还能培养学生的自主学习能力，使他们在学习过程中更加自信、主动。同时，学生反馈也是教师教学成长的催化剂。当教师认真对待学生的反馈时，教师就能更加清晰地认识到自己在教学中的优势和不足。这种自我认知的提升有助于教师不断完善自己的教学理念和教学方法，从而为学生提供更加优质的教学服务。而这种教学服务的提升又能进一步激发学生的学习兴趣和潜能，促进学生的全面发展。而且，根据学生反馈进行教学调整是促进学生全面发展的有效途径。它不仅能提升教师的教学质量，还能激发学生的学习动力和综合能力。

（二）分析学生反馈的方法

1. 制订有针对性的教学调整方案

在外语教学过程中，学生反馈是衡量教学效果、优化教学方法及提升教学质量的关键指标。科学且系统地分析学生反馈对于教师而言具有重大意义。这就要明确收集反馈的多元化途径，包括但不限于课堂问答、作业批改、学习心得、定期测试以及非正式的面对面交谈或线上问卷调查等，确保反馈信息来源丰富多样，能全面反映学生在语言学习中的困惑、进步与需求。而对学生的反馈进行分类整理是深入分析的第一步。这涉及将反馈内容按照语言技能（如听、说、读、写）、语法知识、词汇量、文化理解等多个维度划分，同时，也应关注到学生对于教学方式、课程节奏和互动环节等方面的感受。通过对各类反馈数据的归类整合，教师能清晰地看到各教学模块的优势与不足。接下来，量化与质性并重是反馈分析的核心策略。一方面，针对客观性强、可度量的问题，例如，测试成绩、作业完成情况等，通过统计学工具进行数据分析，揭示出学生在具体知识点掌握上的普遍性问题或个体差异；另一方面，针对主观性的反馈，如学生的学习体验、建议和期望，需要运用内容分析法，提炼关键词汇和主题，理解学生深层次的需求和情感态度。长期跟踪并比较不同时期的学生反馈，可以帮助教师了解教学干预措施的效果，及时调整教学策略，持续改进教学过程。比如，如果发现一段时间内多数学生在口语表达方面反馈难度增大，则可能需要强化口语实践环节的设计。而且，在充分解析学生反馈的基础上，形成具有针对性的教学改进方案，并积极落实到教学实践中，通过观察新一轮反馈的变化，验证改进措施的有效性，形成"反馈—分析—改进"的闭环机制，不断提升外语教学质量与学生学习成效。

2. 实施教学调整并持续监控效果

基于对学生的深度理解和详尽的反馈分析结果，教师需要精心设计并实施有针对性的教学调整策略。这可能包括但不限于优化课程内容、改进教学方法、调整课堂教学活动结构、强化薄弱知识点训练，甚至适时引入新的教学资源和工具以适应学生的学习风格与学习需求。在实施教学调整时，教师应注重保持与学生间的良好沟通，确保他们明确理解教学改变的目的和益处，激发他们的主动参与意识，进而提高学习积极性和成效。同时，教师还需要灵活运用小组合作、任务驱动、情景模拟等多种教学模式，充分调动学生的学习兴趣，促使他们在实践中巩固语言技能，提升外语综合应用能力。在实施教学调整后，持续性的监控与评估实施效果至关重要。教师可通过定期组织形成性评价，如单元测试、项目作业等，量化检测学生在外语知识掌握和技能运用上的进步；同时，结合课堂观察、课后访谈以及自我评价等方式获取质性数据，深入了解学生对新教学策略的接受度、满意度及个人成长情况。而且，借助现代教育技术手段，比如，学习管理系统、在线测试平台等，可以实时追踪学生的学习轨迹，精准把握个体差异，及时发现问题并给予个性化指导。通过对比调整前后的学习数据和反馈信息，客观评价教学调整的实际效果，并据此进一步完善教学方案，实现教学实践与理论研究之间的动态互动。

第五章　应用型外语教学资源与技术支持

第一节　外语教学资源的类型与特点

一、教学资源的分类

　　纵观教育历史，我们可以清晰地看到四次教育革命的脉络。从专职教师的出现，到文字符号体系的应用，再到印刷术带来的文字教材普及以及电子信息传播媒体在教学中的引入，每次革命都极大地推动了教育的发展。而进入20世纪90年代，以计算机和多媒体技术及网络技术为核心的现代教育技术的崛起，无疑又是一次划时代的教育变革。这一变革突破了传统课堂教学时间、地点及学生人数的限制，使学习变得更加灵活、高效和低成本。特别是，对于外语教学而言，网络技术的应用为学生提供了更真实、更丰富的语言环境，使得外语学习不再受地域和资源的限制。

　　我们应该深刻认识到现代教育技术的重要性和必要性。一方面，我们需要积极推广和应用现代教育技术，让更多的学生受益于这一变革；另一方面，我们需要不断探索和创新教育模式与教学方法，以适应现代教育技术的发展和需求。对于外语教学而言，我们应该充分利用网络技术的优势，为学生提供更高效、便捷和真实的语言学习环境。同时，我们也需要关注学生的个性化需求和自主学习能力的发展，以培养学生的综合素质和外语应用能力为目标。

（一）外语教学资源的类型

1. 教学人力资源

　　教学人力资源作为教育领域的核心组成部分，涵盖了教师、教学管理人员以及教学辅助人员等多个角色。这些人力资源在整个教学过程中发挥着举足轻重的作用，特别是教师，他们不仅是知识的传授者，还是学生成长道路上的引路人。教师的素质、教学能力以及教育理念，都直接影响着学生的学习热情、学习效果以及未来的发展方向。在传统教育阶段，教学人力资源被视为至关重要的教学资源。教师的言传身教，往往能深深地烙印在学生的心中，成为他们人生道路上的指引灯塔。然而，随着时代的发展和教育的变革，现代教育对教学人力资源提出了更高的要求。教师不再是知识的灌输者，而是需要成为学生学习过程中的合作者、引导者和创新者。对于外语教师而言，这种要求尤为明显。除了必须精通教授的语言外，他们还应深入了解和掌握语言对象国的文化背景、历史传统、社会习俗等。只有这样，他们在教学过程中才能更好地向学生传递语言的魅力和文化的内涵，激发学生的学习兴趣和探索欲望。同时，外语教师还需要关注语言对象国的自然地理环境、现代科技以及社会发展动态等多种知识和技能。这些内容的融入，不仅可以丰富教学内容，还可以帮助学生形成更全面、立体的知识结构，提升他们的综合素质和拓宽他们的国际视野。而且，教学管理人员和教学辅助人员在教学过程中发挥着不可或缺的作用。他们负责教学计划的制订、教学资源的整合、教学过程的监控以及教学效果的评估等工作，为教师的教学提供有力的支持和保障。他们的专业素养和工作态度，同样影响着教学的顺利进行和教学效果的达成。

2. 教材资源

教材资源作为教育教学的基石，承载着知识的传递、技能的训练和智慧的启迪。在外语教学中，教材资源尤为重要，它涵盖了外语教科书、教学参考书和教学讲义等多种形式，每种都承载着独特的教育价值。外语教科书既是学生学习外语的主要依据，也是教师教学的基本参照。一本优秀的外语教科书不仅包含了系统丰富的词汇、语法知识和实用的句型，还融合了丰富的文化背景和真实的交际场景。它旨在帮助学生建立扎实的语言基础，提升他们的语言综合运用能力。同时，外语教科书中的练习和活动设计也充分考虑了学生的认知特点与学习需求，使他们在轻松愉快的氛围中掌握知识，提高技能。教学参考书则是教师备课的重要辅助工具。它提供了丰富的教学建议、课例分析和拓展资源，帮助教师深入理解教材，把握教学重点和难点。通过教学参考书的引导，教师可以更加有针对性地进行教学设计，制定切实可行的教学方案。并且，教学参考书中的教育理念和教学方法也可以为教师提供新的思路与启示，促进他们的专业成长和教学创新。而教学讲义是教师根据教学大纲和教科书内容编写的辅助教学材料。它既是对教科书的补充和拓展，也是对教学重点和难点的详细解析。教学讲义的内容通常更加贴近学生的实际需求和教师的教学风格，因此具有更强的针对性和实用性。通过使用教学讲义，教师可以更加灵活地组织教学内容，突出教学重点，解决教学难点，从而提高课堂教学的效果和质量。在选择和制作教材资源时，我们需要充分考虑教学对象、教学目标和教学方式的不同要求。不同年龄段、不同学习背景的学生对外语学习的需求和期望是不同的，因此，我们需要选择适合他们的教材和资源。而且，教学目标的不同要求我们选择不同的教材内容和教学方法。例如，对于以交际为目标的外语教学，我们需要选择更加注重听力和口语训练的教材与资源；对于以学术为目标的外语教学，我们则需要更加注重阅读和写作能力的培养。

3. 教学环境、设备资源

外语教学不同于其他学科，它更强调实践性，更关注学生的实际应用能力。对外语学生来说，单纯的理论知识是远远不够的，更重要的是能将这些知识运用到实际交流中，实现真正的语言交际。这是因为语言本身就是一种工具，它的主要功能是帮助人们进行沟通和交流，所以外语教学必须注重培养学生的实践能力，使他们能熟练运用外语进行各种交际活动。事实上，外语理论知识和实践能力是相互依存、相互促进的。一方面，理论知识是实践的基础和指导。如果没有扎实的理论知识，学生的实践活动就会显得盲目和无效。另一方面，实践是检验真理的唯一标准。学生只有通过大量的实践活动，才能真正理解和掌握外语知识，将其内化为自己的语言能力。因此，在外语教学中，我们必须坚持理论与实践相结合的原则，既要重视理论知识的传授，又要加强实践能力的培养。

为了有效提高学生的外语实践能力，我们必须为他们提供良好的教学实践环境和必要的训练设备。这些环境和设备不仅可以帮助学生更好地理解与掌握外语知识，还可以激发他们的学习兴趣和动力。例如，在传统外语教学中，我们常常使用语言实验室、幻灯机、投影仪、录像机等设备辅助教学。这些设备可以模拟真实的语言环境，为学生提供更多的实践机会。同时，学生个人使用的录音机、复读机、收音机等也是非常重要的学习工具，它们可以帮助学生随时随地进行听力和口语训练。然而，随着科技的进步和教育的发展，现代外语教学对教学实践环境和训练设备提出了更高的要求。除了传统的设备外，我们还应该具备计算机局域网、多媒体语言实验室、教学演播室、多媒体教学课件制作室等先进的教学环境。这些环境不仅可以为学生提供更加真实、生动的外语学习体验，还可以帮助教师更好地组织教学活动，提高教学效果。例如，通过计算机局域网，学生可以在线进行各种外语学习活动，如在线交流、在线测试等；而多媒体语言实验室则可以为学生提供更加丰富的听力材料和口语训练机会。

4. 教学信息资源

（1）数字化外语教学录音。传统录音带因其易损、难以编辑和携带的局限性，已逐渐被数字化录音所取代。数字化外语教学录音不仅音质清晰、保存方便，更重要的是它能轻松地进行剪辑、复制和传输，极大地丰富了教学资源。在外语课堂教学中，教师可以通过数字化外语教学录音为学生提供地道的语音示范，帮助学生纠正发音、提高听力。而且，学生可以利用这些录音资料进行自主学习，随时随地进行听说练习，从而有效地提升外语听说能力。数字化外语教学录音的灵活性和便捷性为外语教学注入了新的活力。

（2）数字化外语教学录像。与传统录像带相比，数字化外语教学录像不仅具有更高的清晰度和稳定性，还支持快速搜索和精确定位。在外语教学中，数字化外语教学录像能真实地记录语言交际场景，为学生提供直观、生动的语言学习环境。通过观看录像，学生可以深入了解外语国家的文化、习俗和生活方式，增强语言学习的实用性和趣味性。并且，数字化外语教学录像为教师提供了丰富的教学素材，使课堂教学更加多样化和个性化。

（3）多媒体外语教学课件。多媒体外语教学课件是现代外语教学的重要组成部分。它集文字、图片、音频、视频等多种媒体元素于一体，为外语教学提供了丰富多彩的教学资源。通过多媒体外语教学课件，教师可以生动地展示语言知识点、文化背景和交际场景，激发学生的学习兴趣和积极性。同时，多媒体外语教学课件还具有交互性和自主性，学生可以根据自己的学习进度和兴趣进行选择性学习，提高学习效率。多媒体外语教学课件的应用，不仅提升了外语教学的效果，也培养了学生的自主学习能力和创新意识。

（4）外语文献资料库。外语文献资料库是外语学习和研究的重要支撑，它汇集了海量的外语原著、论文、期刊、词典等文献资料，为外语学生提供了丰富的学习资源和研究素材。通过外语文献资料库，学生可以轻松获取原汁原味的外语语料，深入了解外语国家的历史、文化和社会背景。同时，外语文献资料库还提供了便捷的检索和阅读工具，帮助学生快速定位所需信息，提高学习和研究效率。外语文献资料库的建立和应用，极大地促进了外语学习和研究的国际化与专业化。

（5）能支持多种语言的多媒体外语教学信息平台。能支持多种语言的多媒体外语教学信息平台是现代外语教学的创新成果。它打破了传统外语教学的语言限制，为不同语种的学生提供了一个共同的学习平台。该平台集成了多种语言的教学资源和学习工具，支持多语种切换和互译功能，使外语学生能轻松跨越语言障碍，共享全球优质教学资源。通过该平台，学生可以与来自世界各地的外语学生进行互动交流、合作学习，拓展国际视野和提高跨文化交际能力。这种能支持多种语言的多媒体外语教学信息平台的应用，推动了外语教学的全球化和个性化发展。

5. 外语教学技术资源

外语教学技术资源作为现代教育技术的重要组成部分，为外语教学提供了强有力的支持和保障。这些外语教学技术资源贯穿整个外语教学活动的各环节，从信息采集、多媒体制作到课程设计与课件开发，再到网络应用，无一不体现着现代科技的力量。在信息时代，如何快速、准确地获取所需教学资源是每位外语教师必备的技能。通过先进的信息采集技术，教师可以轻松地从海量网络资源中筛选出适合教学的视音频资料、文本素材和图片等，为后续的多媒体教学提供丰富的素材。多媒体制作技术则是将这些素材进行加工处理，制作成生动形象的多媒体课件。利用图像处理技术，教师可以对图片进行裁剪、调色等处理，使其更加符合教学需求；动画设计技术可以为课件添加生动有趣的动画效果，吸引学生的注意力；幻灯片编辑技术则是将各种素材进行整合，制作出条理清晰、重点突出的教学幻灯片。这些技术的应用，使得外语教学更加直观、形象，有助于激发学生的学习兴趣和提高教学效果。而优秀的外语课程与课件需要精心地设计和开发。利用课程设计与课件开发技术，教师可以根据教学大纲和学生的实际需求，设计出符合教学规律、具有创新性的外语课程和课件。这些课程和课件不仅包含了丰富的词汇、系统的语法知识与实用的句型，还融入了真实的语言交际场景和文化背景，使学生能在轻松愉快的氛围中掌握外语知识，提高语言运用能力。随着网络技术的不断发展，网络应用已经渗透到外语教学的各方面。通过Web服务器技术和FTP服务器技术，教师可以搭建起自己的教学网站，将课件、作业、学习资料等发布到网上，供学生随时随地进行访问和学习；BBS、E-mail、IRC等通信工具则为学生提供了与教师、同学进行实时交流的平台，方便他们进行答疑解惑和合作学习。这些网络应用技术的应用，打破了时间和空间的限制，使得外语教学更加灵活多样。

（二）网络技术与外语教学

1. 网络发展的现状

（1）网络规模不断扩大。当今社会，互联网的蔓延已成为不可逆转的趋势，它像巨大的网一样，逐渐覆盖了全球的每个角落。据统计，已有超过180个国家和地区被这张无形的网紧密连接在一起，形成了前所未有的国际互联网大家庭。更令人震惊的是，联网计算机的数量正在以惊人的速度增长，几乎是每年都在翻一番。这种爆炸式的增长不仅仅展示了科技发展的迅猛，更预示着我们正步入一个更加紧密、便捷和全球化的网络时代。随着网络规模的持续扩大，信息的流通和共享变得前所未有的容易，世界各地的人们可以跨越时空的限制，进行实时的交流和合作。这既极大地丰富了我们的生活，也为经济、文化、教育等各领域的发展注入了新的活力。

（2）应用领域广泛。计算机网络的应用如今已是五花八门，深入了社会生活的各领域。从简单的信息查询、电子邮件通信，到复杂的文件传输、网络教学、远程医疗，再到日益普及的电子商务、网上娱乐等，网络技术的应用正以前所未有的速度改变着我们的生活方式。人们越来越依赖网络解决日常生活中的各种问题，无论是在学习、工作还是娱乐方面，网络都扮演着不可或缺的角色。随着网络技术的不断发展和创新，我们可以预见，未来的网络应用将更加丰富多彩，更加智能化和个性化，人们的生活也将因此变得更加便捷和高效。

（3）网络性能不断提高。随着计算机网络技术的飞速发展，网络性能也在不断提高，为我们的生活和工作带来了革命性变化。目前，网络传输速率已经迈入了千兆比特/秒甚至万兆比特/秒的新时代，这意味着信息的传输速度比以往任何时候都要快得多。同时，网络服务项目也日益多样化，从基本的网页浏览到高清视频传输，再到大型在线游戏等高带宽应用，都能得到流畅稳定的体验。这一切都得益于技术的进步和带宽的提升。展望未来，随着技术的不断创新和突破，我们有理由相信，多媒体信息传输将达到更加令人满意的效果，人们的生活也将因此变得更加精彩纷呈。

2. 网络技术在外语教学中的优势

（1）时间和空间的灵活性。在传统的教学模式中，学生被束缚在固定的教室和严格的时间表里，而网络教学彻底打破了这一限制。无论是身处繁华的都市，还是偏远的乡村，只要有网络连接，学生就能随时随地参与学习。这种灵活性不仅极大地方便了学生，使他们能根据自己的时间安排和地点选择进行学习，还极大地拓宽了教育的边界，让优质的教育资源得以在全球范围内共享。同时，网络教学的这种灵活性也带来了学习成本的降低和学习效率的提高。学生既不需要为了适应固定的课程时间而调整自己的日程，也不需要为了参加课程而长途跋涉。他们可以根据自己的节奏和需求进行学习，从而更好地平衡生活和学习，提高学习效率。

（2）教学媒体的多样性。随着多媒体技术的飞速发展和计算机网络带宽的不断提升，网络教学呈现的教学媒体也日益丰富多样。文字、音频、视频等多种信息媒体在网络中得以高质量传输，为外语网络教学提供了极为有利的条件。这种教学媒体的多样性不仅仅使教学内容更加生动、形象，更能对学生的各语言感官进行全方位的刺激和训练。学生可以通过听、说、读、写、译等多种方式全面提高自己的语言能力。这种全方位的训练方式不仅有助于提高学生的语言技能，还能培养他们的跨文化交际能力和拓宽他们的全球视野。

（3）视听训练的易操作性。在传统的外语视听教学环境中，要进行重复训练往往是一项复杂而烦琐的任务。学生不仅受到时间和地点的限制，还难以准确地查找和定位想要重复听的内容。然而，在网络外语教学中，这一切都变得轻而易举。学生只需要轻轻点击鼠标，就能轻松定位到任何一段教学录音或录像资料，进行反复听、看、练。这种易操作性不仅大大降低了学生进行训练操作的难度，还极大地提高了他们的学习效率。学生可以根据自己的需求和进度进行有针对性的训练，从而更好地掌握所学知识和技能。这种易操作性是网络外语教学的一大优势，也是它受到越来越多学生和教师青睐的重要原因之一。

（4）教学内容选择的主动性。在学习外语的过程中，每个学生都会遇到不同的挑战和薄弱点。有的学生可能在听力上感到吃力，而有的学生可能在口语表达上有所欠缺。这种个体差异意味着外语视听教学环境必须具备足够的灵活性，以满足不同学生、不同学习阶段对特定训练内容的需求。传统的外语视听教学模式往往以教师为中心，学生只能被动地接受教师安排的训练内容和进度。在这种模式下，学生的个性化学习需求很难得到满足，他们无法根据自己的薄弱点选择有针对性的训练内容。在网络教学环境中，文字、音频和视频资料以超链接的方式组织在一起，形成了一个庞大而灵活的学习资源库。学生可以根据自己的实际情况和学习目标，自主选择所需的学习科目和教学内容。这种自主性和灵活性不仅有助于激发学生的学习兴趣与动力，还能让他们更加高效地利用时间和精力，集中在自己真正需要的训练上。而且，网络外语教学环境为学生提供了丰富的视听训练材料。这些材料涵盖了不同难度级别和主题领域，可以满足学生在各学习阶段的需求。学生可以根据自己的水平选择合适的训练材料，逐步提高自己的听力和口语能力。同时，网络教学环境的交互性也为学生提供了更多实践机会，他们可以通过模拟对话、角色扮演等方式进行口语练习，从而更全面地提升自己的外语能力。

二、外语教学的特点

（一）外语教学的实践性

1. 实践教学在外语教学中的重要性

外语教学作为一门语言教学，其实践性特点至关重要。语言不仅仅是理论知识的堆砌，更是一种交际工具，需要在真实的语言环境中进行实践和运用。因此，外语教学在注重理论知识传授的同时，更应强调教学科目的训练和实践活动，以使学生在实际运用中提高学习效果和语言表达能力，达到熟练掌握的目的。语言学习的最终目的是能在实际生活中进行交际，而实践教学正是实现这一目的的重要途径。通过实践教学，学生可以在真实语言环境中体验所学语言的交际功能，了解语言在实际运用中的变化和灵活性。这种实践性的教学方式不仅可以激发学生的学习兴趣和积极性，还可以帮助他们更好地理解和掌握语言知识。

同时，在传统的外语教学中，学生往往只是被动地接受知识，缺乏实际运用的机会。而实践教学则为学生提供了大量的语言实践机会，使他们能在实践中不断尝试、修正和完善自己的语言表达，从而逐步提高自己的语言运用能力。

2. 实践教学在外语教学中的具体形式

（1）角色扮演。角色扮演是教师通过让学生扮演不同的角色进行对话或表演，模拟真实生活中的交际场景。这种形式可以帮助学生更好地理解和运用所学语言，提高他们的口语表达能力和交际能力。

（2）小组讨论。教师组织学生进行小组讨论，让他们围绕某个话题或问题进行深入的交流和探讨。这种形式不仅可以锻炼学生的语言表达能力和逻辑思维能力，还有助于培养他们的团队合作精神和沟通能力。

（3）实地考察。实地考察是教师带领学生走出教室，到实际生活中进行观察和体验。比如，参观外国文化展览，与外国友人交流等。这种形式可以让学生直观地感受所学语言在实际生活中的运用，提高他们的语言感知能力和跨文化交际能力。

（4）多媒体辅助教学。多媒体辅助教学是教师利用多媒体技术制作课件、视频等教学资源，为学生提供更加生动、形象的学习材料。这种形式可以激发学生的学习兴趣和积极性，提高他们的学习效率和效果。

3. 加强实践教学，提高外语教学质量

（1）加强实践教学的理论研究和实践探索。深入研究实践教学的理论基础和实践模式，不断探索适合学生实际需求的实践教学方式。同时，积极借鉴国内外先进的实践教学经验，不断完善和丰富自己的实践教学体系。

（2）提高教师的实践教学能力。加强对教师的培训和指导，提高他们的实践教学能力和水平。鼓励教师积极参与实践教学活动，不断尝试新的实践教学方式，为学生提供更加优质、高效的实践教学服务。

（3）加强实践教学的管理和评估。建立完善的实践教学管理体系和评估机制，对实践教学活动进行全程跟踪和管理，确保实践教学的质量和效果。同时，加强对实践教学成果的评估和反馈，及时总结经验教训，为今后的实践教学提供有益的参考和借鉴。

（二）教学内容的多维性

1. 文字在外语教学中的作用

文字既是语言学习的基础，也是外语教学中不可或缺的一部分。通过阅读文字材料，学生可以接触到丰富的语言知识和文化背景信息，了解不同国家和地区的文化习俗与思维方式。同时，文字材料还可以为学生提供大量的语言输入，帮助他们积累词汇、掌握语法结构、提高阅读理解能力。在外语教学中，文字材料的选择应该具有针对性和多样性。教师应该根据学生的实际水平和需求，选择适合他们的阅读材料，如课文、短篇小说、新闻报道等。这些材料可以涵盖不同的主题和领域，让学生在阅读中感受到语言的多样性和实用性。同时，教师还可以通过讲解、讨论等方式，引导学生深入理解文字材料中的语言知识和文化内涵，提高他们的语言感知能力和跨文化交际能力。

2. 音频在外语教学中的重要性

在外语教学中，教学内容的多维性是提高学生听、说、读、写、译等多种技能的关键。为了实现这一目标，单一媒体形式的训练和实践已经无法满足需求，必须利用文字、音频、视频等多种形式的媒体，对学生的各语言感官进行全方位的综合训练。这种多维性的教学内容不仅能激发学生的学习兴趣，提高学习效果，还能培养他们的跨文化交际能力，为他们未来的学习和工作打下坚实基础。而声音是语言交际的主要手段之一，也是外语教学中至关重要的一部分。通过听音频材料，学生可以模仿与学习正确的语音、语调和语速，提高他们的听力理解能力和口语表达能力。同时，音频材料还可以为学生提供真实的语言交际场景，让他们感受到语言在实际运用中的灵活性和变化性。在外语教学中，音频材料的选择应该具有真实性和多样性。教师应该选择来自不同国家和地区、具有不同口音与语速的音频材料，让学生接触到真实的语言交际环境。这些音频材料可以包括对话、讲座、广播节目等，让学生在听的过程中感受到语言的韵律和节奏。并且，教师还可以通过讲解、演示等方式，帮助学生纠正发音错误、提高口语表达能力。

3. 视频在外语教学中的优势

视频是一种集文字、声音、图像于一体的多媒体形式，具有直观性、生动性和交互性等特点。在外语教学中，视频材料可以为学生提供真实的语言交际场景和丰富的文化背景信息，让他们更加直观地了解所学语言在实际运用中的情况。在外语教学中，视频材料的选择应该具有针对性和趣味性。教师应该选择适合学生实际水平和兴趣爱好的视频材料，如电影片段、纪录片、新闻报道等。

（三）训练科目的可重复性

1. 巩固语言基础

学习外语是一个持久且需要不断重复的过程。从教育心理学的视角和教学实践的经验来看，学生对于生词或语言要点的掌握，往往需要经过多次的重复训练，即重复记忆，才能达到真正巩固的目的。德国心理学家艾宾浩斯在19世纪提出的"艾宾浩斯遗忘曲线"为我们揭示了记忆与遗忘之间的奥秘，也进一步强调了重复训练在外语学习中的重要性。遗忘曲线表明，新学到的知识在初始阶段遗忘速度非常快，例如，刚刚记住的内容在20分钟后可能有42%被遗忘；1小时后遗忘率上升到56%；而9小时后，遗忘率更是高达64%。这意味着，如果我们不及时进行复习和重复训练，辛辛苦苦学到的知识很快就会被遗忘大半。因此，及时复习和重复训练是克服遗忘、巩固记忆的关键。学习外语首先需要掌握大量的词汇、语法规则和句型结构等基础知识。这些知识的掌握需要通过不断的重复训练加深印象和巩固记忆。例如，对于生词的学习，学生需要通过多次的读、写练习熟悉其发音、拼写和词义；对于语法规则的学习，学生需要通过大量的例句练习理解和掌握其用法。只有通过反复的训练，学生才能将这些基础知识牢记在脑海中，为后续的语言运用打下坚实基础。

2. 提高语言技能

外语学习的最终目的是培养学生的听、说、读、写等语言技能。这些技能的提高同样需要通过重复训练实现。例如，听力的提高需要学生反复听取不同难度、不同语速的听力材料，逐渐适应并理解各种语言环境下的听力内容；口语的提高需要学生不断地进行模仿、跟读和对话练习，逐渐培养起流利的口语表达能力；阅读和写作能力的提高也需要学生通过大量的阅读及写作练习锻炼自己的理解与表达能力。只有通过持续的重复训练，学生的各项语言技能才能得到有效提高。

3. 培养语言习惯

外语学习不仅仅是知识的学习和技能的提高，更是一种新的语言习惯的培养。这种语言习惯的培养需要学生在日常生活中不断地使用外语进行交流、思考和表达。通过重复的听、说、读、写训练，学生可以逐渐熟悉外语的语音、语调、词汇和语法等语言特征，形成一种新的语言感知和表达方式。这种新的语言习惯的形成需要学生长时间的坚持和重复的实践训练，才能逐渐达到熟练自如的程度。

第二节　教学资源的整合与优化策略

一、教学资源的整合与优化的必要性

（一）提升教学效果与学生学习效率

教学资源的整合与优化，对提升教学效果与学生学习效率起着至关重要的作用。在这个过程中，我们不仅要对各种教学资源进行筛选、整合，还要确保教学内容的精准性、时效性和针对性，以便更好地满足学生的学习需求。首先，精准性是指教学内容要准确无误，避免出现误导学生的情况。通过整合各类教学资源，我们可以对教学内容进行反复校对和验证，确保其准确性。其次，我们要关注教学资源的时效性，及时更新过时的内容，引入最新的知识和技术，让学生接触到最前沿的信息。最后，每个学生都是独特的个体，他们的学习需求和兴趣点各不相同。因此，在整合与优化教学资源时，我们需要深入了解学生的实际情况，根据他们的需求和兴趣定制教学内容。这样不仅能激发学生的学习兴趣和动力，还能提高他们的学习效率。优化后的教学资源不仅内容精准、时效性强、针对性高，而且更加丰富多彩、形式多样。这些资源可以包括文字、图片、音频、视频等多种形式，能全方位地呈现教学内容，让学生在轻松愉悦的氛围中学习。并且，这些教学资源可以根据教学需要进行灵活组合和调整，帮助教师更好地组织教学活动。除了对教学内容进行整合与优化外，我们还可以借助现代化的教学手段和技术提升教学效果。例如，利用多媒体教学设备展示生动、形象的图片和视频；使用在线学习平台实现远程教学和实时互动；引入人工智能和大数据技术分析学生的学习情况，为他们提供个性化的学习建议等。这些手段和技术的应用，可以让教学过程更加流畅、高效，进一步提升学生的学习体验。

随着科技的不断进步和教育理念的不断更新，我们需要不断地对教学资源进行筛选、整合和优化，以适应时代的发展和学生的需求；同时，我们还需要关注教学资源的共享和开放，让更多人能享受到优质的教学资源，共同推动教育事业的发展。在这个过程中，教师的角色也至关重要。他们需要不断提升自己的专业素养和教学能力，积极探索有效的教学方法和教学策略，为学生提供更加优质的教学服务。

（二）促进教育公平与资源共享

教学资源的整合与优化，在促进教育公平与资源共享方面，展现出了无可比拟的潜力和价值。教学资源的整合与优化不仅是一个简单的教学资源再配置过程，而且是一场深刻的教育变革，这有助于打破横亘在地域、学校、教师之间的无形壁垒，让优质的教学资源如汩汩流水般自由流淌，滋润每一片渴望知识的土地。在传统的教育模式下，由于地域经济发展差异、学校师资力量悬殊、教师教学方法各异，教学资源分布极不均衡。一些偏远地区或基础薄弱的学校往往难以获得高质量的教学资源，学生的学习机会和效果因此大打折扣。然而，通过教学资源的整合与优化，我们可以将这些分散、孤立的教学资源汇聚起来，形成一个庞大而丰富的资源库。这个资源库就像一个巨大的知识宝库，不仅涵盖了各学科、各层次的教学内容，还包含了多种多样的教学方法和手段。当这个资源库向所有学生开放时，无论他们身处何地、就读于哪所学校、跟随哪位教师学习，都能平等地获得优质的教学资源。这无疑极大地缓解了教育资源不均衡的问题，让每个学生都有机会站在同一起跑线上，共同追求知识的光芒。同时，借助现代信息技术的力量，这些教学资源可以轻松地在不同平台、不同设备上进行展示和交互。无论是个人电脑、智能手机还是平板电脑，无论是线上教学平台还是线下教室环境，学生都能随时随地访问这些资源，进行自主学习和探究。这不仅极大地提高了教学资源的利用率和覆盖面，还为学生提供了更加灵活多样的学习方式。在这个过程中，教师可以共同探讨教学方法、分享教学经验、研究教学问题，从而不断提升自己的专业素养和教学能力。这种交流与合作不仅有助于打破教师之间的隔阂和偏见，还能促进教育教学的创新和发展。

（三）推动教育创新与发展

教学资源的整合与优化，无疑是推动教育创新与发展的关键所在。

在这个过程中，我们不仅仅需要对现有教学资源进行全面的梳理和评估，更需要引入先进的教学理念、教学方法和教学技术，以全新的视角和思维方式，对教育教学进行深刻的改革和创新。在传统的教育模式下，教学资源往往呈现出分散、孤立、低效的状态。这不仅限制了教师的教学方法和手段，也制约了学生的学习效果和发展空间。然而，通过教学资源的整合与优化，我们可以打破这种僵局，为教育教学注入新的活力和动力。整合教学资源，意味着将各种分散、孤立的教学资源有机地结合在一起，形成一个完整、统一、高效的教学资源体系。这不仅可以提高教学资源的利用率和效益，还可以为教师和学生提供更加便捷、高效的学习支持与服务。通过建立统一的教学资源管理平台，我们可以实现各类教学资源的集中管理、分类存储和高效检索。这既方便了教师对教学资源的查找和使用，也为学生提供了更加丰富的学习资源和选择。优化教学资源，则是在整合的基础上，对教学资源进行进一步加工、提炼和升华。这包括对教学资源的多样性、互动性和趣味性的提升，以满足不同学生的学习需求和兴趣点。同时，我们还需要引入评价机制，让学生、教师和其他利益相关者共同参与教学资源的评价与改进过程。这样不仅可以确保教学资源的持续优化和更新，还可以促进教师之间的交流与合作，共同探索更加有效的教学模式和教学策略。在教学资源的整合与优化过程中，我们还需要注重教学资源的创新性和前瞻性。通过引入先进的教学理念、教学方法和教学技术，我们可以推动教育教学的改革和创新，培养出更多具有创新精神和实践能力的人才。这不仅有助于提升整个教育行业的水平和质量，还可以为社会的进步和发展做出更大贡献。

二、教学资源的建设与整合

（一）外语网络教学资源的建设与整合

1. 网络教学环境建设

在当前信息化教育的时代背景下，网络教学环境建设对教育教学活动的开展具有至关重要的作用。构建优质的网络教学环境，首要任务是确保基础设施的完备与先进性，包括高速稳定的网络连接、覆盖面广且信号良好的无线网络设施以及能承载各类教学应用的高性能服务器等硬件设备。

此外，安全防护体系的构建也不容忽视，需要建立完善的数据加密机制和防火墙系统，以保障教学数据的安全和用户隐私的保护。同时，合理的网络架构设计与优化也是关键环节，需要充分考虑学校规模、师生需求及未来发展的趋势，实现网络教学资源的有效整合与灵活调度。而为了满足线上、线下混合式教学模式的需求，还需要搭建易用性强、互动性好的数字化教学平台，提供丰富的教育资源库和便捷的教学管理工具，从而促进信息技术与教育教学的深度融合，赋能教师创新教学方法，激发学生自主学习的积极性。

2. 教学应用系统的构建

教学应用系统的构建是教育信息化改革的一个核心领域。它涵盖了课程资源管理系统、在线学习平台、智能评测系统、虚拟实验室等一系列能支持多元化、个性化教学的应用工具。这就需要在课程资源建设方面，注重内容的科学性、前沿性和趣味性，利用多媒体技术丰富表现形式，形成结构化、层次化的优质教学资源库，便于教师按需调用和学生自主探究。并且，通过搭建功能完善的在线学习平台，不仅支持实时直播、录播回放等远程授课方式，还能实现课后作业提交、答疑讨论、学习进度追踪等功能，打破传统课堂教学时间与空间限制，为学生提供随时随地的学习机会。并且，运用大数据和人工智能技术开发智能评测系统，能对学生的学习效果进行精准评估与个性指导，助力教师实施差异化教学策略。借助虚拟仿真技术构建虚拟实验室，可以让学生在安全无风险的环境中动手操作，提升实验技能，深化理论知识的理解与应用。

（二）外语多媒体教学资源的整合与利用

1. 多媒体助学光盘

多媒体助学光盘以其独特的方式，为学生提供了一个沉浸式的语言学习环境。这类光盘不仅整合了文字、图片、音频和视频等多元化的学习资源，还能依据学生的实际情况进行个性化的学习路径设计。例如，在外语学习中，多媒体助学光盘中的原声发音和实景对话练习可以帮助学生更好地掌握地道的语言表达与发音技巧。此外，通过内置的互动练习和测试，学生可以在自主学习的过程中得到即时反馈，从而更有针对性地进行后续的学习。多媒体助学光盘的便携性也使得学生可以在任何时间、任何地点进行学习，大大提高了学习的灵活性和效率。这类资源既丰富了课外自学的内容，也为课堂教学提供了有力的补充。

2. 电子教案

电子教案作为教师课堂教学的得力助手，其优势在于可以根据教学需求进行灵活的定制和修改。与传统的纸质教案相比，电子教案不仅仅节省了制作和携带的成本，更能在内容上实现多媒体元素的融合，如插入图片、音频和视频等，使课堂教学更加生动有趣。此外，电子教案的交互性也使得教师可以根据学生的实时反馈调整教学进度和教学内容，更好地实现因材施教。例如，在外语教学中，教师可以通过电子教案中的互动练习和即时反馈功能，了解学生的掌握情况，并据此进行有针对性的讲解和练习，从而提高课堂教学的效果。

3. 基于校园网的学习系统

基于校园网的学习系统为学生提供了一个全新的在线学习平台。通过这个平台，学生可以在任何时间、任何地点访问学习资源，进行自主学习和在线测试。这种学习模式不仅仅打破了时间和空间的限制，更能根据学生的学习进度和能力进行个性化的学习路径设计。此外，基于校园网的学习系统还为教师和学生提供了一个实时的互动交流平台，使学生在学习过程中能得到及时的帮助和反馈。在外语学习中，这种学习系统尤其有用，因为它可以提供大量的听力、口语、阅读和写作练习，帮助学生全面提高外语能力。

4. 基于互联网的学习系统

基于互联网的学习系统以其资源的丰富性和学习的灵活性受到了广大学生的欢迎。这种学习系统不仅提供了海量的学习资源，还能根据学生的兴趣和需求进行个性化的资源推荐。通过在线拓展学习和资源下载，学生即使在没有教室的环境中也能顺利完成特定外语课程的学习。此外，基于互联网的学习系统还为学生提供了一个全球化的学习社区，使得学生可以与来自世界各地的人进行交流和合作。这种跨文化的交流不仅有助于提高外语水平，还能拓宽学生的视野和思维方式。

5. 其他类别的教学资源

除了上述四种教学资源外，还有一些其他类别的教学资源也在外语教学中发挥着重要作用。例如，图书作为最传统的教学资源之一，其便携性和可随时学习的特点使得它在外语学习中仍然具有不可替代的作用。磁带虽然在现代教学中逐渐被淘汰，但在一些多媒体设备不够完善的地区或学校中仍然是进行听力训练的主要资源之一。录像带作为原汁原味的语言学习素材来源之一，在一定范围内也还在使用。而电子白板则以其灵活互动的特点在中小学外语课堂教学中得到了广泛的应用和推广，它不仅能激发学生的学习兴趣和积极性，还能提高课堂教学的效果和质量。这些教学资源各有其特点和优势，在外语教学中相互补充和支持，共同为提高学生的外语能力贡献力量。

（三）多媒体条件下的外语教学模式

1. 课内、课外学习相结合的新模式

在当前多媒体外语教学资源丰富的背景下，教师的角色正经历着深刻转变。借助于包括多媒体助学光盘和各类在线学习系统在内的多元教育资源，教师能在课堂教学中更加有效地扮演组织者、协调者与引导者的角色。传统的担忧——学生可能仅依赖答案而忽视深度学习的问题，在多媒体教学环境下得到解决。如今的多媒体软件能详尽解析语言要点及文化背景，使得教师可以在有限课堂教学时间内有针对性地进行重点内容的分析、训练和检测，从而释放出更多空间让学生在课后通过多媒体自主探索次重点知识，并对相关内容进行深入学习。

2. 线上、线下学习相融合的教学实践

随着纸质教材与配套多媒体学习光盘的广泛应用，我国众多学校成功实现了线上与线下学习的有效结合。各学校会根据各自的计算机设施配置以及自主学习中心的实际条件，灵活安排网络学习与实体媒介学习：利用联网机房进行高效的网上互动学习，同时，依托多媒体学习光盘实现个性化的离线学习体验。这种模式既能满足学生个性化、自主学习的需求，又能有效应对设备和场地不足带来的挑战。

3. 大班、小班教学相辅相成的教学策略

面对我国庞大且持续增长的外语学习群体，在短期内全面实施小班化教学仍面临较大困难，加之硬件设备投入等方面的局限性，采取大班、小班结合的教学方式成了现阶段较为理想的解决方案。在大班授课阶段，教师可以运用电子教案配合投影仪等技术手段，集中讲解重点课文和核心语言知识点，以传授知识为主；而在小班课堂教学中，则侧重技能训练和产出型学习，鼓励师生之间、生生之间的直接交流与互动，尤其重视听、说等实际应用能力的培养。

4. 面授辅导与自主学习相互促进的教学过程

在多媒体教育环境下，外语教师的作用非但没有被削弱，反而得到了强化。当学生完成网络课程或使用助学光盘自学后，教师面对面辅导至关重要。这不仅有助于教师获取第一手的学习反馈信息，以便及时调整教学策略，加强针对个体差异的教学指导，还有利于最终达成良好的学习效果。总结来看，多媒体条件下的外语教学主体模式依然围绕"教师—学生—教学资源"这一基本框架展开，然而关键在于如何选择和组合丰富多样的教学素材，以发挥其最大优势，精准匹配并实现预设的教学目标。因此，对外语教师来说，深入研究和动态考察多媒体环境中的用户关系及其交互方式尤为迫切与重要。

（四）用户在多媒体环境中的相互关系

在多媒体外语教学环境中，教学主体同传统教学环境依旧保持一致（教师、学生、教学资源），但由于教学资源包含了比以往更多的资料，并且各自的表现形式不尽相同，教学主体在多媒体环境中的相互关系也就变得同以往有所不同。例如，传统外语教学中的教师角色在多媒体环境下可以看作外语教师及管理员"双位一体"的形象。图5-1即表现了多媒体环境下三者的关系。

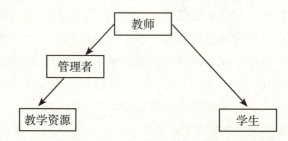

图5-1　多媒体环境下教师、学生、教学资源的关系

如图5-1所示，在外语课堂教学中，多媒体教学资源宛如一个综合教学舞台，教师和学生通过这个舞台相互合作，共同完成预设的教学任务。在这样的多媒体教学环境下，教师的作用越发关键，他们不仅要组织和协调教学活动，还要监督和指导学生的学习进程。尽管教学环境日新月异，教学资源日益丰富，但教师的核心地位并未动摇。相反地，多媒体环境对教师提出了更高的要求。为了有效引导各种教学资源，教师需要拥有出色的组织和协调能力；同时，他们还需要敏锐地洞察学生在学习过程中遇到的难题，并迅速给出恰当的解决方案。学生作为学习的主体，在这种教学模式下也需要发挥更大的主观能动性，才能顺利完成各项语言学习任务。值得一提的是，教学资源系统的互动功能为学生与教师之间的交流和沟通提供了更便捷的渠道。这使得学生的语言学习过程能更加高效、有序地进行。然而，在这个多媒体教学的大舞台上，管理员的角色同样不容忽视。他们不仅需要具备外语教学的基本理论和实践经验，还需要对多媒体的软硬件运行环境有深入了解。遗憾的是，在实践中，管理员这一角色往往被忽视，没有得到应有的重视。事实上，管理员在保障教学顺利实施方面发挥着至关重要的作用。他们不仅要深刻理解外语教学的目标，还要能运用计算机技术协助教师达成这些目标。因此，我们应该充分认识到管理员在多媒体教学环境中的重要性，并给予他们足够的支持和尊重。只有这样，我们才能确保外语教学的顺利进行，让多媒体教学资源真正发挥其应有的价值。

（五）多媒体教学给外语教育带来的积极作用

1. 系统性

传统外语教学往往将听、说、读、写、译等技能分开教授，容易导致学生在语言运用上的割裂感；而多媒体外语教学则能将各种语言学习素材有机地整合到一个完整的学习系统中，使学生能在一个连贯、统一的环境中逐步提升各项语言技能。在多媒体外语教学环境中，各种语言素材都按照教学大纲的要求，科学合理地纳入各分级学习系统。这使得学生能由浅入深、逐层递进地完成课程学习，同时，极大地扩展了教学的系统性和完整性。通过这种方式，学生可以在学习新内容的同时随时回顾和巩固以往所学内容，使新旧知识有机地融合在一起，构建起坚实的语言学习基础。而且，在一个开放的学习系统中，学生可以灵活使用各种多媒体语言学习素材，如文本、图片、音频、视频等，从而在一个课堂上完成听、说、读、写、译等多种语言技能的训练。这种全方位的语言学习过程更加符合语言学习的客观规律，有助于提高学生的综合语言运用能力。

2. 集成性

传统外语教学往往受限于教材、教具和教学环境等因素，难以充分展示语言的多样性和丰富性；而多媒体外语教学则能将各种教学资源集成到一个统一的平台上，为学生提供更加丰富多样的学习体验。在多媒体外语教学过程中，教师可以借助各种多媒体工具和软件组织教学，如使用PPT展示课件、利用音频和视频材料辅助教学、通过在线互动工具进行实时交流等。这些工具和软件的使用不仅可以使教学过程更加生动有趣，激发学生的学习兴趣和动力，还可以帮助教师更好地实现教学主、次内容的区分处理，提高课堂教学的效率和质量。同时，多媒体外语教学还能充分发挥不同媒体的特长开展不同类型的教学活动。例如，在听力训练中，教师可以利用音频材料为学生提供真实的语言环境；在口语训练中，教师可以利用视频材料和在线互动工具引导学生进行模仿与对话练习；在阅读训练中，教师可以利用文本和图片材料帮助学生理解文章内容与结构等。通过有针对性地选用各类资源，多媒体外语教学能充分调动学生的主观能动性，使他们在轻松愉快的氛围中掌握各项语言技能。

3. 交互性

传统外语教学往往采用单向传授的方式，即教师讲解、学生听讲的模式，缺乏足够的互动和交流机会；而多媒体外语教学则能借助计算机技术，实现学生与学习系统之间、学生与学生之间、学生与教师之间，甚至教师与教师之间的信息交换和互动合作。在多媒体外语教学环境中，学生可以通过计算机或移动设备进行自主学习和探究学习。他们可以根据自己的实际情况和需求选择适合自己的学习路径与进度，并通过在线测试、实时反馈等方式及时了解自己的学习情况和问题所在。同时，他们还可以利用在线论坛、聊天室等互动工具与其他学生或教师进行交流和讨论，分享彼此的经验和见解。这种积极有效的自主学习方式有助于提高学生的学习效果和自信心。而且，通过利用计算机网络和远程教育技术，学生可以随时随地访问在线学习资源和学习平台，进行自主学习和协作学习；而教师则可以借助多媒体教学系统组织和管理课堂教学活动，实现对学生学习情况的实时监控和个性化指导。这种灵活多样的学习方式不仅能满足不同学生的差异化需求，还能促进教学双方的共同成长和进步。

三、教学资源的优化策略

（一）观念的转变推动多媒体外语教学进一步发展

1. 数字化产品的普及与观念转变

随着信息技术的迅猛发展，数字化产品已深入渗透到我们的日常生活中，带来了前所未有的便捷与变革。在这一背景下，人们对待数字化产品的观念也在逐渐发生转变，从最初的陌生与抵触，到如今的接受与依赖。这种观念的转变不仅仅改变了我们的生活方式，更对多媒体外语教学产生了深远的影响，成为推动其进一步发展的关键。在过去的几十年里，信息技术的发展可谓日新月异，数字化产品层出不穷，从最初的计算机、手机，到现在的智能穿戴设备、虚拟现实技术等，无不体现出科技的巨大魅力。这些数字化产品不仅设计科学、功能强大，而且用途广泛、操作简便、成本低廉，使得越来越多的人能享受到科技带来的便利。伴随着数字化产品在日常生活中的普及，人们对它们的看法也在逐渐改变。最初，许多人对这些新兴科技产品感到陌生和抵触，担心它们会取代传统的生活方式和工作岗位。然而，随着时间的推移，人们逐渐发现数字化产品不仅提高了工作效率，还丰富了娱乐生活，使得生活更加便捷和多彩。因此，越来越多的人开始接受并在生活中习惯于使用各类数字化产品。

2. 数字化产品对多媒体外语教学的影响

数字化产品观念的转变对多媒体外语教学产生了积极影响，教师和学生都更加愿意接受并主动运用数字化电子设备进行相关的外语教学和学习。这不仅能提高教学效率，还能激发学生的学习兴趣和积极性。例如，教师可以利用多媒体课件和在线教学平台展示丰富的教学内容，实现与学生的实时互动；学生则可以利用智能手机、平板电脑等设备进行自主学习和在线交流，随时随地提升自己的外语能力。而且，教师可以利用互联网上的海量资源补充和完善教学内容，使得课堂教学更加生动有趣；同时，他们还可以借助各种数字化工具创新教学方式，如利用虚拟现实技术进行沉浸式教学、利用人工智能技术进行智能辅导等。这些新的教学手段不仅能提高教学效果，还能培养学生的创新能力和跨文化交际能力。并且，每个学生都有自己独特的学习需求和兴趣点，而数字化产品可以根据学生的个人特点提供定制化的学习方案和资源推荐。这使得学生能更加自主地选择适合自己的学习路径和进度，实现个性化的学习目标。不仅如此，数字化产品还可以记录学生的学习过程和成果，为教师提供更加全面和准确的学习评价依据。

3. 观念的转变对多媒体外语教学的推动作用

从更深层次的角度来看，人们对待数字化产品观念的转变不仅改变了我们的生活方式和工作方式，还在推动着整个社会的进步和发展。在多媒体外语教学领域，这种观念的转变同样具有深远的意义和影响。随着越来越多的教师和学生愿意接受并主动运用数字化电子设备进行相关的外语教学与学习，多媒体外语教学得到了更加广泛的应用和推广。这不仅使得更多学生能享受到优质的外语教育资源，还为教师提供了更加广阔的教学空间和发展平台。同时，数字化产品的不断创新和升级也为多媒体外语教学带来了新的机遇与挑战，推动着教学理念和教学方法的不断更新与完善。而且，数字化产品的普及使得多媒体外语教学能更加高效地进行信息传递和知识传授。教师可以通过多媒体课件、在线教学平台等数字化工具展示丰富的教学内容和生动的教学案例，使得学生能更加直观地理解和掌握外语知识。并且，数字化产品可以实现实时互动和在线交流等功能，使得教师和学生能更加便捷地进行沟通与交流，及时解决学习中遇到的问题和困难。这些优势不仅提高了教学质量和效率，还为学生提供了更加优质的学习体验和服务。随着全球化进程的加速推进，跨文化交际能力已经成为现代人必备的基本素质之一。而数字化产品的普及则为多媒体外语教学提供了更加便捷和高效的跨文化交流平台。学生可以利用互联网上的各种资源和工具了解不同国家与地区的文化背景、风俗习惯等信息，提高自己的跨文化意识和交际能力。不仅如此，他们还可以利用数字化产品与来自不同国家和地区的人进行实时交流及合作，拓展自己的国际视野和交际圈。这些经历不仅有助于提升学生的外语水平和综合素质，还为他们未来的职业发展和国际竞争打下坚实基础。

（二）计算机技术的不断发展必将有力支持多媒体外语教学的发展

1. 自动语音评测系统（Automatic Speech Recognition，ASR）

ASR技术可广泛应用在多媒体外语教学的听说训练与评测中。利用ASR技术，我们一方面可以让学生自主完成有关听说准确度的训练；另一方面可以为广大学校和教师提供计算机支持的口语测试系统，方便广大学校和教师组织大规模的外语口语测试，进而为口语教学提供大量翔实、有效的数据，促进听说课程在教学与考试上的全面发展。目前ASR技术在一些多媒体教学光盘中已经得到应用，主要是提供一些语音跟读训练。随着计算机软硬件技术的不断发展，该项技术必定能在多媒体外语教学中发挥更大的作用和效果。

2. 自动作文评测系统（Automated Essay Scoring，AES）

AES技术可主要在外语教学的读写课程中加以利用。根据某一写作训练的提示或要求，教师可预先列出该写作训练的各项要点并输入评分系统，随后评分系统便可自动根据要点逐一对输入的作文进行比对并判分。在完成原始判分后，系统还可根据文体风格、修辞等附加要素对原始分值进行修订，并给出最终经过综合评判的分值。目前，国外已经开发出一系列的自动作文评分系统，具有代表性的有Project Essay Grade（PEG）、Intelligent Essay Assessor（IEA）、Educational Testing Service（ETS）、Electronic Essay Rater（E-Rater）、Intelligent Essay Marking Systems（IEMS）等。这些产品对我国外语多媒体教学具有较高的借鉴价值，特别是我国当前外语教学一方面有学生人数众多的压力；另一方面有切实提高学生实际语言应用能力的较高要求，通过借助此类型的多媒体教学软件，将有望突破写作批改量大、难度大的瓶颈，为教学双方带来切实的帮助。

3. 播客

播客是RSS（Rich Site Summary）技术与MP3播放器结合的产物，简单地说，就是把预先录制的MP3音频文件发布在博客（Blog）上，利用相关的RSS订阅软件（如iPodder），用户便可以定制并将这些MP3文件自动下载到本地电脑上播放。更吸引人的是，这些MP3文件可以转移到便携式MP3播放器上，在移动中随时收听。文件的内容既可以是音乐、新闻广播，也可以是一节包含教师讲解、学生讨论的课堂教学音像。有了播客，用户（就本文而言，既可是教师，也可是学生自己）便可很容易地制作、发布自己的广播节目，让其他共同学习的伙伴随时随地收听各自所需的信息和学习资料。相对已经由出版社设计并完成的多媒体学习系统而言，该技术具有更大的灵活性，也可作为学习系统的有效补充，更好地满足个性化听说教学的需求。

（三）"人机—人际"模式给多媒体资源的整合与利用带来挑战

1. 移动学习（learning anywhere）

ASR是近年来随着人工智能技术的飞速发展而崛起的一项革新性技术。它以其强大的语音处理能力和高精度的识别效果，为多媒体外语教学带来了前所未有的变革。这项技术不仅极大地提升了学生的听说训练效果，还为教师提供了便捷、高效的口语测试工具，推动了外语教学的现代化进程。在传统的外语教学模式中，听说训练往往受限于课堂教学时间和教师资源，难以做到个性化、精准化指导。而ASR技术的出现，打破了这一束缚。学生可以通过ASR系统进行自我训练，系统能实时识别学生的发音，并给出准确的反馈，帮助学生纠正发音错误，提高语音表达的准确性。这种自主训练的方式，不仅能让学生根据自己的节奏和进度进行学习，还能激发他们的学习兴趣和积极性。对教师来说，ASR技术更是一个得力助手。在传统的口语测试中，教师需要花费大量的时间和精力进行评分与反馈。而ASR系统能自动完成这些烦琐的工作，为教师节省出更多的时间和精力，用于对学生进行更深入的指导和帮助。此外，ASR系统还能收集和分析学生的口语数据，为教师提供全面、客观的教学评估，有助于教师更好地了解学生的实际情况，调整教学策略，提升教学质量。随着计算机软硬件技术的不断进步，ASR技术的应用前景更加广阔。未来的ASR系统将会更加智能化、个性化，能更好地适应不同学生的需求。例如，ASR系统可以根据学生的学习风格和学习进度，为其推荐合适的训练内容和难度；还可以通过分析学生的口语数据，发现其在学习中的薄弱环节，为其提供更加精准的指导和帮助。这些智能化的功能，将使ASR系统成为外语学生不可或缺的学习伙伴。同时，ASR技术也将在外语教学中发挥更大的作用。除了听说训练和口语测试外，ASR技术还可以应用于语音翻译、语音搜索等领域，为外语教学提供更加多元化、便捷的服务。这些应用不仅能提升学生的学习效果，还能拓宽他们的国际视野和提高跨文化交际能力。

2. 知识型语料库和智能化搜索技术

外语学习是一个复杂而多维度的过程，它不仅仅局限于基础阶段的语言技能培训，对广大学生来说，更关键的是能建立一个持续支持其终身学习的信息平台。这样的平台不仅能提供丰富的语言学习资源，还能根据学生的需求和兴趣进行智能化的推荐与引导，帮助他们在外语学习的道路上不断前行。在这一方面，多媒体技术展现出了巨大的潜力和价值。特别是，知识型语料库和智能化搜索技术，它们为构建这样一个终身学习平台提供了有力的支持。知识型语料库不同于传统的语料库，它更加注重语言知识的归纳、整理和呈现，旨在为学生提供更加系统、全面的语言学习体验。而智能化搜索技术则能根据学生的搜索历史和偏好，为他们推荐更加精准、个性化的学习资源。然而，目前的语料库大多服务于词典编纂和语言研究等领域，面向普通外语学生的语料库还相对匮乏。这无疑是一个巨大的遗憾，因为对广大学生来说，一个贴近他们需求、易于使用的语料库将对他们的学习产生巨大帮助，所以我们有必要利用现有语料库的技术和资源，以用户为中心，将同语言学习相关的知识按照一定原则进行归纳、收集和整理。这样不仅可以丰富语料库的内容，还可以使其更加贴近学生的实际需求。在搭建智能化的检索平台方面，我们也需要借助先进、高效的计算机检索技术。通过将这些技术应用于语料库的检索和管理中，我们可以为学生提供一个便捷、高效的学习工具。他们可以通过登录该平台，轻松找到自己所需的语言学习资源，满足各种知识型语言任务的学习需求。这样的平台不仅能提升学生的学习效率，还能激发他们的学习兴趣和动力。除了提供工具和资源外，这样一个终身学习平台还能为学生提供一个交流和分享的空间。他们可以在平台上与其他学生交流学习心得和经验，共同探讨外语学习的方法和技巧。这种互动和交流不仅能提升学生的语言应用能力，还能培养他们的跨文化交际能力和全球视野。

3. 个性化学习门户网站

在多媒体外语教学领域，随着前面提及的两类技术——ASR技术以及知识型语料库和智能化搜索技术的不断成熟与应用，未来的教学趋势必将对智能型、综合性的学习门户网站提出更严苛和高标准的要求。这样的网站，其核心目的依然是更好地满足个性化学习的需要，进而实质性地提高学生的学习效率。想象一下，当学生登录这样一个智能型门户网站时，他们能根据自身的学习水平和需求，选择分级的学习课程。这些课程不再是刻板、一成不变的，而是能根据学生的实际进度和反馈进行动态调整的。更出色的是，学生还能将自己的特定需求和学习愿望提交给网站后台的课程设计中心。在这里，专业的语言课程设计师会针对每个学生的独特需求，从庞大的语料库中精心挑选、搭配出最适合他们的学习内容和资源。不过，即使在这样高度智能化的学习环境中，教师的角色和地位依然举足轻重，不可或缺。毕竟，无论技术如何先进，它都无法完全替代人类教师那种富有情感、充满智慧的指导和帮助。因此，在这样的综合性门户网站中，教师的作用被赋予了新的内涵和形式。他们不再受限于传统的课堂和教学方式，而是能借助先进的技术手段，对不同学生进行更有效、及时的指导和帮助。并且，这样的门户网站还会配备先进的口试、笔试自动考试系统。这些系统能全面、客观地评估学生的学习效果，为他们提供准确、及时的反馈和建议。而教师则可以根据这些评估结果，结合自己的学习经验和专业知识，为学生提供更精准、个性化的学习指导和建议，帮助他们顺利地完成学习任务，实现学习目标。

（四）多媒体外语教学将为我国的现代化建设做出新贡献

1. 多媒体外语教学的专业性提升了外语教育的质量

多媒体外语教学利用先进的技术手段，为学生提供了丰富多样的学习资源和真实的外语环境，使外语学习更加生动有趣。通过多媒体手段，学生可以接触到地道的语音、语调，了解外语国家的文化、历史和社会背景，从而更全面地掌握外语知识。这种专业性的提升，不仅提高了学生的外语水平，还培养了他们的跨文化交际能力，为我国在国际舞台上的交流和合作提供了有力的人才支持。同时，多媒体外语教学还推动了外语教育理念的更新。传统外语教学往往注重词汇和语法的传授，而忽视了对学生实际语言运用能力的培养；而多媒体外语教学则强调以学生为中心，注重培养学生的自主学习能力和语言交际能力。这种教学理念的转变，使外语教育更加符合现代社会对人才的需求，也为我国现代化建设提供了更多具备国际视野和跨文化交际能力的人才。

2. 多媒体外语教学的便捷性扩大了外语教育的覆盖面

多媒体外语教学打破了时间和空间的限制，使学生可以随时随地进行外语学习。无论是在家中、学校还是办公室，学生都可以通过电脑、手机等设备连接到互联网，访问各种在线学习平台和资源，进行自主学习和交流。这种便捷性不仅方便了学生，还扩大了外语教育的覆盖面，使更多的人有机会接受外语教育。并且，传统外语教学往往采用统一的教学计划和教材，难以满足不同学生的个性化需求；而多媒体外语教学则可以根据学生的学习风格、兴趣和水平，为他们定制个性化的学习方案和资源，使外语学习更加符合学生的实际需求和兴趣。这种个性化的学习路径不仅提高了学生的学习效率和学习效果，还激发了他们的学习热情和积极性。

3. 多媒体外语教学的发展与我国现代化建设相互促进

多媒体外语教学的发展为我国培养了大批具备外语能力和跨文化交际能力的人才，为我国的对外交流和合作提供了有力的人才保障。同时，随着我国科技的不断进步和创新，多媒体外语教学也将不断引入新的技术手段和教学理念，推动外语教育的创新和发展。而且，多媒体外语教学与我国的经济、文化和社会发展密切相关。通过多媒体外语教学，学生可以了解外语国家的经济、文化和社会情况，增进对外语国家的了解和友谊。这种了解和友谊不仅有助于推动我国与外语国家的交流及合作，还为我国的经济、文化和社会发展带来了积极影响。

第三节　教学资源在外语实践教学中的应用与创新

一、教学资源在外语实践教学中的应用价值

（一）提高教学效果与教学效率

传统教学方式往往依赖于教师的口述和板书，学生难以形成直观、深刻的理解。而教学资源的应用，特别是虚拟仿真实验、多媒体教学资源等现代教学手段，能为学生提供更加生动、形象的学习体验。例如，通过虚拟仿真实验，学生可以在虚拟环境中进行实验操作，不仅能模拟真实实验的场景和过程，还能避免真实实验中可能存在的风险和成本问题。这种教学方式不仅能激发学生的学习兴趣和积极性，还能帮助学生更好地理解和掌握所学知识，提高学习效率和学习效果。而且，通过网络教学资源、在线课程等数字化教学资源，学生可以随时随地进行学习，不受时间和空间的限制。同时，学生还可以利用这些资源进行自主学习和探究式学习，培养自己独立思考和解决问题的能力。而协作学习则可以通过小组讨论、项目合作等方式进行，学生可以利用教学资源进行分工合作、交流讨论，共同完成学习任务。这种学习方式不仅能培养学生的团队协作精神和沟通能力，还能提高学生的学习效果和学习质量。

（二）促进学生实践能力的提升

在传统的教学模式中，学生往往只能被动地接受知识，难以将所学知识应用于实际。而实践教学资源的应用则为学生提供了更多实践机会和实践环境。通过参与实验、实训、实习等实践活动，学生可以将所学理论知识应用于实际，提高自己的实践能力和创新能力。同时，实践教学资源的应用还能培养学生的职业素养和职业技能，为其未来的职业发展打下坚实

基础。在实践活动中，学生不仅需要运用所学知识解决实际问题，还需要具备批判性思维、创新思维、团队协作等综合能力。这些能力的培养需要学生在实践活动中不断尝试、探索和创新。而实践教学资源的应用则为学生提供了更加广阔的探索空间和更加丰富的实践机会，有利于培养学生的综合素质和创新能力。

（三）促进教育教学创新与发展

随着科技的不断进步和教育的不断发展，传统教学方式已经难以满足现代教育的需求。而教学资源的应用则能为教育教学带来新的思路和方法，促进教育教学的创新与发展。例如，通过利用大数据、人工智能等先进技术对教学资源进行深度挖掘和分析，教师可以更加准确地了解学生的学习情况和需求，制订更加个性化、精准的教学方案。同时，教学资源的应用还能促进教育教学的国际化和跨文化交流。通过引进国外先进的教学资源和教学理念，教师可以借鉴其成功经验和方法，提高自己的教学水平和国际视野；而学生则可以通过与国外学生的交流和合作，了解不同文化背景下的教育理念和教学方法，拓宽自己的国际视野和提高跨文化交流能力。这些创新与发展对于推动教育教学的进步和提高人才培养质量具有重要意义。

二、教学资源在外语实践教学中的应用

（一）传统外语教学资源的应用

1. 教材与教辅的应用

传统的外语教材系统而全面地涵盖了听、说、读、写四大语言技能的基本知识点和训练项目，从词汇、语法、句型结构到篇章理解，构建起严谨有序的语言学习框架。教材内容丰富多元，既有经典文学作品的选段，又有贴近实际生活的对话情境，旨在让学生在理论与实践相结合的过程中，逐步深化对目标语言的理解和应用能力。与此同时，教辅材料则为外语学习提供了更深层次的拓展和巩固。教辅材料包括习题集、词汇手册、口语听力训练资料等，这些教辅资源以补充和强化教材内容为目标，通过设计针对性强、形式多样的练习题目和活动，帮助学生有效检验和巩固所学知识，弥补课堂教学可能存在的不足，同时，也满足了不同层次学生的

学习需求和兴趣爱好。并且，许多教材配套推出了互动式电子版，融合多媒体元素如音频、视频、动画等，使学习过程更生动活泼，大大提升了学生的参与度和学习效率。

2. 教学设备的应用

录音机这一简单的设备，曾经是学生学习外语发音和听力的得力助手。通过反复播放录音，学生可以模仿母语者的发音，纠正自己的语音、语调。投影仪则为学生展示了丰富的外语文化和真实语境，使外语教学不再局限于枯燥的课本和单一的课堂讲解。而语言实验室更是为学生提供了一个沉浸式的外语学习环境，每个学生都可以在这个环境中进行听、说、读、写的全方位训练，提升自己的外语综合能力。这些传统外语教学资源设备的应用，既提高了外语教学的效率和质量，也为学生创造了一个更加多元、真实的外语学习环境。在这样的环境中，学生可以更加直观地感受到外语的魅力，增强自己的学习动力和兴趣。同时，这些教学设备的应用也促进了外语教学方法的创新和发展。教师不再是仅仅依赖于课本和黑板，而是可以运用这些设备设计出更加生动有趣的教学活动，引导学生积极参与，提高教学效果。当然，传统外语教学资源设备的应用也存在一些局限性。比如，这些设备的更新和维护需要一定的成本与时间，而且在使用过程中可能会出现一些技术故障，影响教学的顺利进行。此外，这些设备的功能相对单一，无法满足现代外语教学对于多元化、个性化学习的需求。但是，这并不意味着我们应该完全摒弃这些传统设备。相反，我们应该在充分发挥其优势的同时，积极探索与现代科技相结合的新模式和新方法，使其在现代外语教学中焕发新的生机和活力。

（二）现代教学资源的应用

1. 数字化教学资源的应用

数字化教学资源借助互联网技术的力量，汇聚全球优质的语言学习内容，如在线课程平台上的互动式教程、电子教材、虚拟实验室以及各类智能教学软件等。这些资源突破了纸质教材的时空局限，实时更新，紧跟时代发展步伐，确保学生能接触到最新鲜、最实用的语言素材。例如，多媒体课件通过动画、音频、视频等形式，生动展现语言的文化背景、语境应用，使学生在听觉、视觉等多感官层面上感受并理解目标语言，从而提高其语言实际运用能力。同时，数字化教学资源还实现了教学方式的个性化定制。智能学习系统可以根据每个学生的学习进度、能力特点和兴趣偏好进行精准推送与动态调整，满足不同层次、不同类型的学习需求。线上互动交流平台则打破了传统课堂教学的束缚，让学生可以随时随地开展自主学习、合作讨论，增强了学习的主动性和参与感。不仅如此，数字化教学资源也提供了丰富多元的评估反馈机制。自动化作业批改系统可以即时检测学生的学习效果，教师据此进行有针对性的教学指导；而大数据分析技术则能全面追踪和评价学生的学习历程，帮助教师了解教学成效，优化教学策略。

2. 网络教学资源的应用

网络教学资源以其海量、多样、互动性强等特点，深受教师和学生的欢迎。外语学习的各领域，从词汇、语法到听、说、读、写各项技能，都能在网络教学资源中找到相应的支持。例如，在线词典和语料库可以帮助学生迅速查找生词与例句，了解词汇在不同语境中的用法；在线语法练习和模拟测试能帮助学生巩固语法知识，提高语言运用的准确性；而大量的原版音频、视频材料则为学生提供了真实的语言输入环境，有助于他们提高听力和口语表达能力。而且，学生可以根据自己的学习需求和兴趣，选择适合自己的学习资源和进度。无论是想要提高某一方面的语言技能，还是想要了解某一领域的专业知识，学生都能在网络教学资源中找到满足自己需求的资源。并且，教师可以通过网络平台发布作业、组织讨论、进行在线测试等教学活动，实现与学生的实时互动和反馈。这种教学方式不仅突破了时间和空间的限制，使教学可以随时随地进行，还有助于教师及时了解学生的学习情况和问题，进行有针对性的指导和帮助。同时，网络教学资源的应用也促进了外语教学的国际化进程。通过网络平台，学生可以轻松地接触到来自世界各地的外语学习者和教师，了解不同文化背景下的外语学习方法和经验。

三、教学资源在实践教学中的创新

（一）教学资源的整合与创新

1. 跨学科教学资源的整合

在当今教育多元化、综合化趋势下，外语跨学科教学资源的整合日益凸显其重要性和必要性。这一教学理念主张打破学科间的壁垒，将外语学习与其他学科知识紧密相连，旨在培养学生的全球视野与跨文化交际能力，全面提升其综合素质。外语跨学科教学资源的整合强调了语言学习的情境化和实用性。比如，教师在教授外语的同时融入历史、地理、艺术等多领域内容，学生可以通过阅读原版文学作品感知西方文化的底蕴，通过科学论文翻译理解专业术语和技术进步，通过观看国际新闻报道提高信息获取和批判思考的能力。这样不仅加深了对目标语言的理解和运用，还促进了学生对其他学科知识的掌握和迁移应用。而且，通过设计涵盖多个学科主题的项目式学习活动，如用外语进行社会调查、撰写科研报告或制作跨文化主题的多媒体演示，可以有效提升学生的自主学习能力和团队协作精神。同时，外语作为工具，让学生在解决实际问题的过程中实现跨学科知识的有效融合与创新应用。并且，在全球化进程中，具备良好外语能力并能跨越学科界限进行沟通交流的人才备受青睐。因此，教师应当充分利用各类数字化平台，收集、整理不同学科领域的外语学习资料，结合现实生活中的热点议题，引导学生以全球视角审视世界，从而培养他们成为具备跨文化交流素养的复合型人才。

2. 线上、线下教学资源的融合

在线课程、学习平台、虚拟实验室等线上教学资源，使学生能随时随地开展外语学习，不再受制于固定的课堂教学时间和地点。同时，线上教学资源还能提供个性化的学习路径，满足不同学生的需求和兴趣；而线下教学资源则以其真实、直观、互动性强等优势，为外语教学提供了坚实的基础。课堂讲解、面对面交流、实践操作等线下教学活动，能帮助学生更好地掌握外语知识，提高语言运用能力。将线上和线下教学资源相融合，可以实现两者优势互补，共同提升外语教学的效果和质量。融合后的教学资源，既保留了线上教学资源的灵活性和多样性，又发挥了线下教学资源的真实性和互动性。例如，教师可以利用线上平台发布预习材料和作业，引导学生在课前进行自主学习；而在课堂教学中，教师则可以组织丰富多样的线下教学活动，如角色扮演、小组讨论、实践操作等，帮助学生巩固知识、提高技能。同时，线上、线下教学资源的融合还为外语教学提供了更多数据支持。通过在线平台的学习记录和数据分析，教师可以更加准确地了解学生的学习情况和需求，为后续的个性化教学提供有力支持。而且，在线上学习环境中，学生需要自我规划、自我管理，独立完成学习任务；而在线下课堂教学活动中，学生则需要与他人合作、交流，共同解决问题。这种融合的教学模式，不仅提高了学生的外语水平，还培养了他们的综合素质和能力。并且，教师可以根据自己的教学理念和学生的实际情况，灵活选择线上、线下的教学方式和资源，设计出更加符合学生需求的教学方案。同时，教师还可以利用线上、线下教学资源的融合，开展跨时空、跨文化的教学活动，拓宽学生的国际视野和提高其跨文化交际能力。

（二）教学资源的应用模式创新

1. 问题导向学习

在外语教学资源的问题导向学习模式下，教师不仅是词汇、语法等知识的传授者，还成为设计并提出具有挑战性外语情境问题的策划者，这些精心构思的问题能激发学生的语言实践欲望和解决问题的动力。此时，教材、音频、视频资料、网络交流平台等各种外语教学资源不再是单纯的知识输出工具，而是转化为学生进行语言实践、模拟真实交际场景的重要支撑。对学生来说，在这种模式下，他们需要通过团队协作或者独立探究的方式，利用丰富的教学资源理解和解析外语环境下的问题，这既是对他们语言技能的锤炼，也是对他们跨文化交际能力及批判性思维能力的培养。例如，借助在线语言交换平台，学生可以实际参与与母语者的实时对话，解决实际的语言运用问题，这样的体验式学习极大地丰富了他们的语言感知与运用能力。而且，数字化、智能化教学资源如虚拟现实技术、语音识别软件等在外语教学中的引入，进一步拓展了问题导向学习的深度和广度。学生可以在模拟的真实环境中沉浸式地学习和操练外语，即时反馈机制则能有效帮助他们调整语言策略，提高学习效率。

2. 个性化学习与自适应教学

在个性化学习与自适应教学模式下，外语教学资源不再仅是统一的内容供给源，还转变为能动态适应不同学生需求的智能工具。教师借助大数据分析、人工智能等先进技术手段，结合各类教材、数字化资源、在线课程以及交互式学习平台，实时追踪和评估每个学生的学习状态，从而制定符合个体特性的教学策略和内容安排。对学生来说，学习资源不仅能针对他们的语言技能弱点进行训练，还能充分激发他们在自己感兴趣的主题或情境中的探索欲望。例如，通过智能化的语言学习软件，学生可以按照自身步调，选择适合自己的词汇、语法、听力、口语等模块进行强化练习，系统则会根据其学习表现自动调整难度和推荐相应的补充学习材料。而且，虚拟现实、语音识别、自然语言处理等前沿技术的融入，进一步丰富了个性化学习与自适应教学的实践形态。这些技术让教学资源更加生动、多元，使学生能在模拟的真实交际场景中提升语言运用能力，并获得及时、有效的反馈，以促进自我调整与持续改进。

第六章　应用型外语教师专业发展与支持

第一节　外语教师的角色定位与能力要求

一、外语教师的角色定位

（一）传统教学模式下的外语教师角色定位

1. 讲授者身份使学生处于课堂教学的边缘

在传统的教学模式中，教师常常扮演着讲授者的角色，他们站在教室的前方，滔滔不绝地讲解语言知识、分析语言结构，而学生则坐在座位上，被动地接受这些信息。这种以传授知识为主的"知识本位"模式，往往导致学生在课堂教学中被边缘化。在这种模式下，教师注重的是语言知识的传授和语法的讲解，他们将学生视为被动接受的"容器"，而忽视了对学生语言能力的培养。学生在课堂教学往往只是听讲、记笔记，缺乏实际运用语言的机会，他们的语言交际能力得不到有效锻炼和提高。而且，教师在课堂教学中唱"独角戏"，学生则很少有机会参与教学活动，教与学之间缺乏有效的互动和交流。这种单向传递的教学方式无法激发学生的学习兴趣和积极性，也难以形成良性的教学氛围。因此，要改变这种现状，教师必须转变自己的角色，从讲授者转变为引导者和促进者。他们应该注重培养学生的语言交际能力，为学生提供更多实际运用语言的机会。同时，教师还应该注重与学生的互动和交流，激发学生的学习兴趣和积极性，形成良性的教学氛围。

2. 实施者身份使学生处于旁听者的地位

在传统的语言教学课堂上，教师往往是教学活动的实施者，他们控制着课堂教学的进度和节奏。然而，这种实施者身份往往使学生处于旁听者的地位，缺乏学习动力和主动参与的热情。在这种模式下，教师通常站在教室前方进行讲解，或是与全班学生一起做一些语言操练活动。但无论是讲解还是语言操练活动，教师都处于信息传递者的位置，而学生则只是被动地接收信息。他们很少有机会参与教学活动，也缺乏主动思考和探索的机会。这种教学方式不仅无法激发学生的学习兴趣和积极性，还会使他们对学习产生厌倦和抵触情绪。学生在课堂上处于旁听者的地位，他们的学习动力和主动参与的热情都会受到抑制。为了改变这种现状，教师必须转变自己的教学方式和角色。他们应该注重引导学生主动参与教学活动，为学生提供更多思考和探索的机会。同时，教师还应该注重激发学生的学习兴趣和积极性，使他们对学习产生浓厚的兴趣和热情。

3. 权威者身份使学生成为漠视者

在传统的教学模式中，教师往往占据着课堂教学的绝对控制地位，他们决定着课堂教学的计划、内容、方式、进度和评估。这种权威者身份往往使学生成为漠视者，对学习缺乏热情和积极性。在这种模式下，教师通常具有绝对的权威和话语权，而学生则只能被动地接受教师的安排和指挥。他们很少有机会表达自己的观点和看法，也缺乏对教师决策的参与和影响力。这种教学方式不仅会剥夺学生的自主权和话语权，还会使他们对学习产生消极的态度和情绪。当教师以权威者的身份出现在课堂上时，学生往往会感到压抑和束缚。他们既不敢表达自己的观点和看法，也不敢对教师提出质疑和挑战。这种缺乏自由和开放的教学环境不仅会抑制学生的创造力与想象力，还会使他们对学习失去兴趣和热情。为此，教师应转变自己的教学方式和角色，尊重学生的主体地位和话语权，为学生提供更多表达和交流的机会。同时，教师还应该注重激发学生的创造力和想象力，鼓励他们勇于探索和创新。只有这样，才能真正激发学生的学习兴趣和积极性，使他们成为学习的主人。

（二）任务型教学对外语教师角色的重新定位

1. 重视学生的主体地位，发挥教师的主导作用

任务型教学这一现代教学理念，标志着课堂教学从传统的以"教"为中心转变为以"学"为中心，强调学生的主观能动性，鼓励他们积极参与学习过程。在这一转变中，学生角色从被动的接受者变为主动的探索者，而教师角色则从单纯的知识传授者转变为学习过程中的引导者和促进者。人本主义的杰出代表罗杰斯在其1969年出版的《学习的自由》一书中，深入阐述了学习的本质和人类的学习潜能。他指出，人类天生具有学习的能

力，但真正的学习并非简单的信息堆积，而是当所学内容与个人经验、情感产生共鸣，学生能全身心地投入其中时，学习才会真正发生。这一观点与任务型教学的核心理念不谋而合，都强调了学生主观能动性的重要性。然而，任务型教学并非意味着要完全削弱教师的主导作用。事实上，教师的主导与学生的主体并不是相互对立的，而是相辅相成、和谐统一的。教师的主导作用体现在对学习过程的精心设计、对学习材料的认真选择、对活动要求的明确提出以及对学习进程的有效监控和指导上。而学生的主体作用则体现在他们积极参与学习活动、主动探索知识、勇于实践创新上。威德迅的观点也为我们提供了重要启示。他强调，以学生为中心的教学模式并不意味着教师要放弃自己的权威。相反，教师权威是保障教学有序进行、确保学习质量的重要因素。学生应该在教师权威的指导下，充分发挥自己的自主性，探索未知、实践创新。在任务型教学中，教师的作用变得更加复杂和多样化。他们不仅仅要传授知识，更要设计任务、提供材料、提出要求、监控进程，还要随时准备解答学生的疑问、提供必要的帮助和支持。这样的教学方式对教师提出了更高要求，他们需要不断学习新知识、掌握新技能，以适应不断变化的教学需求。

2. 重视学生和中介者的互动性，发挥教师的中介作用

在语言教学的漫长历程中，众多心理学家和教育家为我们提供了宝贵的理论与观点，其中，维果斯基和佛瑞德两位心理学家的理论尤为引人深思。他们都强调了教师在语言教学中的中介作用，这一观点与传统的教学观念有着本质区别，为我们揭示了教学的新方向。在传统的教学观念中，教师往往被视为信息的传递者，他们的主要任务是将知识灌输给学生，而学生则被动地接受这些信息。然而，维果斯基和佛瑞德的理论却提供了一个全新视角，他们认为，教师不仅仅是信息的传递者，更是学生学习过程中的引导者和促进者。这一中介作用的核心在于，教师以适当的语言引导、点拨学生的学习行为，同时，监控学生的学习过程，并给予及时的反馈。这种教学方式的目的在于使学生能达到或接近他们认知水平的"最近发展区"，从而推动他们的认知发展。中介作用的重要性在于它涉及了学生和中介者之间的互动。这种互动不仅仅是表面的交流，更是深层次的思维碰撞和观点交换。在这个过程中，学生能取得发展进步、学会学习、处理问题、适应各种文化情境和社会变化以及应对各种挑战所需的知识、技

能和策略。在与中介者的互动中，学生不再是被动的接受者，而是主动的参与者。他们通过与教师的互动，不断调整自己的学习策略，优化自己的学习方法，从而获得持续的学习能力。这种学习能力不仅仅是对知识的掌握，更是对知识的运用和创新。而且，在与教师的互动中，学生不仅能获得知识，还能培养自己的情感态度、价值观和社会责任感。这种全面发展有助于学生成为一个更加完整、丰富的人。

3. 重视任务设计的连贯性，发挥教师的组织协调作用

维果斯基作为心理学界的杰出人物，他的理论为现代教学和学习理论提供了坚实基石。他强调意义在任务学习单元中的核心地位，坚决反对将学习拆解为孤立的碎片。这一观点与许多传统的教学方法形成了鲜明对比，为教师提供了新的思考和设计教学任务的视角。在维果斯基的眼中，学习是一个连续、动态的过程，每个任务都不是孤立的，而是与其他任务紧密相连的，共同构成了一个完整的学习体系。因此，当教师在设计教学任务时，他们必须确保每个任务都是建立在前一个任务的基础之上，或是为下一个任务做好充分的准备。这种连贯的任务链不仅有助于学生逐步深入地掌握知识，还能培养他们的逻辑思维和问题解决能力。为了实现这一目标，教师需要精心组织和策划每个教学任务。他们不仅要确保任务内容与学生的实际需求和兴趣紧密相关，还要考虑到任务的难度和复杂度，以确保学生能在完成任务的过程中获得成就感和自信心。此外，教师还需要为学生提供必要的资源和支持，以帮助他们克服学习中的困难和挑战。

在课堂教学中，教师的角色远不止于知识的传授者，他们还需要成为学生学习过程中的引导者和协调者。这意味着教师需要帮助学生将新旧知识进行有机的结合，构建一个完整、连贯的知识体系。同时，教师需要教会学生如何有效地组织和管理学习内容以及如何获取和利用各种学习资源。除此之外，教师还需要培养学生自主寻求帮助的策略。当学生在学习过程中遇到问题时，他们应该知道如何寻找答案，如何向他人求助，以及如何从失败中吸取教训。

4. 重视教学反思，发挥教师的人格作用

教学反思这一看似简单却蕴含着深刻内涵的行为，被众多教育学者和实践者视为教师专业发展与自我成长的不竭动力。它不仅仅是对过去教学行为的简单回顾，更是对教师自身教学理念、信念体系的深度审视和挖

掘。在这一过程中，教师不仅能积累丰富的教学经验，还能在质的层面上实现自我超越和提升，为未来的教学工作做好更充分的准备。希昂于1983年提出的"反思性从业者"概念，为教育领域注入了新的活力。他鼓励教师通过反思洞察自己的教学观念、信念体系，以及这些信念是如何影响自己的教学行为的。这种反思不仅停留在表面，而且深入教师的思维方式和价值取向，帮助他们更好地理解自己的教学决策和行为模式。当教师开始反思自己的教学信念时，他们往往会发现，这些信念并不都是正确无误的。有些信念可能来自过去的经验、传统的教学观念，或者是社会文化的影响，而并不一定符合当前的教学实际和学生的需求。通过反思，教师能对这些信念进行审视和调整，使自己的教学更加贴近学生的实际需要，更加符合教育的发展规律。同时，教学反思还有助于教师了解自己的人格特质和教学风格，从而更好地发挥自己的优势，弥补自己的不足。这种以人为本的教学理念，不仅能促进学生的全面发展，还能为学生终身学习树立典范。并且，在教育领域，新的理论和教学方法层出不穷，如果教师固守自己的旧有观念和方式，就很难适应教育的发展变化。通过反思，教师能保持开放的心态，积极学习和尝试新的教学方法与教学策略，从而不断提升自己的教学水平和专业素养。

5. 重视环境的协调，发挥教师的指导促进作用

社会和临床心理学家布朗瑞尔对人的发展提出了独到见解，他运用生态学的观点，深入阐述了人的成长与其周围环境系统之间的紧密联系。这一观点不仅挑战了传统的发展心理学理论，还为我们提供了一个全新视角来理解和促进人的全面发展。布朗瑞尔强调，人的发展并不是孤立存在的，而是深深地植根于我们所处的各种环境之中的。这些环境不仅包括我们日常密切接触的课堂和家庭，还涉及更广泛的社会文化背景以及个人的感知和体验。课堂和家庭作为我们成长的重要场所，其物质环境和人际互动都对我们的成长产生着深远影响。从课堂中的桌椅摆放到家庭的装饰布置，从师生间的交流互动到家庭成员间的情感沟通，这些看似微小的细节其实都在潜移默化地塑造着我们的认知、情感和行为。他进一步指出，除了这些直接的环境因素外，更广泛的社会文化环境也对我们的发展产生着不可忽视的影响。社会文化环境包括我们所处的时代背景、社会制度、价值观念以及文化传承等多个层面。这些因素虽然不直接作用于我们的日常

生活，但通过塑造我们的社会认知和个人感知，间接地影响着我们的成长轨迹。在这样的背景下，教师的角色尤为重要。教师不仅仅要传授知识，更要采取恰当的组织形式，指导和促进学生在课堂中形成良性的人际关系。这需要教师具备敏锐的观察力和高超的教学技巧，能及时发现和解决学生间的冲突与矛盾，营造出一种积极向上、互帮互助的学习氛围。同时，教师还需要通过丰富多样的教学活动和互动方式，激发学生的学习兴趣和创造力，培养他们的团队协作精神和沟通能力。

（三）微课新模式为教师树立新定位

1. 教师是教学理论的开拓者

微课这一新兴的教学方式，正在教育领域掀起一场革命。它以其短小精悍、针对性强的特点，迅速成为教师探索教学理论创新的重要平台。在微课的实践中，教师不再满足于传统的、以教师为主体的教学模式，而是大胆尝试，勇于创新，以学生为中心，从学生的个体差异性出发，设计出一堂堂精彩纷呈的微课。通过对教授学校的高校外语教师进行访谈，我们欣喜地发现，大部分教师在微课制作过程中，真正做到了因材施教。他们深入了解学生的语言能力、学习动机和学习风格，根据这些因素进行课程开发与设计。每堂微课都凝聚了教师的心血和智慧，体现了他们对学生个体差异性的高度关注和尊重。这种行动研究不仅使教学的主体地位发生了根本改变，由以教师为主体的"教师本位"向以学生为中心的"学生本位"转变，还极大地提高了教师发现问题、解决问题的能力。在微课的教学实践中，教师不断反思自身的教学理论，更新原有的教育教学理论体系。他们深知，只有不断创新，才能使理论跟上微课研究的步伐。因此，他们勇于挑战自己，不断尝试新的教学方法和教学策略，以期在微课的舞台上展现出最佳教学效果。同时，教师还把最新的教学理论与微课教学实践相结合。他们通过微课教学方式反思教学理论的优缺点，不断完善和调整自己的教学方案。这种理论与实践的紧密结合，不仅使教师的教学水平得到了极大提升，还为学生带来了更加优质、个性化的学习体验。并且，他们在制作微课的过程中不断挖掘自己的潜力，发挥自己的创造力。每堂微课都是他们的一次自我挑战和自我超越。在这个过程中，他们不仅提升了自己的专业素养和教学能力，还收获了无尽的成就感和满足感。

2. 教师是课程设计的策划者

教育信息化时代如同一股清新的春风，为知识的泛在学习带来了前所未有的有利条件。微课作为这一时代的产物，以其独特的魅力和优势，促进了教师的泛在学习，成为推动教育革新的重要力量。在微课的制作过程中，教师不断地查阅资料，及时学习新知识，以此来更新自己的教学理念和教学方式。他们深知，要想设计出真正符合学生需求的微课，首先必须深入了解学生的个体差异性，包括语言能力、实际需求、学习动机、自我效能感以及认知风格等。只有充分了解了这些，才能制订出合理的教学方案，让学生在轻松愉悦的氛围中获得最佳学习效果。微课的授课形式无疑给教师带来了全新挑战。它让教师意识到自己在知识能力上的不足，从而激发了他们不断提升自身综合素质的动力。在制作微课的过程中，教师不仅提高了自己的专业知识能力，还更加深入地把握了学生的特点和需求。同时，他们也熟练掌握了多媒体技术，将其恰到好处地运用到微课设计中，使授课内容更加生动有趣，授课形式更加灵活多样。而且，教师开始重新思考如何恰当利用多媒体技术支持，设计出更适合学生自身特点的授课内容和授课形式。在这一过程中，教师逐渐成为真正意义上课程设计的策划者，他们不再局限于某一种固定的课堂授课模式，而是拥有了更多课程设计方面的空间和自由。在对所在高校外语教师进行访谈时，我们欣喜地发现，大部分教师对微课这一授课形式表示认可。他们认为，微课不仅改变了他们的授课理念和授课风格，还使自身的专业素质和多媒体技术的运用得到了显著提高。并且，微课也提升了教师的自我效能感，让他们更加自信地站在讲台上，传授着知识的火种。受访教师纷纷表示，微课让他们获得了更多课程设计方面的空间和自由。他们可以根据学生的实际情况和需求，灵活调整授课内容和授课形式，使每堂课都成为学生翘首以盼的知识盛宴。这种空间和自由的获得，不仅仅激发了教师的创造力和热情，更让他们在教育的道路上走得更加坚定和自信。

3. 教师是教学活动的参与者

线上、线下相结合的互动方式，为教师提供了一个广阔的舞台，让他们能自由地与同行切磋、探讨，共同针对微课中发现的问题进行有针对性的讨论。这样的互动，不仅仅有助于教师形成一个充满活力和凝聚力的微课学习共同体，更让他们在相互学习、相互启发中不断提升自己的教育教学水平。在这个共同体中，教师可以毫无保留地分享自己制作的微课视频。这些视频，既是他们教学智慧的结晶，也是他们对学生无私奉献的见证。当这些视频被放到网上分享时，无数的同行教师会纷纷围观、点评，提出自己的评价和反馈意见。这些意见，有的中肯实在，有的富有创意，它们像一股股清泉，滋润着教师的心田，激发着他们的灵感和热情。根据这些评价和反馈意见，教师会重新审视自己的微课视频，对其中存在的不足和问题进行深入的反思与修改。他们像匠人一样，精心打磨着每个细节，努力使微课视频更加符合学生的实际需要，更加贴近学生的心灵。这样的修改和完善，不仅仅提高了微课视频的质量，更让教师在教学实践中不断成长和进步。微课的兴起，不仅拉近了教师和学生的距离，还改变了教师在传统课堂中的角色定位。他们不再是高高在上的权威象征，而是与学生平等对话、共同成长的伙伴。在微课的世界里，教师可以通过网络与学生进行在线互动，及时了解学生的学习情况和需求，对于学生在微课学习中遇到的问题和困惑给予及时的点拨、引导与帮助。这种及时的互动和反馈机制，不仅提高了学生利用微课学习英语的效率，还激发了他们学习外语的兴趣和动机。在微课的陪伴下，学生可以随时随地学习英语、享受外语带来的乐趣和成就感；而教师也在与学生的互动中收获了无尽的快乐和满足，他们深知自己的付出和努力正在为学生的成长与未来奠定坚实基础。

4. 教师是教学效果的反思者

在当下的教育信息化时代，微课已经成为一种独特且重要的教学方式，它以其短小精悍、针对性强的特点，为教师提供了一个全新的反思教学效果、完善教学设计和教学活动的平台。

近期的一项调查显示，受访的大部分高校外语教师认为，微课既为学生提供了灵活多样的学习方式，也为教师提供了一个实时监控学生学习情况的手段。通过网络在线模式，教师可以及时了解学生在微课学习中遇到的问题和困惑，这些问题往往能反映出教师在微课设计过程中的疏漏和不足。例如，通过课堂教学活动，教师可以发现微课内容的难易程度是否适合学生的个体差异性，微课授课内容能否真正激发学生的兴趣，以及微课的教学目标是否已经得到有效实现。而且，据大部分的教师反映，在初次尝试制作微课时，他们对于多媒体技术的运用并不熟练。然而，随着微课制作次数的增加以及学生对于微课学习的反馈意见和与同行教师的深入交流，他们逐渐掌握了多媒体技术的运用技巧，使微课视频更加生动有趣。对于某·题材的微课，教师还会根据课程需求，巧妙地利用多媒体手段，如动画、音效等，增强微课的吸引力和教学效果。在这一背景下，高校外语教师必须紧跟时代步伐，及时转变自身角色。在微课时代，高校外语教师不再仅仅是传统意义上独占课堂的知识传授者，他们的角色已经发生了深刻转变。他们成了教学理论的开拓者、课程设计的策划、教学活动的参与者和教学效果的反思者。这种转变不仅要求教师具备更高的专业素养和教学能力，还要求他们具备更强的创新意识和实践能力。

为了适应这一转变，高校外语教师必须充分利用微课这一新型优质教学模式，不断提升自身的教学能力。他们可以通过制作微课锻炼自己的多媒体技术应用能力、教学设计能力和课堂教学组织能力。同时，他们还可以通过观摩其他优秀教师的微课作品汲取灵感和经验，不断探索适合学生英语水平的教学方式。在这个过程中，教师将逐渐成长为一名全面而优秀的高校外语教师，为学生的外语学习和发展贡献自己的力量。

二、高校外语教师专业素质与能力的重要性

（一）素质与教师专业素质的理解

"素质"作为一个深入人心的概念，通常被理解为个体具有的维持生存、促进发展的基本要素，这些要素在先天基础上经过后天环境和教育的熏陶而逐渐形成。对教师来说，专业素质则是教师在其职业生涯中，通过不断学习和实践逐渐积累形成的，体现职业本质和规范、促进学生发展的职业品质。教师的专业素质具体可以分为知识素质、能力素质和情感素质等多个维度。知识素质是指教师拥有的学科知识、教育教学知识以及通识知识等，能力素质涵盖了教师的教学能力、科研能力、组织管理能力等，情感素质则涉及教师的职业道德、教育情感以及人格魅力等方面。这些素质共同构成了教师专业素质的完整框架。

（二）高校外语教师专业素质的重要性

随着高校教育改革的不断深入，教师的专业素质问题日益凸显。特别是，在外语教育领域，教师专业素质直接关系到外语教学的质量和效

果，进而影响到技能型合格人才的培养。因此，提升高校外语教师的专业素质，已成为当前教育改革的重要议题。一个优秀的外语教师不仅需要具备扎实的语言功底，还需要有广阔的文化视野和先进的教育理念。只有这样，他们才能为学生提供高质量的外语教育，帮助他们掌握现代生产、管理和服务所需的外语技能。同时，从学生未来的职业发展来看，掌握一门外语已成为他们获取国外新技术信息、提升技能水平的重要桥梁与工具。因此，高校外语教师的专业素质提升，不仅仅关乎学生的学习效果，更关乎他们未来的职业发展和人生道路。

（三）高校外语教师专业素质与能力提升的发展方向

要提升高校外语教师的专业素质，教师不仅需要不断更新自己的知识结构，通过持续的学习和研究跟上学科发展的步伐，还需要提升自身的教学能力，包括课程设计、教学方法创新、学生评价等方面，并提高自身的科研能力，通过参与课题研究、发表学术论文等方式提升自己的学术水平。在发展方向上，高校外语教师需要更加注重自己的专业化发展。这包括明确自己的职业定位和发展目标，制订合理的发展规划，并通过参加培训、学术交流等方式拓宽自己的专业视野。同时，教师还需要关注行业动态和教育改革趋势，及时调整自己的发展方向和策略。因此，学校应该为教师提供更多的学习和发展机会，如组织培训、提供学术资源等。社会则应该营造尊师重教的氛围，给予教师更多的尊重和支持。

三、高校外语教师的专业知识要求

（一）外语知识

1. 外语课程教学的特点

外语课程教学不同于其他学科的教学，它更加注重语言实践和语言能力的培养。在外语课程中，学生需要通过大量的听、说、读、写、译等实践活动掌握外语知识，提高外语技能。这就要求外语教师必须具备扎实的语言基本功，能流利、准确地运用外语进行教学，为学生提供良好的语言示范和实践机会。而且，外语课程教学不仅仅是语言知识的学习，更是文化理解和跨文化交际能力的培养。这就要求外语教师必须具备广泛的文化知识和跨文化交际能力，能在教学中引导学生了解不同文化背景下的语言表达和交际方式，培养学生的跨文化意识和交际能力。

2. 外语教师应具备的语言基本功

作为外语教师，良好的语言基木功是必不可少的职业素质。这包括标准的语音、语调，流畅的朗读，优美的书写以及准确、流利的听、说、读、写、译等能力。这些基本功既是外语教师进行教学的基础和前提，也是提高学生外语水平的重要保障。标准的语音、语调和流畅的朗读能为学生提供良好的语言示范，帮助学生纠正发音错误，提高口语表达能力。优美的书写则能为学生树立榜样，引导学生养成良好的书写习惯。同时，准确、流利的听、说、读、写、译等能力能使教师更好地理解和运用外语，为学生提供更加准确、生动的语言输入和实践机会。

3. 教师语言基本功对学生外语学习的影响

教师的标准语音、语调和流畅的朗读能为学生营造良好的语言环境，激发学生的学习兴趣和动力。当教师用准确、流利的语言进行教学时，学生能感受到外语的魅力和实用性，从而更加积极地投入外语学习。在外语学习中，书写是表达思想的重要手段之一。教师的优美书写不仅能提高学生的审美水平，还能引导学生注重书写的准确性和规范性。而且，在外语学习中，实践是提高语言技能的重要途径。教师的全面语言能力能使学生接触到更多的真实语言材料和实践场景，从而更好地提高学生的外语水平。

（二）博雅的文化知识

1. 外语教师知识结构的扩展与学生知识视野的拓宽

在知识爆炸的时代，任何一门学科都不再是孤立存在的。外语学科更是如此，它与众多领域都有着千丝万缕的联系。外语教师的知识结构，直接影响着学生的知识视野。一个知识面狭窄的教师，很难培养出具有开阔视野的学生。因此，外语教师必须不断拓宽自身的知识面，涉猎更多领域的知识，从而为学生提供一个更加广阔的学习平台。当教师将不同领域的知识融入外语教学时，学生可以接触到更多的信息点和兴趣点。这些知识不仅可以帮助学生更好地理解外语知识，还可以激发他们的好奇心和求知欲。在这种教学模式下，学生的知识视野会得到极大拓宽，他们不再局限于课本上的知识，而是能主动去探索未知的世界。

2. 外语教师的通识知识与学生的求知欲激发

对外语教师来说，掌握一定的通识知识是非常必要的。因为外语学科本身就具有很强的跨学科性，它与其他学科之间有着密切的联系。当外语教师具备了一定的通识知识时，他们就可以更好地将外语知识与其他学科知识相结合，从而为学生提供更加全面的教育。在教学过程中，教师可以利用自己的通识知识引导学生思考更多问题，培养他们的批判性思维和创新能力。例如，在讲解一篇外语文章时，教师可以结合相关的历史、文化、社会背景等知识进行深入分析，从而帮助学生更好地理解文章的主旨和内涵。这样的教学方式不仅可以激发学生的学习兴趣和求知欲，还可以提高他们的综合素质和能力。

3. 外语教师专业发展与知识结构优化的路径

外语作为连接不同文化与思想的桥梁，在教育体系中占据着举足轻重的地位。它不仅仅是一种交流工具，更是文化的载体，蕴含着丰富的历史、文学、哲学等人文通识元素。外语教师的职责也因此尤为重要，他们不仅仅要传授语言知识，更要肩负起培养学生整体素质的重任。为实现这一目标，外语教师必须不断优化自身的知识结构，实现专业知识与通识知识的有机统一。要实现知识结构的优化和扩展，外语教师需要采取积极的专业发展策略。这包括定期参加专业培训、阅读相关领域的文献和资料、与同行交流等。而且，教师可以通过参加学术研讨会、访问其他学校或国家等方式拓宽自己的视野和知识面。这些专业发展活动不仅可以帮助教师更新教育观念和教学方法，还可以使他们接触到最新的学术动态和教育理念。同时，学校和社会也应该为外语教师的专业发展提供良好的环境与支持。学校可以制定相关政策鼓励教师进行专业学习和研究，提供必要的资源和条件；社会则可以营造一种尊师重教的氛围，给予教师更多的尊重和支持，使他们在职业道路上更加自信和坚定。

（三）操作性知识

1. 教师职业的劳动对象特性

教师职业自古以来被誉为"人类灵魂的工程师"，其与其他职业最大的差异在于面对的劳动对象——有思想、有活力、有情感的学生。这种特性使教师的教育教学工作充满了挑战和魅力。为了有效地将静态知识传授给学生，并对其成长产生正向影响，教师必须在教育教学的动态过程中，不断探索和实践，积累并丰富自己的操作性知识。学生作为教师的劳动对象，他们不是被动的接受者，而是具有主观能动性的个体。每个学生都有自己独特的思想、情感和个性，这使教育教学工作变得复杂而多变。教师不能简单地照本宣科，而是需要根据学生的实际情况和需求，灵活调整教学策略，以实现最佳的教学效果。这种劳动对象的特性，要求教师必须具备高度的专业素养和教育智慧。他们不仅要掌握扎实的学科知识，还要具备丰富的教育理论和教育实践经验。只有这样，教师才能在面对各种教育问题时，做出正确的判断和决策，有效地促进学生的成长和发展。

2. 操作性知识的内涵

操作性知识是指教师在教育教学实践中积累的关于如何使教学过程合理有效、使学生易于掌握所教知识的经验和策略。这类知识既可以是来自教育理论文献书籍的间接经验，也可以是来自同伴教育信息交流的共享经验，还可以是教师自身对教育问题的敏感和思考形成的独特经验。操作性知识对于教师的成长和发展具有重要价值。它可以帮助教师更好地理解和把握教育教学的规律，提高教学效率和质量。同时，操作性知识也是教师形成教学个性的重要来源因素。每个教师都有自己的教学风格和特色，这些教学风格和特色的形成离不开操作性知识的积累与运用。

3. 教师积累和运用操作性知识的方法

在日常的教育教学实践中，教师不仅要善于观察和发现问题，积极思考和探索解决问题的方法与策略，还要善于总结和提炼自己的实践经验，将其上升为理论层面，形成具有普遍指导意义的操作性知识。而无论是教育理论文献书籍还是同伴教育信息交流，都可以为教师提供丰富的操作性知识资源。教师要善于从这些资源中汲取营养，结合自己的实际情况进行改造和创新，形成具有自己特色的操作性知识体系。并且，教育教学是一个不断发展的过程，新的教学方法和手段层出不穷。教师要敢于尝试和运用这些新的方法与手段，通过实践检验其有效性和可行性。只有这样，教师才能不断积累新的操作性知识，提高自己的教学水平和能力。

（四）实践知识

1. 课堂情境的不确定性与实践知识的价值

教育教学作为人类文化传承与创新的重要途径，始终依赖于特定的课堂活动情境。这些情境灵活多变，充满了不确定性，要求教师不仅要具备扎实的专业知识，还要具备丰富的实践知识。实践知识是教师在不确定的教学情境中展现出的教育教学智慧，是教师成熟与否的重要标志。课堂情境的最大特点就是灵活性和机动性，也就是不确定性。这种不确定性既来自学生个体的差异、教学内容的多样性，也来自教学环境的变化。在这种充满变数的情境中，教师如何有效地组织教学、激发学生的学习兴趣、促进他们的全面发展，尤为重要。实践知识在这里发挥了至关重要的作用。它不同于书本上的理论知识，而是教师在长期教学实践中积累起来的，与具体情境紧密相连的知识。这种知识能帮助教师迅速应对各种教学问题，提高课堂教学的效果。

2. 实践知识的特点与获取途径

实践知识具有情境性、个体性和内隐性的特点。情境性是指在不同的情境中，教师需要运用不同的教学策略和教学方法；个体性则表明实践知识是高度个人化的，它反映了教师的个人经验、教学风格和教育理念；内隐性则是指实践知识往往难以用言语清晰表达，它更多的是通过教师的行为、决策和反思来体现。要获取丰富的实践知识，教师需要具备深厚的教育教学功底，包括扎实的学科知识，广泛的教育学、心理学知识以及娴熟的教学技能。而且，教师需要在实践中不断积累经验，及时反思教育问题。反思是实践知识形成的关键环节，它能帮助教师从经验中提炼出有价值的东西，进而指导未来的教学实践。

3. 实践知识在教师专业发展中的作用

实践知识在教师专业发展中具有举足轻重的作用。它既是教师专业素养的重要组成部分，也是教师区别于其他职业的重要标志。拥有丰富的实践知识，意味着教师能在复杂多变的教学情境中游刃有余地应对各种挑战，为学生提供高质量的教育服务。通过不断积累、反思和运用实践知识，教师可以不断更新自己的教育观念和教学策略，提高自己的教学能力和水平。这种持续的专业成长不仅有助于提升教师的职业幸福感和满足感，也有助于推动整个教育事业的进步和发展。

四、高校外语教师的专业精神要求

（一）积极的职业情感是教师专业精神的基础

外语课程作为跨文化交流的桥梁，其重要性不言而喻。而在这背后，支撑起这座桥梁的，正是那些默默奉献的高校外语教师。他们不仅要传递语言知识，还要培养学生的国际视野和跨文化交际能力。这就要求他们不仅要具备扎实的专业素养，还要有一种内在的专业精神作为支撑。这种专业精神，是他们追求卓越、不断前进的动力源泉。教师的职业情感，是他们在长期教育实践中形成的对职业的态度和体验。对于高校外语教师而言，这种情感表现为对教育事业的热爱和对学生的关爱。他们深刻理解外语教育的意义和价值，从内心认同自己的职业选择，并为之付出努力和汗水。积极的职业情感是教师专业精神的基础，它使教师能在面对困难和挑战时保持坚韧不拔的毅力，不断追求自我突破和超越；同时，它也使教师从工作中获得满足感和幸福感，从而更加热爱自己的职业。高校外语教师的职业情感还体现在他们对学生的关爱上。他们不仅仅关注学生的学业成绩，更关注学生的全面发展和成长。他们用自己的爱心和耐心去引导学生、鼓励学生，帮助他们克服学习上的困难和生活中的挑战。这种关爱不仅仅让学生感受到温暖和支持，更激发了他们的学习动力和创新精神。

（二）专业理想是教师专业精神的内在动力

专业理想是教师专业精神的核心，它既是教师对自己职业发展的规划和期望，也是教师不断追求卓越的目标和内在的动力。对于高校外语教师而言，他们的专业理想就是成为优秀的外语教育者，培养出具有国际视野和跨文化交际能力的人才。为了实现这一理想，高校外语教师需要不断学习和提升自己的专业素养。他们不仅要掌握扎实的语言知识和教学技能，也要了解最新的教育理念和教学方法；同时，他们还要关注国际动态和跨文化交流的前沿问题，不断拓宽自己的视野和知识面。在追求专业理想的过程中，高校外语教师还需要具备一种勇于创新和尝试的精神。他们不满足于传统的教学模式和教学方法，而是积极探索新的教学途径和教学手段。他们敢于挑战自己、突破自己，不断追求教学艺术的更高境界。

（三）职业道德是教师专业精神的保障

职业道德是教师专业精神的重要组成部分，它是教师在从事教育活动时应遵循的行为规范和道德准则。对于高校外语教师而言，他们的职业道德就是忠诚于教育事业、关爱学生、严谨治学、为人师表。忠诚于教育事业是高校外语教师职业道德的核心。他们把自己的职业选择看作对社会的承诺和责任，把自己的工作看作对人类的贡献和使命。他们全身心地投入教育事业，用自己的智慧和力量去推动外语教育的发展与进步。关爱学生是高校外语教师职业道德的重要体现。他们把学生看作自己的孩子和朋友，用自己的爱心和耐心去关心他们、帮助他们。他们尊重学生的个性差异和多元智能，注重培养学生的创新精神和实践能力。严谨治学是高校外语教师职业道德的基本要求。他们对待学术问题严谨认真、一丝不苟，注重研究外语教育的规律和特点，积极探索外语教育的新理念和新方法。他们追求真理、崇尚科学，用自己的学术成果去推动外语教育的发展和创新。他们用自己的言行去影响和感染学生，用自己的品格去塑造和引领学生。他们注重身教重于言教，注重以自己的良好形象去树立学生的榜样和楷模。

五、高校外语教师的综合素质要求

（一）教学信念

高校外语课程作为培养学生国际视野和跨文化交际能力的重要环节，其教学质量直接关系到学生的未来发展和国家的国际竞争力。而决定外语课程教学成败的关键因素，无疑在于外语教师的素质。教师素质是教师知识、能力和情感的综合体现，它直接影响着教师的教学行为和教学效果，进而对学生的学习产生深远影响。教学信念是教师对于教学、学习和学科价值的根本看法与信仰。对于高校外语教师而言，坚定的教学信念是引领他们走向成功教学的灯塔。这包括对学生和学习性质的信念，以及对学科价值的信念。一个优秀的外语教师应该相信每个学生都有学习外语的天赋和潜力，只要给予适当的引导和支持，他们就能取得进步。同时，教师还应该认识到学习外语是一个复杂的过程，需要学生付出持续的努力和时间。因此，教师应该尊重学生的个性差异和学习风格，采用多样化的教学方法和手段，激发学生的学习兴趣和动力。而且，一个优秀的外语教师应该深刻认识到外语学科的重要性，它不仅仅是一门语言技能，更是一种文化素养和国际视野的体现。因此，教师应该注重培养学生的语言运用能力、跨文化交际能力和批判性思维能力，帮助学生更好地适应全球化的社会环境。

（二）教师职业能力

教师职业能力是教师素质的核心组成部分，它直接关系到教师的教学质量和效果。对于高校外语教师而言，职业能力包括理论实践结合能力、语言表达能力、教学组织调控能力、问题研究能力等特殊能力。理论实践结合能力是指教师能将外语教学理论和教学方法与教学实践相结合，形成自己独特的教学风格和教学策略。这需要教师不断学习和掌握新的教学理论与教学方法，同时，关注教学实践中的问题和挑战，不断探索和创新适合自己的教学方式与手段。教师应该具备清晰、准确、流利的语言表达能力，能用简洁明了的语言解释复杂的语言现象和文化背景。同时，教师还应该具备良好的教学组织调控能力，能合理安排教学进度和教学活动，激发学生的学习兴趣和积极性，确保课堂教学的顺利进行。这需要教师具备敏锐的洞察力和批判性思维，能发现问题、分析问题并提出有效的解决方案。不仅如此，教师还应该具备一定的问题研究能力。这需要教师关注学科前沿动态，积极参与学术交流合作，不断提升自己的学术水平和影响力。

（三）教师的职业操守

一个优秀的外语教师应该具备高尚的职业道德品质和职业操守，如爱岗敬业、诚实守信、公正无私等。他们应该以身作则、为人师表，用自己的言行去影响和感染学生。同时，他们还应该关注学生的全面发展和成长需求，尊重学生的个性和差异，为学生提供优质的教育服务。并且，一个优秀的外语教师应该具备积极、健康、向上的情感态度。他们应该热爱学生、关心学生、理解学生，与学生建立良好的师生关系。同时，他们还应该对教学工作充满热情和激情，不断追求教学艺术的更高境界。这种积极的情感态度不仅能激发学生的学习兴趣和动力，还能促进学生的情感发展和人格完善。

（四）健康的个性心理

健康的个性心理是教师素质的重要保障，它关系到教师的身心健康和工作效率。对于高校外语教师而言，健康的个性心理更是他们应对工作压力和挑战的重要武器。一个优秀的外语教师应该具备广泛的兴趣爱好和丰富的精神生活，这能帮助他们调节身心状态、缓解工作压力。同时，他们还应该具备开朗、乐观、坚韧不拔的性格特征，这能帮助他们在面对挫折和困难时保持积极向上的心态。并且，良好的情绪控制能力是必不可少的，这能帮助他们在面对学生的问题和挑战时保持冷静与理智。

（五）自我发展需要的自觉性

自我发展需要的自觉性是教师素质的重要体现，它是推动教师不断成长的动力源泉。对于高校外语教师而言，自我发展需要的自觉性更是他们适应教育改革和发展要求的重要保障。

自我发展需要的自觉性是指教师能意识到自身发展的重要性和必要性，并主动寻求发展机会和途径。一个优秀的外语教师应该具备强烈的自我发展意识和自我提升能力，他们应该持续学习和进修，不断更新自己的知识结构和教育理念。同时，他们还应该积极参与学术交流和合作，拓宽自己的视野和知识面。这种自我发展需要的自觉性不仅能提升教师的教学质量和学术水平，还能为他们的职业发展奠定坚实基础。

第二节 教师专业发展的路径与策略

一、教师专业发展概述

（一）教师专业发展

1. 从教师专业化到教师专业发展

教师专业化作为各国教育提升的共同追求，其内涵远非简单定义所能涵盖。它源于历史上对于众多职业如何逐步成为专业的深入探索与分析。霍伊尔曾精辟地指出，专业化是一个职业在时间的洗礼下，逐步满足并超越某一专业性职业标准的动态过程。这一过程不仅仅关乎职业地位的改善，更在于职业知识、技能与实践的持续优化和提升。当深入探讨教师专业化的内涵时，我们不难发现它其实包含了两大核心方面，一个是教师职业专业地位的提高，另一个是教师专业能力的不懈发展。这两个方面并不是孤立存在的，而是相互依存、相互促进的。正如帕森斯所言，专业地位的提升为专业知识和技能的发展提供了坚实的基础与保障；而专业知识和技能的独特性与卓越性，又是赢得社会尊重、提升专业地位的关键所在。但是，在早期，人们往往过于关注教师社会地位的提升，试图通过外在的手段如罢课、游行等方式争取专业地位。而历史证明，这些做法并未能如愿以偿地提升教师的专业地位。直到20世纪80年代以后，人们才逐渐意识到，教师专业化的真正核心在于教师自身的专业发展。只有当教师能持续提高教育教学水平，不断提升专业能力时，他们才能真正赢得社会的尊重与认可。从广义的视角来看，"教师专业化"与"教师专业发展"这两个概念其实是紧密相连的。它们都是指向加强教师专业性的过程，其中，教师专业发展是教师专业化不断深化的内在要求。但从狭义的层面来分析，这两者又存在微妙的差异。教师专业化更多的是从社会学的角度出发，关注如何通过建立教师专业组织、制定专业标准等手段提升教师群体的外在专业性；而教师专业发展则更多地从教育学的视角来审视，强调教师个体内在的专业成长与提升。因此，我们可以说教师专业化是一个复杂而多维的过程。它不仅涉及教师职业地位的提高与专业技能的发展这两大核心方面，还涵盖了社会学与教育学等多个维度的考量。我们只有全面、深入地理解教师专业化的内涵与要求，才能为教师教育的改革和发展提供有力的指导与支持。

2. 教师专业发展的内涵

在教育学与心理学的交汇领域，"教师专业发展"这一议题引发了广泛的探讨与多样的理解。从汉语的词汇构造来看，这一概念可被拆解为"教师专业—发展"与"教师专业发展"两种解读。前者将焦点放在教师职业作为一门专业的历史演进上，类似于对教师教育整体脉络的梳理；而后者则着重描绘教师如何从初入行业的非专业状态逐步成长为具备专业素养的教育者。在国际研究视野中，关于教师专业发展的探讨同样呈现出两种主要研究方向。一方面，学者致力于探索教师在其职业生涯中经历的不同发展阶段以及每个阶段面临的挑战与成长机遇；另一方面，研究的焦点集中在教师专业发展的内涵上，即教师所需具备的知识、技能、情感态度和价值观等要素的不断丰富与提升。对于教师专业发展的定义，学术界众说纷纭，各种观点都有其独特的见解与侧重点。一种观点认为，教师专业发展是通过拓宽教学专业的知识基础、提升教师的认知水平来提高教学专业社会地位的过程。这种观点强调了知识积累与认知提升在教师专业发展中的重要性。一种观点将教师专业发展视为教师的专业成长或教师内在专业结构持续更新、演进与丰富的过程。这种定义更加关注教师个体内在的专业素养与能力的提升。还有一种观点表述更具体，认为教师专业发展是贯穿教师职前培养、在职任教以及在职进修全过程的持续学习与研究，是教师专业内涵不断丰富、逐渐达到专业成熟境界的过程。尽管目前学术界对于教师专业发展尚未形成统一、权威的定义，但通过对各种界定的深入分析与理解，我们可以发现，教师专业发展相较于教师专业化而言，更加强调教师个体自身的主动发展。它描绘的是教师通过不懈努力与自我提升，从非专业人员逐步成长为具备高度专业素养的教育工作者的过程。这一过程不仅关注教师知识与技能的提升，还重视教师情感态度和价值观的转变与升华。教师专业发展的核心理念在于，将教师职业的提升从外在的、被动的专业化转向教师主动发展自身专业素质、专业能力的自我主动发展的道路上来。这既是教师个体成长的必由之路，也是提升整个教师队伍素质、推动教育事业持续发展的重要途径。

3．教师专业发展的特点

（1）教师专业发展是多主体共同努力的过程。尽管教师专业发展更侧重教师个体的主观努力与自我提升，但它绝非一个孤立的过程。教师专业发展深深植根于广阔的社会背景与教育环境中，与整个社会的发展紧密相连，是社会对教师职业提出的新的、更高的要求。它不仅仅关乎教师个人的成长与提升，更涉及整个教育系统的进步与革新。在这一过程中，社会的方方面面都扮演着不可或缺的角色。国家层面的支持尤为关键，经济上的投入为教师专业发展提供了坚实的物质基础，宽松的工作环境则有助于激发教师的创造力与热情。并且，制定有利于教师专业发展的教育政策，如提供持续的教育培训机会、建立合理的职业晋升通道等，都是推动教师专业发展的重要力量。

在这个过程中，教师需要与教育管理者、教育专家、同事、家长以及学生等多个主体进行深入的互动和交流。这些主体各自拥有独特的资源与视角，他们的支持与协助对于教师专业发展具有至关重要的意义。例如，教育管理者可以为教师提供必要的指导与帮助，确保他们能在职业生涯中不断前进；教育专家可以为教师提供最新的教育理念与教学方法，帮助他们拓宽视野、提升教学水平；同事间的交流与合作有助于教师共同解决问题、分享经验；家长与学生的反馈则是教师改进教学方法、提升教育效果的重要依据。然而，这些主体也可能对教师的专业发展产生一定的阻碍作用。例如，缺乏支持的工作环境、消极的同事关系等都可能成为教师专业发展的障碍。因此，我们需要认识到教师专业发展是一个复杂的过程，它既需要教师自身的努力，也需要社会各界的支持与协助。

（2）教师专业发展是一个内涵不断丰富的过程。在过去的一段时间里，人们对"教师专业发展"的理解曾历经曲折。最初，人们寄希望于通过外在手段，如政策扶持、福利待遇和工资提升等，提高教师的社会地位，进而激发他们的发展动力。然而，随着时间的推移，学者逐渐意识到，这种做法并未触及问题的核心。教师的真正价值并非仅仅体现在其社会地位上，而是在于他们的专业教学水平以及对学生学习成果的影响。美国学者赫伯特在总结美国师范教育发展历程时，曾深刻指出："我们的一个重大误区在于过分追求教师在公共教育中的专业化地位，却忽视了培养他们在实际教学中的专业化能力。"这句话恰如其分地揭示了过去人们对教师专业发展的误解。在追求课堂教学专业化的历程中，人们对教师专业发展的理解也在不断深化，受到现代工业主义的影响，人们采用了"技能熟练模式"来理解教师专业发展。在这种模式下，教师职业被类比为医生、工程师等职业，认为教师专业发展就是不断熟练掌握和运用学科内容知识、教育学和心理学原理与技术。教学的专业化被等同于知识的专业化和教学技术的专业化，而教师专业发展的目标就是将教师从新手培养成专家。但是，这种发展模式将教师简化为"技术员"的角色，学生被视为"产品"，教学过程则被等同于"技术操作"过程。这种观念忽视了教师和学生的主体性，将他们置于被动的地位，成为工业时代的"单面人"。

随着时间的推移和研究的深入，人们开始用一种全新的视角来审视学生和教师职业。教师职业实践的对象是活生生的人，他们的心理、思维和灵魂都是独特且复杂的。职业实践中充满了人与人之间的交往和互动。教学活动总是处于不断生成和变化的情境中。通过对比专家教师与新手教师的研究发现，两者之间的根本差异在于，专家教师掌握了一种难以言传的"缄默知识"。这种知识并非通过简单的技能训练或理论学习就能获得的，而是需要教师在实践中不断反思和总结才能逐渐领悟。教师实践活动的生成性和不确定性特点决定了教师专业发展不仅仅是要熟练掌握一套固定的教育教学技巧，更重要的是要发展一种对教育教学的深刻理解和领悟能力。这种能力包括对灵活多样的教学情境进行创造性的自主判断和自主选择的能力。因此，当前人们对教师专业发展的理解已经更加全面和丰富。从结构组成上来看，教师专业发展涵盖了专业知识、专业理念、专业情感以及自我专业发展意识等多个方面的发展。这些方面相互交织、相互促进，共同构成了教师专业发展的完整画卷。

（3）教师专业发展是一个阶段性与连续性相结合的过程。教师专业发展理论的诞生，源于人们对教师职业生涯的深入洞察。人们逐渐意识到，教师作为教育工作者，其职业生涯并非一蹴而就的，而是经历着从初入行业的不成熟到逐渐成熟，再到持续发展的漫长过程。这一过程，如同一场没有终点的旅行，贯穿着教师的整个职业生涯。对于刚刚步入教育领域的教师而言，尽管他们已经完成了职前的教育培训，手握教师资格证书，但这并不意味着他们已经成了成熟的教学专业人员。因为教师的专业成长，远非一纸证书所能涵盖。它需要教师在日复一日的教学实践中，不断积累经验，磨炼技能，提升自我。教师专业发展的空间是无比广阔的，成熟只是他们成长道路上的一个相对标志，而真正的发展则是永恒的追求。在这个过程中，教师专业发展呈现出鲜明的阶段性特征，有时他们会在教学的海洋中乘风破浪，有时则会遭遇停滞和低潮的困扰。但无论如何，他们都会在教育的大道上坚定前行。

国外对教师专业发展阶段的研究颇为丰富，各种理论层出不穷。如"关注"阶段论、教师职业生命周期阶段论、心理发展阶段论等，这些理论为我们理解教师专业发展提供了有益视角。这些理论告诉我们，教师专业发展既是一个阶段性的过程，也是一个连续性的过程。每个阶段都是教师成长的必由之路，而连续性则保证了教师成长的持续性和完整性。然而，教师专业发展并非易事，它是一个长期、复杂的过程，既受到教师自身特点的影响，也受到外部环境的制约。为了实现教师专业发展，社会需要提供一个良好的外部环境，而教师自身也需要付出艰辛的努力。这两者的结合，是教师专业发展的必要条件。在教师专业发展的道路上，有多条途径可供选择。完善教师教育制度、进行多途径多形式的教师培训、开展教育科研等，都是推动教师专业发展的重要手段。其中，依据教师专业发展的特点，国家建立一套完善的教师教育制度尤为关键。因为教师专业发展不是一个自然的成长过程，它需要教师教育的引导和保障。只有通过系统、全面的教师教育，教师才能在专业发展的道路上走得更远、更稳。

（二）外语教师发展现状

1. 对未来职业发展的定位不明确

在广阔的教育天地中，外语教师始终扮演着举足轻重的角色。然而，根据麦可思的权威调查，我们遗憾地发现，当前大部分外语教师对于自身的未来职业发展目标持有模糊的态度，仿佛航行在茫茫大海上的船只，缺少了明确的指南针。职业发展对每个职场人来说，都是一场长途跋涉。而在这场旅途中，一个清晰、明确的目标就如同夜空中璀璨的北斗星，指引着前行的方向。我们都知道，一个明确的职业发展目标不仅仅能为个人带来动力与信心，更能帮助我们在遭遇困难与挑战时，迅速调整策略，坚定信念，继续前行。相反，目标的缺失往往会导致我们在职业生涯中迷失方向，甚至陷入停滞不前的困境。对于外语教师而言，设定职业发展目标并非易事。在实际工作中，他们需要综合考虑自身的兴趣、能力、专长，以及外部环境的变化与需求。其中，既有对自身情况的深入了解与剖析，也有对外界环境的敏锐观察与判断。在这个过程中，他们不得不面对各种复杂的选择与决策，这无疑增加了他们进行职业生涯规划的难度。

近年来，随着各高校外语课时的不断削减，高校外语教师的生存空间受到了前所未有的挤压，这无疑给他们的职业发展带来巨大冲击。即便在如此严峻的形势下，许多外语教师仍然对未来职业生涯规划感到迷茫，不知道如何在转型期找到适合自己的发展方向。这种迷茫与困惑，既影响了他们的职业发展，也对整个外语教育行业产生了深远的影响。事实上，缺乏职业发展意识已经成为高校外语教师转型路上最大的障碍。这种意识的缺失，使他们在面对职业挑战时，往往显得手足无措，无法做出有效的应对。为了改变这一现状，我们必须从提高外语教师的职业发展意识入手，帮助他们建立明确、可行的职业发展目标。只有这样，他们才能在职业生涯中不断追求进步，实现自我价值的同时，也为外语教育事业做出更大的贡献。在这个过程中，我们需要关注外语教师的实际需求与困惑，为他们提供有针对性的指导与帮助。同时，我们也需要创造一个更加宽松、包容的环境，让他们敢于尝试、勇于创新，在职业发展的道路上走得更远、更稳。

2. 教师转型发展的心理准备不足

据了解，大部分外语教师具备了转型发展的动力，这说明已经有大部分教师开始树立自主发展意识，为未来的转型做好准备。这是一个令人欣慰的现象，因为它表明我们的教师队伍并没有在困境中沉沦，而是在积极地寻找出路。然而，教师转型发展并不是一蹴而就的。由于事物始终处于不断变化之中，教师转型发展的状况也会随着自身情况和周围环境的变化而产生变化。在转型初期，由于对转型所处的环境不够了解，对自我的认识不够清晰以及对转型带来的效果存在不确定性，许多教师可能会感到迷茫和困惑。这种心理准备的不足，甚至会导致一些教师对转型产生排斥情绪。

在这种情况下，还有许多教师并没有做好充分的心理准备来应对转型带来的挑战。他们对于如何应对未来不确定的因素举棋不定，缺乏明确的方向和策略。然而，这并不意味着他们就此放弃。随着改革的深入推进，这些教师会逐渐意识到转型的重要性和必要性。他们会开始有意识地关注转型的趋势，有目的性地定位自己的职业方向。在这个过程中，他们会深入分析转型过程中可能遇到的困难，并积极思考应对措施。这种积极主动的态度，将有助于他们在转型的道路上不断前行。当高校外语教师转型发展的心理准备到位时，他们的转型信心也会逐渐增强。他们将更加坚定地追求自我发展的目标，勇敢地面对各种挑战和困难。最终，转型的成功将水到渠成，成为他们职业生涯中的一座重要里程碑。这一过程不仅将提升他们的专业素养和能力水平，还将为整个教育事业的发展注入新的活力和动力。

二、高校教师在线发展的价值取向

（一）坚持泛在性和自适性的双融互通

1. 无处不在的学习资源与工具

泛在性强调的是学习的无边界性，即学习可以发生在任何时间、任何地点，通过任何设备，由任何人进行。对于外语教师而言，这意味着他们可以充分利用手边的科技工具，如智能手机、平板电脑、笔记本电脑等，访问和收集包括文字、图片、音频、视频在内的各种形式的在线学习资料。例如，教师可以通过社交媒体平台关注外语教学领域的专家观点，可以通过在线数据库检索最新的研究论文，甚至可以通过虚拟现实技术体验模拟的外语教学环境。这种泛在性的学习环境为外语教师提供了前所未有的便利。他们不再受限于传统的课堂和教材，而是可以根据个人的学习需求和兴趣，定制个性化的学习路径。同时，泛在性也要求外语教师具备更高的信息素养和技术整合能力，以便能有效地筛选、评估和利用海量的在线资源。

2. 智能调适与持续学习

自适性是指教师能根据学习环境的变化，智能地调适和改变自身的知识结构，生成和建构新知识的过程。在外语教师的在线专业发展中，自适性体现为教师能根据学生的学习进度、反馈以及自身的教学实践，不断调整和优化教学策略与教学方法。例如，当教师发现某种教学方法对学生更有效时，他们会主动地在自己的教学实践中应用这种方法，并根据实际效果进行进一步的调整。在快速发展的信息时代，新的教学理念、教学方法和工具不断涌现。外语教师需要保持对新知识的敏感性和好奇心，通过参加在线研讨会、观看专家讲座、阅读专业文献等方式，不断更新自己的专业知识和技能。

3. 推动外语教师专业成长

泛在性为外语教师提供了丰富的学习资源和便捷的学习工具，使他们能随时随地开展学习；而自适性则确保了教师能有效地利用这些资源和工具，根据个人的学习需求和环境变化进行智能调适与持续学习。这种融合不仅推动了外语教师的专业成长，还为他们更好地服务于学生提供了有力支持。通过在线专业发展，外语教师可以更深入地理解语言教学的本质和规律，掌握更多的教学策略和教学方法，从而更有效地培养学生的外语交际能力。同时，外语教师还可以利用在线平台与同行教师进行交流和合作，共同探讨和解决教学中遇到的问题与挑战。

（二）演绎技术性和人文性的双重变奏

1. 教育信息技术与文化的融合

在当今信息化时代，教育信息技术的发展日新月异，为高校外语教育带来了前所未有的机遇与挑战。美国学者奈斯比特曾强调，高技术需要高情感加以协调。这一观点深刻指出了技术与文化之间的紧密联系。教育信息技术的生长与发展，不仅仅是技术层面的革新，更是文化维度的延伸与拓展。然而，在现实中，我们有时会发现科学与文化之间出现了发展的分裂、隔阂甚至对立。这种分裂可能源于中西方文化传统的纠缠，也可能受到知识至上价值取向的影响。在这种情况下，高校外语教师作为知识的应用者和价值的承担者，需要发挥关键作用，平衡技术与人文性的向度。而且，语言既是文化的一部分，也是文化的镜像折射。因此，高校外语教师在线学习的内容不仅要包括外语知识、语言技能等基本素养，而且要注重普适性文化的获得、跨文化交际能力的培养以及职业素质的养成。这些内容的融合与贯通，有助于教师在教学实践中更好地平衡技术与人文性，实现教育信息技术与文化的有机融合。

2. 坚持人文精神与培养高素质技能人才

高校外语教育的目标是培养既有文化底蕴又有外语素养和适应岗位要求的高素质技能人才。这一目标的实现，离不开人文精神的坚持和人文关怀的提倡。人文精神是高校外语教育的灵魂所在。它强调对人的尊重、对生命的关怀以及对人类文明的传承与发展。在高校外语教育中坚持人文精神，意味着教师要关注学生的全面发展，注重培养学生的思辨能力、创新能力以及跨文化交际能力。同时，教师还要关注学生的心理健康与情感需求，营造充满人文关怀的教育环境。在培养高素质技能人才方面，高校外语教师需要注重学生的实践能力与职业素养的培养。通过在线学习平台，教师可以为学生提供丰富的实践机会与资源，引导学生在实践中掌握外语知识、提升语言技能并形成良好的职业素养。而且，教师可以通过在线协作、项目式学习等方式培养学生的团队合作精神与创新能力，为学生未来的职业发展奠定坚实基础。

3. 高校外语教师在线学习的策略与路径

为了平衡技术与人文性，培养高素质技能人才，高校外语教师需要采取有效的在线学习策略与路径。这就需要教师明确自己的学习目标与学习内容，制订个性化的学习计划。在选择学习资源时，教师要注重资源的多样性与针对性，确保能满足自己的学习需求与兴趣。而且，通过与其他教师的互动和合作，教师可以共享学习资源、交流教学经验并共同解决教学中遇到的问题。这种交流和合作有助于拓宽教师的视野与思路，提升其教学能力与创新能力。并且，通过及时了解自己学习的进度与效果，教师可以调整学习策略与学习方法并不断提升自己的在线学习能力。同时，教师还要关注学生对在线学习的评价与反馈，以便更好地满足学生的学习需求与期望。

（三）注重自主性和协同性的耦合内聚

1. 教师在线专业发展中的自主性与问题导向

教师在线专业发展是一种灵活多变、个性化的学习方式，它允许教师自由、自主地选择感兴趣的资源或话题，自由安排在线的学习时间，随时自主参加在线教研活动、项目研究等，以促进其专业发展。这种学习方式充分体现了教师在学习过程中的主体地位，满足了教师个性化学习的需求。从诺尔斯的成人学习理论来看，教师作为成年人，其学习活动总是根据职业岗位的需求或现实教育教学中的问题而展开。这种以问题为导向的学习本质具有自主性的特征，即教师能根据自己的实际情况和学习需求，自主选择学习内容、学习方式和学习进度。在教师在线专业发展过程中，自主性不仅体现在学习内容的选择上，还体现在学习时间的安排上。教师可以根据自己的时间安排，随时随地进行在线学习，不受时间和空间的限制。这种灵活的学习方式使教师能在繁忙工作之余，充分利用碎片时间进行学习，提高学习效率。同时，教师在线专业发展中的问题导向性也十分明显。教师通常会选择与自己教育教学实践密切相关的问题作为研究对象，通过在线学习、交流和研究，寻找解决问题的策略和方法。这种以问题为导向的学习方式有助于教师将理论知识与实践经验相结合，提高解决实际问题的能力。

2. 学习社区和学习共同体模式在教师在线学习中的应用

教师在线学习既是个体自主参与的过程，也是学习社区和学习共同体模式的应用过程。学习型组织的创始人彼得·圣吉指出："培训不等于学习，个人学习也不等于共同学习。"这意味着教师在线学习的意义不再是靠灌输知识实现的，而是在虚拟社会情境中通过多成员间的相互对话和生成性学习实现的。为了建立有效的虚拟学习社区或学习共同体，需要由在线学习教师、咨询专家、教育技术专家、网络管理者等多方人员共同参与。这些人员在共享观念和外语教学资源共建项目的基础上，协同工作，共同为教师提供学习支持和服务。学习社区和学习共同体模式的应用有助于开阔教师的视野，获取最新的教育资讯和教学资源。通过与其他教师的交流、讨论和合作，教师可以分享自己的经验和见解，借鉴他人的优秀做法和创新思路，从而不断提升自己的专业素养和教育教学能力。同时，学习社区和学习共同体模式还有助于增强教师之间的凝聚力与归属感。在这个共同体中，教师有着共同的培养目标和共享愿景，他们共建学习资源和学习平台，为从个人自主发展到群体自觉发展的转变提供了有力支持。

3. 校际发展在线联盟与行业企业发展在线联盟的构建

为了进一步促进教师在线专业发展和提升教育教学质量，可以构建校际发展在线联盟与行业企业发展在线联盟。这些联盟可以邀请不同学校、不同地区的教师以及企业人员等共同参与。通过校际发展在线联盟的构建，可以实现不同学校之间的资源共享和优势互补。各学校可以将自己的优质教学资源和学习经验进行分享与交流，共同探讨教育教学中的问题和挑战。这种跨学校的合作与交流有助于打破地域限制和校际壁垒，促进教育教学的创新与发展。

而行业企业发展在线联盟则可以邀请相关行业企业的专家和人员参与教师在线学习过程。这些专家和人员可以为教师提供最新的行业动态、市场需求以及实践案例等资讯与支持。通过与行业企业的紧密合作和交流，教师可以更加深入地了解行业发展趋势和市场需求变化，从而调整自己的教学内容和教学策略以适应社会发展的需要。

（四）观照非线性和思辨性的持续发展

1. 在线专业化发展中的多重因素及其非线性特征

在线专业化发展是一个涉及人、技术、文化、环境等多重因素的复杂过程。这些变量因素间的不确定性和复杂性，使在线专业化发展呈现出非线性的特征。任何一个因素的变化，都可能引起在线学习效果的变化，这种变化往往难以预测和控制。人是在线专业化发展的核心要素。学生的个体差异、学习动机、学习风格等都会影响到在线学习的效果。技术是支撑在线学习的关键要素，网络平台的稳定性、学习资源的丰富性、学习工具的便捷性等都会影响学生的学习体验和学习效果。文化是在线学习的重要背景，不同文化背景下的学生可能有着不同的学习需求和学习方式，这需要在线学习平台提供多元化的学习资源和适应性的学习支持。环境是在线学习的外部条件，学习环境的好坏直接影响学生的学习状态和学习效果。这些要素之间相互作用、相互影响，构成了在线专业化发展的复杂系统。任何一个要素的变化，都可能引起其他要素的变化，进而影响到整个系统的稳定性和发展方向。因此，在线专业化发展需要综合考虑各种要素的影响，采取系统性的思维和方法解决问题。

2. 批判性思维在在线专业化发展中的重要性

在线专业化发展需要学生具备发现问题、收集信息、论证问题、评估反馈的批判性思维意识和技能。批判性思维是一种高阶思维能力，它能帮助学生对信息进行深入的分析、判断和评价，从而做出合理的决策和行动。在在线学习中，学生需要面对大量的信息和学习资源，如何筛选、整理、分析和利用这些信息，就需要运用到批判性思维。同时，在线学习需要学生具备自主学习和终身学习的能力，这就需要学生能独立思考、自我反思和不断创新，这也是批判性思维的重要体现。因此，高校教育要培养具有批判性思维技能的人才，激发他们的想象力和创造力。这不仅有助于提升学生的在线学习效果，还有助于培养他们的创新精神和实践能力，为他们未来的职业发展奠定坚实基础。

3. 外语在线学习任务中过程分析环节的引入

在外语在线学习任务的设计、过程、监管、支持、评价、资源等因素中，过程分析环节的引入尤为重要。过程分析环节是指在外语在线学习任务中，对学生的学习过程进行详细的记录、分析和反馈，以帮助学生发现自身的问题和不足，进而改进学习方法和提升学习效果。通过过程分析环节，学生可以更加深入地了解自己的学习过程和学习效果，从而更加有针对性地进行学习调整和学习策略的选择。同时，教师也可以通过过程分析环节，更加全面地了解学生的学习情况和需求，从而提供更加精准的学习支持和指导。而且，在学生面对问题和挑战时，他们可以通过对过程的详细分析和反思，找到问题的根源和解决方法，从而提升自身的批判性思维和问题解决能力。

三、高校教师在线发展制度设计

（一）教师激励机制——高校外语教师在线专业发展的持续动力

1. 教师的自主性发展

教师发展归根结底是教师的自主性发展。这一过程涉及教师专业知识、专业素养的不断更新与完善，是一个持续的、动态的过程。在这个过程中，教师的自我效能感起着至关重要的作用。自我效能感是教师提高专业能力的内驱力，是教师产生自主工作动机的内在原动力。当教师对自己的教学能力、影响力以及对学生学习的控制力有较高预期时，他们更可能投入时间和精力去提升自己的专业素养，从而形成一个良性的循环。教师的自主性发展不仅要求教师具备扎实的专业知识，还要求他们具备持续学习的意识和能力。在知识更新迅速的时代背景下，教师需要不断更新自己的知识体系，以适应教育教学的新要求。同时，教师还需要关注教育领域的新动态、新趋势，以便及时调整自己的教学策略和教学方法。

2. 高校外语教师的专业素养要求

对于高校外语教师而言，他们的专业素养要求更全面，更严格。除了掌握语言的知识、态度、技能、信念等基本能力外，他们还需要具备职业岗位的行业外语知识、职业素质、职业道德、职业情感和职业精神。这些专业素养要求既体现了外语教学的专业性，也体现了高校教师职业的特殊性和重要性。行业外语知识是高校外语教师必备的专业素养之一。高校外语教师需要了解所教语言在相关行业中的应用情况，以便为学生提供更加贴近实际的语言学习体验；同时，他们还需要关注行业发展的新动态、新趋势，以便及时调整自己的教学内容和教学策略。职业素质、职业道德、职业情感和职业精神，则是高校外语教师职业素养的重要组成部分。高校外语教师需要具备高度的责任感和使命感，以身作则，为学生树立良好的榜样；同时，他们还需要具备热爱教育、关爱学生的情感品质，以及追求卓越、不断创新的职业精神。

（二）教师在线发展联盟——高校外语教师在线发展的组织文化场

1. 文化场的形成及其对教师的影响

文化场是一个由多种文化元素交织而成的空间，它会对身处其中的个体产生深远影响。对于教师而言，文化场的形成会对他们的教育观念和教育行为产生预期、激励、阻止、调控的效果。这是因为，教师的教育活动总是在一定文化背景下进行的，他们的教育观念和教育行为无不受到文化场的影响与制约。在在线发展的背景下，教师突破了时间和空间的限制，可以更加广泛地接触到不同的文化元素。这种跨文化的交流使教师的教育观念得到更新，教育行为得到优化。同时，文化场也为教师提供了更加丰富的教育资源和发展机会，有助于激发他们的教育创新力和发展动力。

2. 教师在线发展联盟的构建及其作用

教师在线发展联盟是一个由全球教师组成的网络共同体，它实现了不同领域、不同背景教师间的联通。通过在线发展联盟，教师可以与来自高校、企业、行业、社区等的人员进行交流和合作，共同分享知识和经验，形成文化互动。这种文化互动不仅有助于提升教师的专业素养和教育能力，还有助于培养他们的跨文化意识和全球视野。同时，不同领域的信息交流和新旧观念的冲突，也使教师能不断反思自己的教育观念和教育行为，从而实现自我超越和发展。而且，通过团队的合作与交流，共同体内部的知识得以发挥其最大效益。这不仅提高了教师的教育效率和质量，还为他们的专业发展提供了更加广阔的平台和机会。

3. 高校教师在线专业发展的制度与文化融合

高校教师在线专业发展是一个系统性的工程，它需要制度、文化、技术等多个方面的支持和保障。其中，制度是高校教师在线专业发展的基础和保障，它规定了教师在线发展的目标、任务、要求和评价标准等；而文化则是高校教师在线专业发展的灵魂和动力，它为教师提供了发展的价值导向和精神支撑。因此，高校教师在线专业发展的制度与文化必须实现良性融合。这要求我们在制定在线专业发展制度时，要充分考虑教师的文化需求和文化背景，尊重教师的主体地位和个性差异。同时，我们还需要积极营造有利于高校教师在线专业发展的文化氛围和文化环境，激发教师的文化自觉和文化自律。

四、高校教师荣誉体系比较研究

（一）我国高校教师荣誉体系建设原则

1. 坚持以人为本的原则

中国古代伟大的思想家孙子曾经深刻指出："天地之间，莫贵于人。"这一观点不仅仅是对人性的高度肯定，更是对"以人为本"哲学价值观的鲜明表达。这种价值观，如同一条红线，贯穿了中国漫长而辉煌的历史，深深烙印在中华民族的文化基因之中。对于高校教师荣誉体系的构建而言，这种"以人为本"的哲学价值观同样具有重要的指导意义。教师是立教之本、兴教之源，他们的专业成长与发展，直接关系到教育质量的提升和教育事业的可持续发展。因此，构建高校教师荣誉体系，必须坚持以教师为本，以教师专业发展为出发点和落脚点，充分体现教师需求的原则。在教师职业发展的探索适应期，新入职的教师面临着角色转换、环境适应等多重挑战。在这个阶段，他们的需求主要集中在生存和安全层面。因此，高校教师荣誉体系应该设置相应的荣誉称号和奖励机制，鼓励新教师快速融入工作环境，掌握教学技能，确保他们能在教育岗位上站稳脚跟。当教师进入稳定成长期时，他们的教学经验逐渐丰富，人际交往能力也日益提高。在这个阶段，教师的需求开始从基本的生存和安全转向更高层次的尊重与自我实现。为了满足教师的这些需求，高校教师荣誉体系应该更加注重对教师教学成果和科研能力的认可，通过设立教学成果奖、科研成果奖等荣誉，激发教师的创新热情和工作动力。

当教师进入成熟发展时期，他们已经成为学校的骨干力量，对教育事业有着深厚的感情和独特的见解。在这个阶段，教师的需求更加多元化，既包括个人职业发展的需求，也包括对学校和教育事业发展的期望。因此，高校教师荣誉体系应该在这个阶段设置更加多样化的荣誉类别，如教育教学改革奖、优秀教育工作者奖等，以全面体现对教师的尊重和认可。

2. 坚持科学系统性的原则

高校教师荣誉体系的构建，绝非一件简单的事情，而是需要深入研究和综合考量多方面因素的复杂工程。它必须建立在教育学、心理学、管理学、经济学等科学原理的坚实基础之上，确保每个荣誉设置都有理有据，能真正起到激励教师的作用。教育学原理告诉我们，教师是教育活动的主体，他们的专业素养和工作热情直接关系到教育质量的高低。因此，高校教师荣誉体系应该充分尊重教师的主体地位，以他们的专业发展为出发点和落脚点。心理学原理则提示我们，教师的需求是多元化的，既有物质层面的需求，也有精神层面的需求。因此，高校教师荣誉体系应该注重物质奖励和精神奖励的双向融通，满足教师的多元需求。

管理学原理强调，奖、责、权、利的统一和融合，这意味着高校教师荣誉体系不仅要设立相应的荣誉称号和奖励机制，还要明确教师的责任和义务，确保他们在享受荣誉的同时，承担起相应的责任。经济学原理则注重激励的效率和效果，高校教师荣誉体系应该以统一的激励目标为方向，形成合力，激发教师专业发展的内生动力，从而达到预期效果。而且，高校教师荣誉体系的构建需要与省市地方教育发展规划、学校教育管理和学校组织文化等多方面因素相结合。这既是对荣誉体系外部环境的适应，也是对其内部机制的完善。只有充分考虑这些因素，高校教师荣誉体系才能真正发挥其应有的作用，为教师的专业成长和学校的发展提供有力支持。在具体操作中，高校教师荣誉体系的构建还需要注重动态调整和优化。因为教师的需求和环境都在不断变化，只有与时俱进，不断调整和完善荣誉体系，才能确保其持续发挥激励作用。同时，高校还应该加强对教师荣誉体系的宣传和推广，让更多的教师了解和认同这一体系，从而增强其激励效果。

（二）我国高校教师荣誉体系建设的启示

1. 完善四级荣誉体系，形成"阶梯式"的教师专业发展成长路径

高校教师荣誉体系建设，作为国家教育事业发展的重要组成部分，对于激发教师工作热情、提升教育教学质量具有不可替代的作用。当前，这一体系仍需完善国家级、省级、市县级、校级的四级架构，以确保各级荣誉既有区分度，又能形成有机的整体。国家级荣誉体系，由国务院设立和颁发，代表着国家层面对高校教师工作的最高认可。这一级别的荣誉，不仅仅是对教师个人成就的肯定，更是对整个高等教育事业的鼓舞和激励。教育部和其他部委颁发的荣誉，与省级部门颁发的荣誉同属省级荣誉范畴。这些荣誉的设置，旨在表彰在各自领域做出杰出贡献的高校教师，他们的优秀事迹和成功经验，将成为广大教师学习和效仿的榜样。市县级荣誉体系则更加贴近地方实际，关注那些在推动地方高等教育发展中做出突出贡献的教师。这一级别的荣誉，既是对教师工作的认可，也是对地方高等教育发展的有力支持。校级荣誉体系由教师所在高校党委行政颁发，具有更强的针对性和实效性。这一级别的荣誉，更加注重教师在本校教育教学工作中的实际表现，是对教师日常工作的直接反馈。以江苏某高校为例，该校的荣誉体系设置就充分体现了校本特色。除了设立综合奖"工匠"奖外，还根据教育教学、科研、管理、党务、师德等不同领域设立了单项奖。这些奖项的设置，不仅涵盖了教师工作的各方面，而且充分体现了学校对教师专业发展的全面关注和支持。同时，该校还根据教师发展的不同阶段，设立了新秀展露奖、技能骨干奖、魅力奉献奖等奖项。这些奖项的设置，为教师在不同周期、不同工作岗位上实现专业发展提供了明确的目标和动力。每位教师都能在这一荣誉体系中找到自己的人生坐标和荣誉标杆，从而更加清晰地规划自己的职业发展路径。这种横向到边、纵向到底的网格状荣誉体系图，不仅为教师的专业发展提供了坚实基础和明确方向，而且有效地激励了高校教师投身教育教学和行业企业的工作实践。通过这一体系的引导和激励，教师将更加专注于专业发展，不断提升自身的专业素质和修养，铺就一条螺旋式上升的教师成长路径。这不仅有助于提升高校的教育教学质量，还为整个高等教育事业的发展注入了新的活力和动力。

2. 提升品牌的影响力，全媒体多媒介地宣传教师荣誉典型

在现今竞争日益激烈的高校教育环境中，"酒香也怕巷子深"的道理显得越发贴切。即便高校教师荣誉体系设计得再完善，若缺乏有效的推广和传播，则其价值和影响力也将大打折扣。因此，运用营销学与传播学的理念和手段，对于加强高校教师荣誉品牌的塑造与推广至关重要。我们可以从国际上的成功案例中汲取经验。比如，英国备受瞩目的"国家年度教师"评选项目，英国BBC广播电台作为全程合作单位，利用其强大的传播网络，使该项目在全社会范围内产生了广泛影响。这种与国家级主流媒体的深度合作方式，值得我们深思和借鉴。除了传统的电视、广播、报纸等媒介外，新媒体的力量也不容忽视。在数字化时代，新媒体传播的"蝴蝶效应"日益凸显，一条微博、一篇微信公众号文章，都有可能迅速引发全民关注，成为热点话题。同时，高校教师荣誉的颁奖仪式也是塑造品牌、提升影响力的重要环节。庄重、隆重的颁奖盛典，不仅会让获奖者深感荣幸，还会在全社会范围内营造尊师重教的浓厚氛围。我们可以举办这样的颁奖活动，让更多人亲身感受并参与这一荣誉时刻，从而形成对教师荣誉品牌的广泛认同和支持。

根据美国社会心理学家米尔格伦的"六度分离"理论，我们每个人都有可能与世界上的任何一个人产生联系。这一理论为我们推广教师荣誉品牌提供了新的思路：通过微博、微信等新媒体平台，我们可以迅速将教师荣誉典型的故事传播出去，让更多人看到、听到并感受到这些标杆和示范的引领作用。我们可以讲好这些故事，传播好声音，弘扬正能量，传承中华优秀传统文化的价值观。在这个过程中，高校教育培养人才观中的"工匠精神"也将得到进一步发扬光大。这种精益求精、追求卓越的精神，不仅仅体现在教师的教学和科研工作中，更将通过荣誉品牌的传播，影响到更广泛的社会群体。这对于提升我国高等教育的整体水平和国际竞争力，无疑具有深远的意义。

3. 建立动态的荣誉后续跟踪管理机制，确保教师专业化发展方向

高校教师荣誉体系作为推动教育事业发展的重要机制，其后续管理尤为关键。为确保这一体系的持续有效运行，我们必须建立"四位一体"的后续保障系统，涵盖资金、人员和环境三个方面。国家可以设立一种机制，让荣誉教师在获奖后的一年内担任国家教育发言人，积极参与国内外

教育宣传和研讨活动，传播先进的教育理念，开展学术研修等。这样既能提升荣誉教师的社会地位，又能充分发挥他们的专业优势，引领教育改革创新。而且，我们应注重物质奖励和精神奖励的有机结合，鼓励企业、行业和社会力量资助荣誉教师开展专业发展活动。同时，我们要明确规定奖金的使用范围，确保其用于教学研究、资源建设等方面。这样既能激发荣誉教师的积极性，又能为他们的专业发展提供有力支持。在人员保障方面，荣誉教师应积极吸引同行、企业工程师、产业精英等跨界人士参与，共同组建专业发展团队。这样的团队将成为高校教育的领军力量，推动教育教学改革不断深入。而且，荣誉教师应努力提升自身素质，成为职业教育的担当者、改革创新的排头兵，为职业教育的繁荣发展贡献智慧和力量。环境保障同样不容忽视。我们应着力打造有利于荣誉教师成长和发展的硬环境与软环境：建立一定规模的大师工作室，为荣誉教师提供宽敞舒适的工作空间；营造浓郁的环境氛围，让荣誉教师在其中感受到尊重和认可。这些举措将有助于激发荣誉教师的创造力和工作热情，推动他们在教学科研领域取得更加卓越的成就。并且，将高校教师荣誉体系标准与职业资格证书标准、职称评定标准相对接也是明智之举。这将为职业教师提供专业发展动力，催生其内在驱动力，激活其发展潜能。荣誉教师应以此为契机，加强自我勉励，充分发挥示范引领作用，成为教育改革的先锋队和生力军。正如德国作家席勒所言："还有比生命更重要的，那就是荣誉。"荣誉感是个体因外界肯定和褒奖而产生的道德情感。完善"阶梯式"四级荣誉体系，提升品牌影响力以及建立动态跟踪管理机制等举措，对于激发教师的荣誉感、推动教育事业的发展具有深远意义。每个高校教育工作者都应深刻认识到这一点，并为之付出努力。

第三节　高校对教师专业发展的支持措施

一、教育生态视角下教师成长环境探讨

（一）教育生态视角下教师成长的个人环境

教师作为社会生态系统中的一个重要组成部分，其成长与发展受到多

方面因素的影响。其中，个人环境作为教师成长生态系统中的微观系统，扮演着至关重要的角色。个人环境是指与教师个体直接相关的环境因素，包括家庭背景、教育背景、教师内在信念与情感体验以及教师自我素质的提升等。这些因素在教师成长过程中发挥着不可替代的作用，既是教师成长的土壤，也是推动教师不断前进的动力源泉。

1. 家庭背景与教育背景对教师发展的奠基作用

家庭是每个人成长的摇篮，家庭背景对教师的发展具有深远影响。父母的言传身教、家族的文化传统以及家庭的经济条件等都会对教师的价值观、教育理念和职业选择产生奠基性的作用。例如，来自教育世家的教师往往更容易形成对教育的热爱和执着追求，而家庭经济条件较好的教师则可能拥有更多的教育资源和发展机会。教师的学历、专业以及接受的教育理念和教学方法等都会对其教学风格与教育实践产生深刻影响。优秀的教育背景不仅为教师提供了扎实的专业知识和技能，还为其提供了广阔的教育视野和不断创新的教育理念。这些都有助于教师在职业生涯中不断追求卓越，实现自我价值的最大化。

2. 内在信念与情感体验对教师发展的动力作用

一个坚定的教育信念能激发教师的职业热情，使其在面对教育困境时能保持初心，勇往直前。同时，教师的情感体验也是其发展的重要动力。积极的情感体验能增强教师的职业幸福感，使其更加热爱教育事业，愿意为教育事业奉献自己的全部力量。然而，教师的内在信念和情感体验并不是孤立的，而是与教师的生活环境、工作环境以及个人经历等密切相关的。因此，要促进教师的健康发展，就要为教师创造一个良好的生态环境，使其能在实践中不断坚定自己的教育信念，积累积极的情感体验。

3. 自我素质的提升对教师发展的关键性作用

教师自我素质的提升是教师发展的核心，这包括教师的专业知识更新、教育技能提升、教育理念创新以及个人品德修养等多个方面。在现代社会，教育环境日新月异，教师只有不断学习和进步才能适应新的教育需求。一个优秀的教师应该具备持续学习的能力和自我更新的意识，通过不断学习和实践提升自己的专业素质与教育能力。同时，教师的个人品德修养也是其发展的重要组成部分。教师的言传身教对学生产生着深远影响，一个品德高尚的教师往往能赢得学生的尊重和信任，从而更好地履行教育职责。因此，教师应该注重个人品德的修养，以身作则，为学生树立良好的榜样。

（二）教育生态视角下教师成长的学校环境

教师专业成长是一个复杂而多维的过程，其中，学校环境作为教师专业成长过程中的中观系统，扮演着至关重要的角色。学校环境不仅为教师提供了专业发展的土壤，还调节和引导着教师专业发展的方向与路径。因此，深入探讨学校环境在教师成长过程中的特殊意义与作用，对于促进教师的专业成长和提升教育教学质量具有重要意义。

1. 学校制度与环境对教师专业成长的规范

学校制度是教师专业成长的重要保障。一套完善、合理的学校制度能规范教师的教育教学行为，明确教师的职责和权利，为教师的专业成长提供有力的制度支持。例如，教师评价制度、激励机制以及培训制度等，都能激发教师的专业发展动力，提升教师的专业素养。同时，学校教学环境也是教师专业成长的重要组成部分。一个优良的教学环境能为教师提供充足教学资源和良好教学氛围，有助于教师进行教学实践和教学反思，从而促进其教学能力的提升。而且，学校科研环境对教师的专业成长具有重要影响。一个积极、开放的科研环境能鼓励教师进行科研探索和创新实践，培养其科研意识和科研能力，进而推动教师的专业发展和学校的整体发展。

2. 与行政人员、教师、学生之间的关系对教师专业成长的影响

教师与行政人员之间的良好关系能为教师提供必要的支持和帮助，解决其在专业成长过程中遇到的困难和问题。行政人员的理解、尊重和支持是教师专业成长的重要外部条件。而一个团结、协作的教师团队能形成积极向上的工作氛围，促进教师之间的经验交流和资源共享，从而推动整个教师群体的专业成长；相反，如果教师之间存在隔阂和竞争，则可能阻碍教师的专业成长和学校发展。并且，良好的师生关系能增强教师的教学信心和热情，激发其创新精神和探索欲望，从而推动其在教学实践中的不断进步和成长；同时，和谐的师生关系还有助于培养学生的健康人格和良好品质，实现教育教学的双赢。

3. 积极主动营造和优化学校环境，促进教师专业成长

面对学校环境对教师专业成长的重要影响，教师应该采取积极主动的

态度去营造和优化学校环境。首先，教师可以参与学校制度的制定和完善过程，提出自己的意见和建议，使学校制度更加符合教师的实际需求和期望。其次，教师可以积极参与学校的民主管理和决策过程，发挥自己的主体作用和影响力。最后，教师可以通过自身的努力和实践去改善与优化教学环境、科研环境以及人际关系环境等。例如，教师可以积极尝试新的教学方法和手段，提高学生的学习兴趣和效果；可以主动参与学校的科研项目和活动，提升自己的科研素养和能力；可以与同事、学生建立良好的关系，营造和谐的工作氛围和学习氛围等。并且，教师只有不断提升自己的专业素养和能力水平，才能更好地适应和应对学校环境的变化与挑战。同时，教师的专业发展和素质提升也是优化学校环境的重要途径之一。一支高素质、专业化的教师队伍是推动学校整体发展的重要力量。

（三）教育生态视角下教师成长的社会文化环境

教师成长生态系统是一个复杂而多维的结构，其中，社会文化环境作为宏观系统，虽然处于层级系统中的最外层，但对教师成长的影响不容忽视。社会文化环境主要是指与教师发生间接关系的教育政策、教育制度、教育习俗和文化等，这些因素在教师成长过程中起着重要的导向、规范和塑造作用。

1. 教育政策对教师成长的导向作用

教育政策是国家或地方政府为了实现一定的教育目标而制定的行动准则和规范，它对教师成长起着重要的导向作用。教育政策的制定与实施往往决定了教师教育的方向、内容和方式以及教师的职业地位和发展空间。例如，国家关于教师教育改革的政策、教师专业化发展的政策等，都会直接影响教师的教育理念、教学方法和职业素养的提升。在教育政策的引导下，教师需要不断调整自己的教育行为和教学策略，以适应教育改革的要求和社会的期望。这种调整过程既促进了教师的专业成长，也推动了教育的整体进步。因此，教育政策作为教师成长的重要外部环境因素，其导向作用不容忽视。

2. 教育制度对教师成长的强制及潜移默化作用

教育制度是社会文化环境中的重要组成部分，它包括学校教育制度、教师管理制度、教育评价制度等。这些制度不仅规范了教师的教育行为和教学活动，还通过强制和潜移默化的方式影响着教师的成长。学校教育制度规定了学校的教育目标、课程设置、教学安排等，这些规定直接影响了教师的教学内容和教学方法。教师管理制度则涉及教师的选拔、培训、考核等方面，这些制度的设计和实施对教师的职业素养与专业能力的提升具有重要影响。而教育评价制度则通过对学生学业成绩、教师教学质量等方面的评价，反馈教师的教学效果和存在问题，从而促使教师进行自我反思和改进。在教育制度的强制作用下，教师需要遵守各项规定和要求，否则将面临一定的惩罚或负面评价。这种强制性不仅保证了教育活动的有序进行，还在一定程度上塑造了教师的职业行为和教育观念。同时，教育制度还通过潜移默化的方式影响着教师成长。例如，长期在某一教育制度下工作的教师，往往会逐渐形成与该制度相适应的教育理念和教学风格。

3. 教育习俗和文化对教师成长的塑造作用

教育习俗和文化是社会文化环境中最隐性与深层的因素，它们体现了社会大众对教育的理解和期望，对教师的成长起着塑造作用。教育习俗是指在长期的教育实践中形成的一种惯常的教育行为和教育方式，它反映了社会大众对教育的普遍认知和接受程度。而教育文化则是一种更深层次的教育价值观念和教育理念，它决定了人们对教育的态度和看法。在教育习俗和文化的影响下，教师会不自觉地调整自己的教育行为和教学策略，以满足社会大众的期望和要求。例如，在某些重视应试教育的地区或学校，教师可能会更倾向于采用灌输式的教学方法提高学生的考试成绩；而在强调素质教育的环境中，教师则可能会更注重学生的全面发展和个性培养。这种调整过程不仅体现了教师对教育习俗和文化的适应与遵从，还反映了社会文化环境对教师成长的塑造作用。

二、高校对于教师成长环境的支持

（一）高校教师成长的个人环境优化

1. 信念对专业发展的影响

信念作为个体意志行为的基础，是个体动机目标与整体长远目标相互统一的体现。它不仅仅是人们行动的指南，更是激发积极性和主动性的源泉。在教师这一职业中，信念尤为重要，它不仅影响着教师的教学行为，还决定着教师对自身专业发展的追求和努力。特别是在国家大力发展职业教育的背景下，教师信念的坚定与否，直接关系到职业教育的质量和效果。教师信念是教师主体在即时情境下对自身专业发展这个客体的认识、理解、想法和观念。它是教师专业发展的内在驱动力，决定着教师的行为选择和教学策略。一个拥有坚定信念的教师，会积极主动地寻求专业发展的机会，不断提升自己的专业素养和教学能力。在职业教育领域，外语学科的边缘化给教师带来了不小的挑战。面对这一挑战，教师应该坚定自己从事职业教育的信念，将挑战视为机遇，激发出自身潜在的精力、体力、智力和其他各种能力。通过探索适合外语学科在高职院校发展的新路径，提高自身的"双师"素质，即既具备教师的专业知识和教学能力，又具备相关行业的实践经验和技能。

2. 专业知识与实践技能的提升

教师的专业知识与实践技能是组成教师专业发展的个人环境要素之一，也是决定教师专业发展的关键因素。在职业教育中，教师的专业知识与实践技能尤为重要。因为职业教育注重的是实践能力的培养，这就要求教师不仅要具备扎实的专业知识，还要具备丰富的实践经验和熟练的实践技能。为了适应形势发展的需要，高校教师应该努力提高自己的专业知识水平，不断更新自己的知识结构。同时，高校教师还要加强外语教学实践技能的提升，通过参加培训、企业实践等方式，提高自己的实践能力和教学水平。只有这样，才能更好地满足职业教育的需求，培养出更多具有实践能力的高素质人才。

3. 和谐家庭环境对职业发展的保障作用

一个和谐、轻松、愉快的家庭氛围，能使教师更容易进入工作状态，并使课堂保持轻松愉快的良好环境。这样的环境有利于激发学生的学习兴趣和积极性，形成良性的师生互动。同时，家庭幸福感也能增强教师的从教信念和职业满足感。为了创设和谐的家庭环境，教师应该注重工作与家庭的平衡，合理安排工作和生活的时间。同时，家庭成员之间应该相互理解、支持和尊重，共同营造一个温馨、和谐的家庭氛围。这样的家庭环境不仅能促进教师的身心健康，还能为教师的职业发展提供有力支持。

（二）高校教师成长的学校环境优化

1. 建立和谐共进的教师关系

在高校教育领域，特别是在外语学科受到重视的背景下，建立和谐共进的教师关系尤为重要。传统的"文人相轻"观念已经不适应现代教育的发展，新型的教师关系应是基于共同爱好的友谊和伙伴关系。这种关系的建立有助于教师之间树立协同创新观念，形成新型的教学科研共同体，从而实现知识结构的改善、优势互补以及在互助协作中的共同成长。要摒弃"文人相轻"的旧观念，我们必须认识到每位教师都是教育事业中不可或缺的一部分。尽管每位教师的专业领域、教学方法和教学风格有所不同，但他们都为培养学生的全面发展贡献着自己的力量。因此，我们应该尊重并欣赏彼此的差异，将这些差异视为教学相长的宝贵资源。新型的教师关系不仅仅是同事关系，更是基于共同爱好的友谊关系和基于共同事业的伙伴关系。我们应该积极参与各类教师交流和合作活动，如教学研讨会、科研合作项目等，通过这些平台分享经验、探讨问题、共同进步。同时，我们还要在日常生活中培养深厚的友谊，相互关心、相互支持，共同面对教育事业中的挑战和困难。在外语学科受到重视的情况下，教师之间更要树立协同创新的观念。我们可以建立新型的教学科研共同体，通过集体备课、观摩教学、课题研究等方式，实现知识结构的改善和优势互补。在这个过程中，我们要充分发挥每个人的专业优势和特长，集思广益，共同探索外语教育的最佳实践和创新路径。

2. 营造轻松愉快的教学氛围

为了营造轻松愉快的教学氛围，首先，我们要以独特的人格魅力吸引学生。作为教师，我们要注重自身修养和形象塑造，以积极向上的精神风貌和严谨认真的治学态度感染学生。其次，我们要以丰富的文化知识吸引学生。这就要求我们不断学习新知识、更新知识结构，将最新、最有趣的文化现象引入课堂教学，激发学生的学习兴趣和求知欲。再次，我们要敢于尝试新的教学方法和手段，如翻转课堂、小组讨论、角色扮演等，让学生在轻松愉快的氛围中掌握知识、提升能力。最后，我们要注重与学生的互动和交流，及时了解他们的学习需求和困惑，为他们提供有针对性的指导和帮助。在这个过程中，知识与情感得到了有效的交流。我们不仅要关注学生的知识掌握情况，还要关注他们的情感变化和成长需求。通过倾听、理解、鼓励等方式，建立起师生之间的信任和友谊，让学生在轻松愉快的氛围中健康成长。

3. 改革管理模式与评价体系

要建立民主参与式的学校管理模式。这种管理模式的前提是以人为本、尊重教师。我们要让教师能在更宽松、自由的氛围中工作和思考，为他们的专业发展创造良好环境。这可以通过定期召开教师代表大会、设立教师建议箱等方式实现民主参与和管理。同时，倾听教师心声也是非常重要的。我们要了解教师的实际生活、教学、科研状况和需求，为他们提供有针对性的、切实有效的帮助和指点。这可以通过个别交流、座谈会、问卷调查等方式实现。只有将国家发展、学校发展和教师个人发展结合起来，才能实现多赢的局面。并且，只有正确的评价才会有激励作用，才会有向上的动力。我们应该摒弃重科研、轻教学的观念，鼓励教师以研促教、以教促研、教研结合。这可以通过制订科学合理的评价标准、采用多元化的评价方式等方式实现。同时，我们还可以根据教师个人事业发展的特点，细化教师事业发展群体（研究型、教学型、教学研究结合型），形成相应的评价方式及职称晋升方式。并且，要充分认识到学生在评价中的主观性和局限性，将他们的评价作为参考而非唯一标准。同时，我们还要优化教师考核标准，注重考核教师的教学质量、科研能力、社会服务等方面的综合表现。这可以通过制定全面、细致的考核指标体系、采用定量与定性相结合的考核方式等实现。不仅如此，还可以通过设立奖励机制、提供进修培训机会、搭建职业发展平台等方式激励教师不断进取、追求卓越。同时，我们还要关注教师的心理健康和职业发展困惑，为他们提供必要的心理支持和职业指导。

（三）高校教师成长的社会环境优化

1. 注重职前教育与在职教育的有效衔接

教师教育作为培养高素质教师的关键环节，一直受到教育管理部门的高度重视。教师是一个需要终身学习的职业，其专业发展贯穿整个职业生涯，而职前教育和在职教育作为教师成长的重要阶段，更应具有科学性和连贯性。然而，在实际操作中，如何将教师教育落到实处，真正提升教师的教学能力和实践能力，却是一个值得深入探讨的问题。职前教育是教师专业发展的起点，它注重系统性、理论性的知识学习，为教师未来的职业生涯奠定坚实基础。但仅有理论知识是远远不够的。在职教育作为教师职业生涯的重要组成部分，更应注重实践性、实用性的技巧提升。在实际教学中，教师会遇到各种各样的困惑和挑战，例如，如何激发学生的学习兴趣、如何将理论与实践相结合等。因此，在职教育应紧密结合教师的实际需求，以解决实际问题为导向，使教师在实践中不断提升自己的教学能力和专业素养。为了实现职前教育与在职教育的有效衔接，相关管理部门应加强教师职前教育与在职教育的沟通和协作，确保两者在内容、形式和目标上的一致性，还要建立完善的教师教育课程体系，注重理论与实践的结合，培养教师的综合素质和实践能力。

2. 倾听教师心声，满足实际需求

教师在实际教学中会遇到很多困惑和挑战，这些问题往往与他们的实际需求密切相关。因此，教育管理部门在推进教师教育时，应"自下而上"倾听教师的心声，深入了解他们的实际需求，只有这样，才能制订出更加符合教师实际需求的培训计划和政策措施，使教师在各项培训中获得解决实际问题的能力，真正提升教学能力和实践能力。为了满足教师的实际需求，应定期开展教师调研活动，通过问卷调查、座谈会等方式收集教师的意见和建议，建立教师需求反馈机制，及时了解和解决教师在教学中遇到的问题与困难，并鼓励教师积极参与教育研究和改革实践，为他们提供展示和交流的平台。

三、大数据背景下高校教师发展路径

（一）大数据背景下高校教育的变革

1. 标准化培养受到挑战，倡导人才培养的个性化和多样化

大数据时代下，国家明确提出了扩大学校招生自主权的重要方向，强调了对不同类型的学生实行差异化选拔方式的必要性。这一变革的背后，是对传统标准化教育模式的深刻反思和对未来教育发展趋势的前瞻性把握。在传统教育模式下，统一的大纲、教材和人才培养方案如同一条固定的生产线，试图将所有学生塑造成符合统一标准的"产品"。然而，这种忽地了解每个学生的学习习惯、兴趣爱好、能力特长和发展潜力。这些宝贵信息不仅有助于学校更加精准地选拔适合不同专业和方向的学生，还能为不同来源、不同学习方式的学生量身定制个性化的培养方案。在未来的高校教育中，学生将不再是被动接受者，而是成为自己学习生涯的主动

规划者和参与者。他们可以根据自己的兴趣和志向选择适合自己的课程与学习路径，并在教师的指导和帮助下，充分利用大数据提供的学习资源和发展机会，实现自我成长和超越。同时，大数据的应用将深刻改变高校与社会的关系。通过对行业企业市场用人需求的实时跟踪和分析，高校可以更加准确地把握社会对人才的需求变化，及时调整专业设置和人才培养方案。这种紧密对接市场需求的教育模式，不仅有助于提高毕业生的就业竞争力和职业发展潜力，还将为社会的创新发展和产业升级提供源源不断的人才支持。

2. 程序性管理受到挑战，倡导预警管理的智能性和前瞻性

随着智慧校园和信息化平台体系建设的不断深入，学校管理方式正经历着一场前所未有的变革。传统的程序性管理方式，因其固有的局限性和滞后性，已经难以适应现代教育的快速发展和个性化需求。而智慧校园以其独特的智能响应和数据驱动模式，正逐步成为推动学校管理向精致化和智能化转型的强大动力。在这一变革中，数据的监测、分析和融合成为关键。每个用户群——无论是学生、教师还是管理人员都在日常生活中产生着大量的数据。这些数据，如同一个个碎片化的信息点，单独看似乎意义不大，但当它们被有效地收集、整合和分析后，就能揭示出许多隐藏在背后的规律和趋势。以浙江某校为例，该校通过收集学生的门禁记录，包括进出食堂等场所的时间，成功地追踪了学生在校的活动轨迹。当某个学生的在校时间低于设定限度时，系统会自动对该学生进行锁定，并向相关教师发送提醒。这样一来，教师就能及时了解到该学生的学习和生活情况，进而采取相应的辅导措施。这种基于数据的精细化管理方式，既提高了管理效率，也满足了学生的个性化需求。

智慧校园产生的大数据，其潜力远不止于此。除了用于追踪学生的活动轨迹外，这些数据还能在学习与需求、舆情监控和教育决策等多个方面发挥重要作用。例如，通过分析学生的学习数据，教师可以更准确地掌握学生的学习进度和难点，从而调整教学策略和提供更有针对性的辅导。同时，舆情监控也能通过对校园内的言论和行为进行实时监测与分析，及时发现和应对可能出现的问题，维护校园的和谐稳定。在教育决策方面，大数据的作用更是不容小觑。通过对历史数据的挖掘和分析，教育决策者可以更准确地把握教育发展的趋势和规律，制定出更符合实际需求和更具

前瞻性的政策。这种基于数据的决策方式，既提高了决策的科学性和准确性，也为学校的长期发展提供了有力支持。

3. 传统静态评价受到挑战，倡导动态评价的微观性与权变性

随着大数据技术的不断发展和深入应用，其在教育领域的运用已经引起了深刻变革。传统的静态终结性评价方式，由于其单一、固定的特性，已经难以适应现代教育的复杂性和多样性。而大数据的出现，为我们提供了海量的、动态的信息资源，对学生的评价也变得更加全面、深入和灵活。在大数据的支撑下，学生评价不再是一成不变的，而是可以根据学生的学习情况、兴趣爱好、能力特长等多个维度进行动态调整。这种动态评价方式，不仅有助于更准确地反映学生的真实状态，还能对教育教学起到积极的反馈、激励、诊断和导向作用。通过及时反馈学生学习的进度和存在的问题，学生可以更好地调整学习方法与策略，从而实现更高效的学习。同时，大数据的应用也使教育教学评价不再局限于宏观层面，而是可以深入微观个体。每个学生都是独一无二的，他们的学习需求、学习方式和学习进度都各不相同。因此，对学生的评价也应该是个性化的、差异化的。通过大数据的分析和挖掘，我们可以更深入地了解每个学生的学习情况和需求，为他们提供更有针对性的教学服务和评价反馈。而且，卢萨斯等提出的"没有绝对最好的东西，一切随条件而定"的观点，强调了管理的灵活性和适应性。同样地，在教育教学评价中，我们也不能拘泥于固定的模式和标准，而应该根据学生的主体变化和实际需求进行灵活调整。这种权变性的评价方式，将使教育教学更贴近学生的实际需求，也更能促进学生的全面发展。

（二）高校教师大数据素质培养的必然选择

1. 发挥预测性功能，培养大数据意识，有助于提升个人发展的自我效能感

班杜拉提出的自我效能感，是一种深植于人们内心的信念与自信，它关乎我们对自己能否运用掌握的技能去成功完成某项任务的判断。这种自我认知的力量，在我们的学习、工作乃至生活的每个环节中，都扮演着至关重要的角色。而在当下这个数据驱动的时代，大数据技术的崛起与应用，为我们提升自我效能感开辟了新的路径。大数据的核心在于其强大的预测功能，它依托复杂的数学算法和庞大的数据集，能揭示出

隐藏在数据背后的模式、趋势和关联性。就像亚马逊和当当网能精准地为我们推荐心仪的书籍、谷歌能为数亿个网页进行合理的排序一样，大数据正逐渐渗透到我们生活的方方面面，从购物偏好到社交网络，从工作习惯到生活模式，无所不包。现代社交媒体如微信、QQ等，更是凭借对用户数据的深度挖掘和分析，能准确地洞悉我们的喜好、预测我们的行为，甚至猜出我们的社交圈子。在教育领域，大数据的预测功能同样具有巨大潜力。通过对学生的学习行为、成绩、兴趣等多维度数据的收集和分析，教师可以更加精准地了解每个学生的学习状态和需求，从而在教学内容和教学方法上做出更加个性化的选择与调整。这种基于数据的精准教学，不仅有助于提高教学效果，还能增强教师的自我效能感。因为他们能清晰地看到，自己的教学决策是如何基于数据、如何影响学生，并最终达成教学目标的。然而，要充分发挥大数据在提升自我效能感方面的作用，教师还需要培养起强烈的大数据意识。这意味着他们不仅要学会收集和整理数据，还要学会如何从海量信息中筛选、甄别出真正有价值的信息，并将其整合到自己的教学实践中。这种能力的培养，需要教师不断学习、实践和反思，将大数据真正转化为提升自我效能感的有力武器。

2. 发挥混杂性功能，强化信息技术应用，有助于提升专业化发展的能力

在当今这个信息时代，"大数据"的概念已经深入人心，它不仅仅是一个技术术语，更是一种全新的思维方式和认知模式。当我们谈论大数据的"大"时，并不是单纯指数据量的绝对大小，而是强调数据的全面性和完整性。这意味着我们需要从一个更加宏大、全面的视角审视和理解事物，将"所有一切的数据总和"这一概念深深植入我们的思维。在大数据时代背景下，数据的混杂性和不精准性成为显著特征。这并不意味着数据失去了价值，相反，这些看似杂乱无章的数据背后往往隐藏着宝贵的信息和深刻的洞见。因此，对于高校教师而言，强化信息技术应用，学会在纷繁混杂的大数据中提炼出有价值的信息，已经成为一项必备的技能。数据处理能力不仅是高校教师自主学习的利器，还是他们专业发展的第一要素。在追踪专业学术前沿知识和理论的同时，高校教师还需要密切关注行业、企业发展的前沿技术。这是因为产教融合、工学结合已经成为现代教育的重要趋势，只有将学术理论与实际应用相结合，才能真正提高学生的

职业素养和实践能力。为了实现这一目标，高校教师需要不断提升自己的数据处理能力。他们需要学会运用各种信息技术工具和数据分析方法，对海量的数据进行筛选、清洗、整合和分析。在这个过程中，他们不仅仅要关注数据的表面特征，更要深入挖掘数据背后的关联性和趋势性，从而揭示出隐藏在数据中的规律和真相。同时，高校教师还需要将数据素养融入自己的专业发展。他们需要具备敏锐的数据意识，能及时发现和捕捉有价值的数据信息；他们需要具备严谨的数据思维，能运用科学方法对数据进行深入的分析和研究；他们需要具备高超的数据技能，能熟练运用各种信息技术工具对数据进行处理和应用。

3. 发挥完整性功能，整合信息资源，有助于创设组织发展的良性互动氛围

在当今这个信息爆炸的时代，大数据已经悄然改变了我们的生活方式和工作模式。与小数据和精准性时代相比，大数据更强调数据的完整性和包容性，它不仅包括量化的数据，还涵盖了定性的数据，为我们提供了更加全面、多维度的信息视图。为了充分发挥大数据的潜力，创设一个有效的环境至关重要。这需要政府、行业企业和学校等各方共同努力，整合资源，健全大数据资源共享机制。通过整合信息平台，打通政府、行业企业和学校之间的互通频道，我们可以实现高校教育良性的同频共振的发展机制。这种机制能更好地促进教与学的实践活动，不断提升教学、研究、服务和实践创新的能力，让数据真正"发声"，为我们的决策和行动提供有力支持。在这样的环境中，大数据的完整性和包容性得到了充分体现。我们可以从海量数据中提取有价值的信息，洞察事物的本质和规律。这不仅有助于我们更好地理解世界，还能为我们解决实际问题提供新的思路和方法。同时，大数据的共享机制也促进了各方的合作与交流，打破了信息孤岛，实现了资源的优化配置和高效利用。对于高校教师而言，组织发展是个人发展的重要保障。一个充满活力和创新精神的组织能为教师提供更多的发展机会与平台，激发他们的创造力和潜能。而环境的创设则有利于个人发展、教学发展和专业发展的协同提高。在这样的氛围中，教师可以相互学习、共同进步，不断提升自己的专业素养和教学能力。并且，通过对学生的学习行为、兴趣爱好、职业倾向等数据的分析，我们可以为他们提供更加个性化、精准化的教育服务。这种以学生为中心的教育理念不仅能

提高学生的学习效果，还能培养他们的创新精神和实践能力，为他们未来的职业发展奠定坚实基础。

（三）大数据背景下高校外语教师发展策略

1. 构建优质资源大数据共享机制，挖掘数据的潜在价值

随着数据进入市场，数据不再是单纯意义上的数据，现有市场上谷歌和亚马逊等网站都是大数据的先驱者。"开放政府数据"的倡议响彻全球，构建政府统筹、行业标准、企业参与、学校和社会共建共享的大数据库将成为可能。如高职院校人才培养工作状态采集平台对于教育主管部门、高职院校本身和社会各界都有积极意义。通过终端多样化，使教育主管部门、学校、行业企业、家长、教师群体，都能共享数据成果。教育主管部门能对教育教学进行监控和评估；高职院校本身也能实现自我监控和自我评估；行业企业、家长对学校的情况有更深入了解，便于对优质资源的选择和认可，这有助于利用数据"把脉问诊"，充分挖掘数据的潜在价值，指导服务于工作实践。

2. 建立高校教师自主发展和培训实践机制，培养数据科学家

信息技术的迅猛发展，如同一股不可阻挡的时代洪流，已经深深地渗透到我们生活的方方面面。在这样的背景下，掌握信息技术应用已然成为高校教师的必备素质。他们不仅仅需要具备扎实的专业知识，更需要熟练运用各种信息技术工具，以促进信息技术与教学的深度融合。为了推动高校教师信息技术应用水平的提升，全国高校教师培训中心积极行动起来，不断完善信息化教学大赛制度，并组织包括微课在内的各类信息化大赛。这些大赛不仅为教师提供了一个展示自我、交流学习的平台，还激发了他们探索信息化教学新模式的热情和动力。在大数据时代下，高校教师面临的挑战和机遇并存。一方面，他们需要不断学习和掌握新的信息技术，以适应日益复杂多变的教学环境；另一方面，他们需要具备数据分析和处理能力，以便从海量数据中提取有价值的信息，为教学和研究提供有力支持。

数据分析家、数据科学家，这些曾经看似与高校教师身份不太相符的头衔，如今却越来越紧密地与他们联系在一起。这既是大数据时代对高校教师提出的新要求，也是他们应对挑战、提升自我能力的重要体现。通过学习和运用数据分析技术，教师可以更加精准地了解学生的学习需求、评估教学效果、预测教学趋势，从而实现个性化教学和精准化指导。同时，这种身份的转变也有助于增强教师从事教育职业的荣誉感和责任感。当他们通过自己的努力，成功地将信息技术与教学相融合，提高了教学质量和效果时，当他们利用数据分析技术，为学生提供了更加精准、个性化的学习支持时，他们无疑会感受到自己工作的价值和意义，从而更加坚定地投身于教育事业。而且，高校教师需要不断更新自己的教育理念和教学方法，以适应信息技术带来的变革。他们需要以学生为中心，注重培养学生的创新精神和实践能力；他们需要关注行业的发展动态，及时将最新的技术和成果引入课堂教学；他们需要与其他教师、行业专家等各方保持紧密合作和交流，共同推动教育信息化的发展进程。

3. 建立区域化、国际化教师发展联盟，实现教师可持续发展

在学习型社会中，终身学习和可持续发展的理念已经深入人心。高校教师作为知识的传播者和创新者，更应该身体力行地践行这些理念。为了推动高校教师的发展，我们需要拓宽渠道、开阔视野，建立区域化、国际化教师发展联盟，为教师提供更多元化、更高质量的发展机会。西方国家在教师发展方面有着成功的经验值得我们借鉴。例如，2010年，欧洲国家启动的"博洛尼亚进程"，旨在建设一个开放的欧洲高等教育区，促进欧洲国家间优质资源的互动、交流和共享。这一进程不仅赢得了众多欧洲国家的积极响应与支持，还为高校教师的发展提供了更广阔的平台和更多的机会。

在大数据时代，我们已经冲破了校园的"围墙"，模糊了区域间的界线，站在了国际化的前沿。这为高校教师发展带来了前所未有的机遇。大数据不仅能帮助我们优化、提高、高效化并最终实现目标，还能促进不同类型教师间的协调、共享与合作，为高校教师的终身可持续发展奠定基础。可如何发挥大数据的优势、规避风险，需要企业、学校等多方参与和研究。我们应该尽快建立健全相关制度，倡导宏观指导和微观实践的路径，将大数据资源转化为一种工具，用它指导服务于未来的教育实践。这将为实现高校教师发展提供另一种选择，也将成为高校教师必备的基本素养。为了培养高校教师的大数据素质，我们可以开展相关的培训和学习活动，帮助教师掌握大数据的概念、技术和应用方法。同时，我们还需要建立相应的激励机制和评价体系，鼓励教师在教学和研究中积极应用大数

据，提高教学效果和科研水平。并且，我们需要加强国际合作与交流，借鉴国际先进经验和做法，推动高校教师发展的国际化进程。通过与国际同行的深入交流和合作，我们可以共同研究解决高校教师发展中面临的问题和挑战，促进全球范围内教育资源的共享与互利共赢。

参考文献

［1］束定芳. 外语教学改革：问题与对策［M］. 上海：上海外语教育出版社，2004.

［2］束定芳，庄智象. 现代外语教学［M］. 上海：上海外语教育出版社，2008.

［3］胡文仲，高一虹. 外语教学与文化［M］. 长沙：湖南教育出版社，1997.

［4］束定芳. 现代外语教学：理论、实践与方法［M］. 上海：上海外语教育出版社，1996.

［5］牛毓梅. 功能语言学与外语教学［M］. 北京：外语教学与研究出版社，2005.

［6］王立非. 现代外语教学论［M］. 上海：上海教育出版社，2000.

［7］韩宝成. 外语教学科研中的统计方法［M］. 北京：外语教学与研究出版社，2000.

［8］梁镛. 跨文化的外语教学与研究［M］. 上海：上海外语教育出版社，1999.

［9］陈坚林. 现代外语教学研究：理论与方法［M］. 上海：上海外语教育出版社，2004.

［10］韦德尔. 外语教学与学习：理论与实践［M］. 北京：高等教育出版社，1996.

［11］高颐心. 应用型高校国际商务"专业+外语"跨学科人才培养策略和教学效果研究［C］//外语教育与翻译发展创新研究（14）. 成都：成都工业学院，2023：4.

［12］林青霞，陈文镰. 高校在线教学运行应急管理：以外语教学为例［J］. 内江科技，2023，44（10）：7-8.

［13］王小勤. 高校外语教师信息技术教学能力素养建构路径［J］.

现代职业教育，2023（30）：21-24.

［14］张杨．混合式学习在高校英语教学中的应用策略研究［J］．海外英语，2023（19）：173-175.

［15］黄丽．高校外语教学中讲好中国故事的价值意蕴与实践路径［J］．辽宁省交通高等专科学校学报，2023，25（5）：83-86.

［16］2023年高校外语专业教学测试专家咨询组工作会议综述［J］．外语测试与教学，2023（4）：63-64.

［17］刘诗钰．民办高校外语教学课程思政模式的构建实践［J］．哈尔滨职业技术学院学报，2023（5）：157-159.

［18］徐浩．多课型教学经历与高校外语教师反馈素养发展［J］．外语教学，2023，44（5）：74-80.

［19］唐晓红．新时代高校外语教学开展课程思政的实施路径［J］．食品研究与开发，2023，44（15）：236.

［20］荆姗姗．高校外语多平台线上教学路径探索与实践［J］．哈尔滨职业技术学院学报，2023（4）：148-150.

［21］侯玥明．高校外语教学思政课建设［C］//延安市教育学会．第四届创新教育与发展学术会议论文集（一）．北京：北京第二外国语学院，2023：7.

［22］夏纪梅．现代外语课程设计理论与实践［M］．上海：上海外语教育出版社，2003.

［23］史光孝．隐性课程视角下的大学英语课程设计研究［M］．北京：科学出版社，2014.

［24］北京师范大学教学部．普通高等院校外语专业课程设置与教学评估指导手册［M］．北京：北京教育出版社，2006.

［25］耶登，吴一安，魏峥．语言教学课程设计原理［M］．北京：外语教学与研究出版社，2000.

［26］戴炜栋．多元化图景下的中国外语教学与研究［M］．上海：上海外语教育出版社，2012.

［27］柯顿，达尔伯格．语言与儿童：美国中小学外语课堂教学指南［M］．北京：外语教学与研究出版社，2011.